Caitlin Thomas

—

Mein Leben mit Dylan Thomas

Für Dylan

Caitlin Thomas

Mein Leben mit Dylan Thomas

Aus dem Englischen
von
Angela Uthe-Spencker

BELTZ
Quadriga

© 1986 Caitlin Thomas und George Tremlett
Redaktion der Originalausgabe: George Tremlett
Die Originalausgabe erschien bei Secker & Warburg, London 1986
Bildnachweis: J. M. Dent & Sons Ltd, 1; Alfred Janes, 2; Malcolm Arbuthnot, 3;
Romilly John, 4; Norah Summers, 5, 6, 7, 8, 11; George Tremlett, 9, 13, 14, 15,
16, 18, 28, 29; Rollie McKenna, 10, 17, 20, 21, 22, 23, 24, 25, 27; Bill Brandt, 12;
Christina Gascoigne, 19; Bill Read, courtesy of John Malcolm Brinnin, 26.

Die Deutsche Bibliothek – CIP-Einheitsaufnahme

Thomas, Caitlin:
Mein Leben mit Dylan Thomas / Caitlin Thomas. [Aus dem
Engl. von Angela Uthe-Spencker]. – Weinheim ; Berlin : Beltz
Quadriga, 1992
Einheitssacht.: Caitlin ⟨dt.⟩
ISBN 3-88679-196-3

© 1992 Beltz Quadriga Verlag, Weinheim, Berlin
Satz: Fotosatz Horst Kopietz, 6944 Hemsbach
Druck: Druckhaus Beltz, 6944 Hemsbach
Lektorat: Claus Koch
Umschlaggestaltung: Dieter Vollendorf
Printed in Germany
ISBN 3-88679-196-3

1

Dylan sagte mir gleich am ersten Abend, als wir uns kennenlernten, daß er mich liebe, und obwohl ich vorher schon andere Liebhaber gehabt hatte, war mir dies noch nie von einem anderen Mann gesagt worden. Dylans Namen hörte ich zum ersten Mal von Augustus John, der mir von seiner Begegnung mit diesem ›hellen jungen Kopf‹ erzählte und meinte, daß ich ihn auch kennenlernen sollte. Wir wurden miteinander in einem Londoner Pub bekannt gemacht, im Wheatsheaf, das damals Fitzrovia hieß. Es liegt in der Nähe vom Fitzroy Square und der Charlotte Street, wo in Pubs und Cafés während der dreißiger Jahre die Künstler und Schriftsteller zusammenkamen. Dylan war so eifrig im Gespräch, daß sich unsere Augen anfangs nicht trafen. Ich denke schon, daß er mich anschaute, doch er blickte mir nicht in die Augen, und ich kann mich nicht an die ersten Worte erinnern, die er unmittelbar an mich richtete, denn er befand sich mitten in einem endlosen Geplapper. Dann plötzlich legte er irgendwie seinen Kopf in meinen Schoß. Das war der Augenblick, mit dem alles anfing. Dylan besaß echten Charme; er konnte jeden herumkriegen, vor allem, wenn er die Rolle des kleinen verlorenen Jungen spielte; er war so rührend ... und lieb.

Ich saß auf einem Hocker, und ich hatte keine Ahnung, wie Dylan es schaffte, mit seinem Kopf auf meinen Schoß zu kommen; ich weiß nicht, wie er es anstellte oder wie seine Körperhaltung war, doch er schien sich über mir zusammenzufalten, und ich verspürte sofort ein starkes Gefühl der Nähe, das ich bei niemandem zuvor empfunden hatte. Er plapperte weiter vor sich hin; drei oder vier Leute waren noch dabei. Er erzählte Geschichten und murmelte mir dazwischen Zärtlichkeiten zu. Er schien während der ganzen Zeit sehr nah bei mir zu sein. Ich konnte dem, was er sagte, nicht folgen und antwortete ihm nicht, doch alles schien sehr besänftigend und wohltuend. Er sagte zu mir, daß ich schön sei, daß er mich liebe und daß er mich heiraten wolle, und er wiederholte diese Sätze immer und immer wieder, so als ob er endlich das Mädchen gefunden habe, das zu ihm passe und wir für einander bestimmt seien. Ich geriet ein wenig aus der Fassung, doch mochte ich ihn nicht unterbrechen, weil es offensichtlich nichts gab, was ich darauf hätte erwidern können: ich nahm es einfach hin, war allerdings zu schüchtern, um ihm zu sagen, daß ich ihn auch liebe.

Noch nie zuvor hatte jemand so zu mir gesprochen. Als junges Mädchen war ich wahnsinnig in Caspar John verliebt gewesen: Ich hatte mit seinem Vater Augustus geschlafen und hatte auch eine Affaire mit einem Maler in Paris gehabt, doch keiner von ihnen hatte jemals mit solcher Gemütsbewegung geredet. Und jetzt hier dieser Dylan, von Augustus als mittelloser Dichter beschrieben, der sich in einen nicht enden wollenden, unbändigen Redestrom aus Liebesworten ergoß. Es schien auch alles ganz in Ordnung. Wenn irgendein anderer Kerl sich so verhalten und sich mir gegenüber Freiheiten herausgenommen hätte, würde ich ihn abgeschüttelt haben, doch bei Dylan gab es sogleich dieses Gefühl der Nähe, das mich empfinden ließ: es ist so, wie es sein soll.

Er trank Bier, wie damals immer, und er trug typische Dylan-Sachen – Cordhosen und eine Tweedjacke. Er war damals einundzwanzig, und ich war fast elf Monate älter. Ich kann mich deutlich daran erinnern, daß ich ein weißes geblümtes Kleid trug, das meine Schwester Nicolette mir für den Abend geliehen hatte. Ich fühlte mich in ihm sehr wohl.

Ich kann mich nicht mehr sehr gut der anderen Leute in unserer Gesellschaft entsinnen. Einen Mann habe ich noch recht deutlich vor Augen, allerdings weiß ich seinen Namen nicht mehr, und dann war da noch ein Mädchen namens Millie, die zusammen mit Dylan gekommen war. Ich spürte bald, daß sie mit ihm geschlafen hatte, doch als sie diese Nähe bemerkte, die sich zwischen uns einfach sofort einzustellen schien, versuchte sie mir furchtbar eilig klarzumachen, daß ihr Verhältnis nichts Ernstes gewesen sei. Millie präsentierte ihn mir förmlich, sagte, daß Dylan einige Nächte, als er in London war und keine

Unterkunft gehabt hätte, immer bei ihr aufgetaucht sei; sehr viel mehr sei nicht daran gewesen. Sie schien geradezu Angst zu haben, daß ich über sie herfallen würde.

Dylan sagte wieder und wieder, wie sehr er mich liebe, obwohl ich ihm nicht viel zur Antwort gab. Nie konnte er beim Reden ein Ende finden, doch jetzt wollte er überhaupt nicht mehr aufhören, und ich fühlte mich mit dieser Nähe so vollständig glücklich: das spürte ich mehr als irgend etwas anderes. Wir beide wußten: das war es jetzt, es geschah uns, und wir waren glücklich. Ich entsinne mich, daß ich völlig passiv blieb, während er, mit seinem Kopf auf meinem Schoß, weiter vor sich her plapperte. Ich habe kaum die Hälfte davon erfaßt; und obwohl ich ihn wahrscheinlich anblickte, habe ich doch nichts an ihm bemerkt, an das ich mich besonders erinnere. Dort mit ihm gemeinsam zu sein, war einfach ein schöner Gefühlszustand.

Er war ein sehr sanfter Mann, sprach weich und war ein wenig scheu; seine Auftritte in den Pubs war hauptsächlich eine Show. Das Trinken hatte seine Ursache gewiß am Anfang in seiner Zaghaftigkeit; es hat dann das Übrige gelockert. Dieses Gefühl der Nähe war grundsätzlich anders als alles, was ich bei der Liebe zu anderen Männern empfunden hatte: nichts war diesem sexuellen Gefühl ähnlich gewesen; es ging viel eher in Richtung Mütterlichkeit. Ich empfand mich Dylan gegenüber als sehr beschützend. Wenn ich zurückdenke, schien er verletzbar, obwohl ich mir das damals bestimmt nicht gedacht habe. Ich fühlte mich ihm auf eine Weise nahe, wie ich mich seitdem manchmal einem Kind nahe empfunden habe.

Dies alles hat sich vor mehr als fünfzig Jahren ereignet, im April 1936, und wir waren beide damals noch so anders, so unschuldig. Dylan war schlank, klein und zierlich. Ich glaube, er hat nicht mehr als 45 kg gewogen. Er war immer empfindlich wegen seiner Körpergröße und behauptete manchmal 1,68 m groß zu sein. Zu anderen Leuten sagte er immer, daß ich ein oder zwei Zoll kleiner sei als er, doch in Wirklichkeit hatte er die gleiche Größe wie ich, und das waren 1,57 m.

Eine Zeitlang blieben wir noch in Wheatsheaf und tranken. Später am Abend gingen wir in einen anderen Pub oder Zechklub, doch wir wurden nicht betrunken. Schließlich verließen wir die Gruppe und nahmen ein Zimmer im Eiffel Tower Hotel, das bei Schriftstellern und Künstlern besonders beliebt war, denn der Besitzer, ein Deutscher mit Namen Stulik, stellte einem ein Zimmer für die Nacht zur Verfügung, selbst wenn man kein Geld dabei hatte. Ich hatte dort schon früher einmal mit Augustus gegessen, als ich bei ihm in seinem Appartement am Fitzroy Square wohnte, und ich wußte, daß sich seine Tochter Vivien dort häufig ein Zimmer nahm und es auf seine Rechnung schreiben ließ. Es war meine Idee, daß wir es genauso machen sollten. Ich war ganz freimütig, was das anbelangt; ich fand es für uns nur natürlich, nachdem wir uns den ganzen Abend so nah gewesen waren, und Dylan war der letzte Mensch, den das schockiert hätte. Nachdem wir uns im Hotel angemeldet hatten, war Dylan äußerst beglückt. Ihm kam es wie ein großer Spaß vor, daß wir uns das leisteten, denn früher hatte sich Augustus anscheinend einmal so verhalten, als hätte er so etwas wie einen Besitzanspruch auf mich.

Augustus malte damals an meinem Portrait in seinem Atelier unten in Hampshire, das nicht weit vom Haus meiner Mutter lag. Manchmal kam er nach London, und dann wohnte ich bei ihm. Es war keine echte Liebesgeschichte, denn Augustus hatte nebenher noch viele andere Frauen. Zwischen uns war nichts eigentlich Tiefgehendes, doch ich glaube, daß Augustus eine Zeitlang ein wenig in mich verschossen war, obwohl er mich nie aufforderte, mit ihm zusammenzuleben. Augustus würde nie jemanden gebeten haben, mit ihm dauernd zusammenzuleben, weil er in viel zu gutem Einvernehmen mit Dorelia McNeill lebte.

Neben dem Appartement am Fitzroy Square besaß Augustus ein ziemlich schönes Haus in Fordingbridge, an das ein Atelier angebaut worden war. Dort lebte er mit Dorelia und seiner großen Kinderschar, und wenn er nach London kam, ließ er sie dort zurück. Manchmal begleitete ich ihn nach London; oder wir trafen uns in seiner Wohnung, und dann gingen wir stets ins Eiffel Tower zum Essen, wo Stulik immer viel Wirbel um ihn machte.

Stulik führte uns nach oben in unser Zimmer und verließ uns dann. Dylan wirkte plötzlich befangen. Er war das Gegenteil des Machotyps, und ich begriff, daß er im Innersten prüde war, eigentlich genau wie ich. Als wir dieses erste Mal zusammen ins Bett gingen, empfand ich das schon. Dylan war beim Ausziehen zaghaft, und nachdem ich mich ins Bett gelegt hatte, bemerkte ich, daß er seine Hosen, nachdem er aus ihnen herausgestiegen war, buchstäblich aufrecht stehen ließ, so steif waren sie. Er hatte keine Unterhosen an (er trug nie welche) und schlüpfte ins Bett wie ein Aal. Ich glaube, er hatte Angst, ausgelacht zu werden, weil er fast komisch anzusehen war. Er trug ein weites langes Hemd, das bis zu den Knien reichte, und damit kam er ins Bett. Nie zog er sich ganz aus, bevor er ins Bett stieg: er zeigte sich nie absichtlich nackt. Er hielt es so all die Jahre, die wir zusammen waren und kam immer in diesen langen walisischen Nachthemden ins Bett. Ich hätte es mir nicht im Traum einfallen lassen, über ihn zu lachen, weil ich in solchen Dingen selbst sehr empfindlich bin; ich wäre auch nicht nackt ins Bett gegangen. Er huschte an meine Seite und deckte sich zu, ohne viel Aufheben zu machen, einfach so, und bei seinem Liebeswerben geschah nichts sehr Aufregendes. Er kam mir schüchtern vor, was in meinen Augen sein kindliches Wesen noch betonte. Wir hielten uns einfach nur sehr eng umschlungen, hingen aneinander, als wir einschliefen, und hingen immer noch zusammen, als ich wieder erwachte.

Wir blieben fünf oder sechs Nächte im Eiffel Tower, obwohl wir dort nur schliefen. Jeden Morgen zogen wir in die Pubs, sobald sie um elf Uhr öffneten. Ich wurde im Lauf der Woche immer hungriger, weil mir nie etwas zu essen angeboten wurde. Wir haben anscheinend während dieser ganzen Woche überhaupt nichts gegessen und an ihrem Ende kam ich fast um vor Hunger. Dylan machte sich nichts aus Essen; er aß nichts, wenn er trank. Er hat mich damals nicht ein einziges Mal zum Essen ausgeführt, und da ich zudem auf meine täglichen Übungen als Tänzerin verzichtete, fand ich das ganze Erlebnis etwas befremdlich. Es war eine Welt, die ich eigentlich mißbilligte, und dennoch war ich gleichzeitig hingerissen, sie mit ihm teilen zu können. In dieser Welt lebten die Künstler und Schriftsteller, die ich bewunderte – die Menschen, mit denen ich zusammen sein wollte. Ich spürte, daß ich zu ihnen gehörte – Menschen wie Rayner Heppenstall, Mervyn Peake, George Barker, Roy Campbell, Norman Cameron, Louis MacNeice und Elizabeth Smart (die wir nicht besonders gut kannten, doch die zu der gleichen Gruppe von Menschen in Fitzrovia gehörte – ein reiches Mädchen, das es toll fand, mitten unter Armen zu leben, was in meinen Augen eine törichte Haltung war, weil ich gerne reich gewesen wäre).

Meine Mutter hatte mir immer prophezeit, daß ich einmal einen Herzog heiraten würde, doch jetzt hatte ich mich in einen armen Dichter verliebt und verbrachte meine Tage in Pubs. Jeden Tag ließ Dylan in London mit seiner Runde durch die Pubs vergehen. Es war sein Leben. Wenn sie um elf Uhr öffneten, begann immer dieselbe Prozedur. Er steuerte die nächstgelegene Bar an und stellte dann vor sich auf den Tresen eine Latte Gläser mit hellem Bier, das er eins nach dem anderen hinuntergoß. Wenn er in einer Gruppe von Freunden war, machten es alle so, jeder stellte seine eigene Latte aus Getränken auf. Sie hielten es für notwendig, um ihre Köpfe wieder klar zu kriegen vom Hangover der letzten Nacht und um wieder von vorne anzufangen. Jeden Morgen unterzog sich Dylan diesem Ritual; es war sein Genesungstrunk.

Im Verlauf des Tages konnte er sich von einem Pub ins andere begeben. Er erzählte Geschichten, riß Witze, spielte Pubspiele, traf andere Schriftsteller und trank endlos viele Gläser Bier, während ich mir den Kopf zerbrach, was ich noch Exotisches trinken könnte. Schließlich bat ich um einen Vermouth Noilly Prat und hoffte, daß sie das aus der Fassung bringen würde. Das tat es, und ich konnte ein klein bißchen Rache nehmen. Ich versuchte, sie mit meiner glänzenden Schlagfertigkeit zu übertreffen, doch ich konnte kaum ein Wort anbringen. Dylan fing immer an, sich in den Bars zu produzieren, und die anderen traten in den Hintergrund und hörten ihm zu. Dylan schien das Gespräch nicht mit Absicht an sich zu ziehen, doch wenn er erst einmal angefangen hatte, war er bald von einer Zuhörerschaft umgeben, die sich vor Lachen kaum halten konnte. Die Menschen hörten ihm gerne zu. Ich habe seine langen, weitschweifigen Geschichten, die komisch und unglaubwürdig waren, nie so lustig gefunden, doch sie waren stets am beliebtesten, und ich fühlte mich wie eine entsetzliche Miesmacherin, wenn alles vor Lachen brüllte, und ich mit ernstem Blick dabeistand. Dylan erzählte liebend gern Geschichten, die kein Ende fanden: so war er eben.

Dylans Sinn für Humor war mir ein bißchen zu skurril. Er war nicht thurberisch. Ich finde Thurber komischer. Er bringt mich *wirklich* zum Lachen. In meinen Augen war Dylan nie ein glänzender Erzähler und nur gelegentlich so urkomisch, daß ich auch lachen mußte; doch andere Leute konnten ihm immer einfach nicht widerstehen, und ich trieb mich dann am Rand der Gesellschaft herum, trank einen Whisky und fragte mich, wie lange das noch dauern würde. Zudem hatte Dylan ein gewinnendes Wesen, dem man sich unmöglich entziehen konnte. Er war geschaffen, um geliebt zu werden, und jeder liebte ihn. Doch war er verletzbar und in bezug auf sein Äußeres sehr empfindlich: seine Körpergröße, seine Erscheinung und sogar seine Kleidung (die ungewöhnlich war, denn er zog sich wie ein Lumpensammler an). Kleinigkeiten konnten ihn quälen, doch empfindlich bei Kritik an seiner Schriftstellerei war er nie. Dylan war so tief von sich selbst und seinen Fähigkeiten überzeugt, daß es ihm völlig schnuppe war, was andere Leute dachten.

Während jener Tage ohne Essen trafen wir ziemlich viele Leute und verbrachten einen Teil der Zeit zusammen mit dem südafrikanischen Dichter Roy Campbell, der ein guter Freund von Dylan war. Wo immer wir hinkamen, erzählte Dylan den Leuten: »Das ist das Mädchen, das ich heiraten werde.« Er trug es aber nicht offen zur Schau und legte nur selten seinen Arm um mich, denn für Dylan waren die Pubs heilig: sie waren wie Kirchen – Orte, an denen man sprach und eine Zuhörerschaft unterhielt. Ich machte das alles mit; mir schien es so richtig zu sein, und so ließen wir die Woche vergehen, indem er mir all seine Zärtlichkeiten wiederholte und seinen Freunden erzählte, wie sehr er mich liebe – wir gingen jede Nacht zurück ins Eiffel Tower, wo wir uns liebten und dann einschliefen. Ich weiß nicht, woher er überhaupt das Geld hatte, denn Trinken ist verdammt teuer, und er schien immer sehr knapp dran zu sein; doch irgendwie schafften wir diese Woche. Es mußte der Zeitpunkt gekommen sein, daß er kein Geld mehr hatte, doch mir ist das damals nicht aufgefallen, obwohl mir später klar wurde, daß er sich sein Leben lang Geld für Getränke borgte und in den Pubs mit ungedeckten Schecks bezahlte (die er allerdings nie höher als 1 £ ausschrieb). Und viele von seinen Freunden machten es ebenso. Seine Biographen glauben anscheinend, daß nur Dylan sich Geld lieh: das stimmt nicht. Wenn er Geld hatte, war er der großzügigste Mensch, und er gab es weg; hatte er keines, erwartete er natürlich, daß die anderen genau so freigiebig wären wie er.

Am Ende jener ersten Woche hatte ich das Gefühl, daß ich unbedingt zurück nach Ringwood gehen sollte. Ich mußte noch ein paarmal für Augustus sitzen, der mein Portrait noch nicht fertig hatte und außerdem gefiel mir das viele Trinken nicht so wie Dylan. Ich war richtig erleichtert bei dem Gedanken nach Blashford, dem Haus meiner Mutter, heimzukehren; ich spürte, daß ich zu diesem ewigen Herumziehen in den Kneipen, was einen so großen Teil von Dylans Leben ausmachte, nicht länger imstande war. Ich fand es unfaßbar, daß jemand ein solches Leben führen konnte. Eine Seite in mir wollte es mit ihm teilen, doch gab es auch eine andere Seite, die seine ganze Lebensweise sehr verkehrt fand. Ich hielt viel von harter Arbeit, Zielstrebigkeit und dergleichen. Und doch wollte ich bei Dylan sein, so viel Erfahrungen wie nur möglich machen: ich hielt das – damals – für eine fortschrittliche Einstellung.

Die nächste Episode, an die ich mich erinnere, ereignete sich, als Augustus mich in einem von seinen herrlichen, großen, schwarzen Autos, einem Sechszylinder Wolseley mit dem Spitznamen ›The Bumble Bee‹, nach Laugharne mitnahm. Augustus war ein beängstigender Autofahrer. Ich glaube, er benutzte weder Gänge noch Kupplung. Er sauste einfach immer nur mit enorm hoher Geschwindigkeit durch die Gegend. Einmal hat er sogar einen von seinen eigenen Söhnen überfahren und getötet, doch da Augustus viele Söhne hatte, schien es ihn nicht allzu sehr zu erschüttern. (Ein anderer Sohn, Henry, der Geistlicher werden wollte, sprang in Cornwall von einer Klippe; sie waren in vielerlei Hinsicht eine merkwürdige Familie.)

Augustus hatte sich bereit erklärt, über eine Sektion der Malerei beim National Eisteddfod* zu jurieren, das in dem Jahr in Fishguard abgehalten wurde; wir waren zu diesem Wochenende von Richard Hughes nach Laugharne eingeladen worden, dem Autor von ›Ein Sturmwind auf Jamaika‹. Er lebte damals in Castle House, einem weiträumigen georgianischen Haus neben der Burgruine. Augustus hatte sich sehr darauf gefreut. Tenby war sein Geburtsort, und seine Familie stammte aus Haverfordwest – es war also eine Reise in die Heimat. Freitagnacht trafen wir in Laugharne ein und am späten Samstagvormittag kam Dylan an. (Ich weiß nicht mehr, wie er erfahren hatte, daß wir dort sein würden, doch es ist ganz gut möglich, daß ich es ihm gesagt habe, es könnte aber auch sein, daß er es von Richard Hughes hörte, den er schon kannte und der Interesse an seiner Arbeit gezeigt hatte.) Wie dem auch sei, Dylan tauchte uneingeladen zur Mittagszeit in Begleitung seines großen Freundes Fred Janes auf, der sich von seinem Vater das Auto geliehen und sie beide von Swansea herüberchauffiert hatte. Hughes hieß sie herzlich willkommen, aber Augustus war durch ihr Eintreffen sofort gereizt.

Es war mein erster Besuch in Laugharne, doch Dylan hatte mir während unserer ersten paar gemeinsamen Tage alles über diese eigenartige kleine Stadt im Westen von Wales erzählt. Er hatte es ein paar Jahre zuvor auf einem Tagesausflug mit seinem Freund Glyn Jones entdeckt und war von seinen Bewohnern,

---

* jährliches walisisches Dichter- und Sängerfest

Pubs, Bräuchen und Bauten fasziniert. Auch ich fand es ganz schön. Damals war ich romantischer und glaubte, daß es etwas von mir an sich hätte: einer der wilden kargen Orte, die mich besonders ansprechen. An jenem ersten Morgen wanderte ich über den Sir John's Hill und blickte hinunter auf die Sandbänke der Flußmündung.

Hughes Zuhause war angenehm und geschmackvoll eingerichtet, und er führte uns durch die Burg (eine hübsche, freundliche Burg, nicht eine von den drohend gewaltigen), und forderte uns alle auf – einschließlich Dylan und Fred –, am Abend zu einem improvisierten Essen zurückzukehren, das er während des Nachmittags vorbereiten wollte. Er sagte, daß es ein besonderer Festschmaus werden würde, mit Weinen, die er für eine solche Gelegenheit aufbewahrt habe, und daß er nur all zu gerne zurückbliebe und in der Küche hantiere, während wir nach Fishguard fahren würden.

Augustus schien Hughes zu mögen, und Hughes und Dylan wurden später ganz gute Freunde, ich aber konnte ihn überhaupt nicht leiden; er war entsetzlich überheblich und versuchte, wie ein polternder Seebär zu wirken, was ihm aber nie richtig gelang. Mich nahm er überhaupt nicht zur Kenntnis, was ich nicht sehr liebenswürdig fand, und seine Frau Frances kam mir ziemlich bemitleidenswert vor – mächtig unterdrückt – obwohl sie ›Diccon‹, wie sie ihn nannte, offensichtlich anbetete. Sie hatten viele Kinder und glaubten an all den Unsinn, Kinder wie Erwachsene zu behandeln, wie es in seinen Büchern vorkommt.

Ich gewann noch einen anderen Eindruck von Richard Hughes, der sich voll bewahrheitete, nämlich daß er entsetzlich knauserig war. Es erscheint ziemlich undankbar, wenn ich das sage, denn im darauffolgenden Jahr nahmen sie uns sehr freundlich einige Monate lang in ihrem Dachgeschoß auf, einer sehr schönen und großen Mansarde mit zwei bequemen Betten. Nein, das war nicht knauserig, doch daneben konnte er in Kleinigkeiten geizen. Ihre Tafel war gewöhnlich so sparsam, daß ich mich um ihre Kinder richtig sorgte: sie waren solche Winzlinge. Als Dylan und ich bei ihnen wohnten, verlegten wir uns darauf, Essen aus der Speisekammer zu stibitzen. Wir schlichen immer nach unten und holten uns Büchsen mit Maiskolben oder auch mit Sardinen, was im übrigen zu einer ziemlichen Schmiererei führte, bis wir sie schließlich offen hatten. (Wir konnten nirgends einen Büchsenöffner finden und benutzten statt dessen ihr Silberbesteck, was ihm nicht gerade bekam.)

An diesem ersten Wochenende beherrschte Augustus seine Wut anfangs noch leidlich gut. Aber offensichtlich dachte er, daß es eine ungeheure Frechheit von Dylan war, uneingeladen aufzutauchen; da aber Hughes ihn willkommen geheißen hatte, und wir alle Gäste in Hughes Haus waren, machte er nicht viel Wesens davon. Nach dem Mittagessen brachen wir nach Fishguard auf. Augustus steuerte seinen Wagen und Dylan und Fred folgten ihm. Die Fahrt entwickelte sich bald zu einer großartigen Zechtour – wir haben sicher bei fast jedem Pub zwischen Laugharne und Fishguard auf ein Bier angehalten. Auf dem Eisteddfod-Festival blieben wir nicht lange und eröffneten auf dem Rückweg eine weitere Zechtour. Nach einem Halt ließ Dylan Fred allein und kletterte mit mir auf den Rücksitz von Augustus' Wagen. Bald küßten und umarmten wir uns und waren zärtlich zueinander, was Augustus verdammt ärgerte, doch sagte er nicht viel – wie immer. Statt dessen fuhr er noch schneller als je zuvor und brummte über dem Lenkrad vor sich hin. Als wir St. Clears, das letzte Dorf vor Laugharne, erreichten, bog Augustus nicht auf die Nebenstraße nach Laugharne ab, sondern fuhr wie wild weiter nach Carmarthen. Freds Auto war inzwischen mit einer Panne liegengeblieben. Später erzählte er Dylan, daß er, als sein Auto stehenblieb, unsere Rücklichter schnell am Horizont verschwinden sah; er hatte seine Hupe tönen lassen und mit den Scheinwerfern geblinkt, doch Augustus wollte nicht anhalten.

Als wir in Carmarthen eintrafen, fuhr Augustus, der inzwischen noch wütender war, ohne Umwege zum Boar's Head, wo wir von neuem anfingen zu trinken. Augustus sagte immer noch sehr wenig und bedrohte Dylan mit Sicherheit noch nicht, während wir im Pub waren, doch als wir aufbrachen, hörte ich, während ich einstieg, Schreien und Geräusche von einer Rauferei irgendwo hinter dem Auto. Wenige Augenblicke später sprang Augustus auf den Fahrersitz und raste davon. Als ich aus dem Fenster blickte, sah ich Dylan auf dem Boden liegen – er hatte in dem Kampf offensichtlich schlecht abgeschnitten. Augustus war jetzt in Rage, doch sagte er immer noch nichts; er unterdrückte seinen Zorn. Es war reine Eifersucht, weil Augustus mit mir geschlafen hatte, und ich auf dem Rücksitz seines Autos jetzt offensichtlich einen jüngeren Mann liebte. Ich glaube, Augustus fühlte sich in seiner Eitelkeit gekränkt, um so mehr, weil er sehen konnte, daß ich Dylan so furchtbar gern hatte.

In der Nacht mußte Dylan allein nach Swansea zurückfinden. Als wir in Laugharne eintrafen, erfuhren wir, daß Fred Janes den Wagen seines Vaters zur Reparatur gegeben hatte und im Brown's Hotel untergekommen war; im Castle House jammerte der arme alte Hughes über die verbrannten Reste des besonderen Mahls, dessen Vorbereitung ihn fast den ganzen Tag gekostet hatte.

Als letztes Ereignis dieser Nacht ist mir im Gedächtnis geblieben, daß ich mich im Bett befand – ich könnte nicht sagen, in welchem Zimmer – und Augustus auf mir drauf lag. Wie wir dorthin gekommen sind und wie es dazu kam, weiß ich nicht mehr, doch gerade diese Szene hat sich mir tief eingeprägt, denn ich war alles andere als beglückt, dort unter Augustus zu liegen; ich kann mich lebhaft daran erinnern, daß ich hoch zur Zimmerdecke blickte und gespannt war, wie lange er brauchen würde.

Ich weiß nicht, wohin es Dylan zu dieser Zeit verschlagen hatte; vermutlich war er zu seinen Eltern nach Swansea heimgekehrt.

2

Ich war acht oder neun Jahre alt, als meine Eltern sich trennten. Wir erfuhren nie, was diesen Bruch verursacht hatte. Wir Kinder wachten nur eines Morgens auf und stellten fest, daß wir eine Familie ohne Mann waren, denn mein Vater, Francis Macnamara, war nicht mehr da. Ich glaube, wir haben ihn vermißt, vielleicht wurde dadurch auch die lesbische Veranlagung meiner Mutter gefördert, obwohl ich diese Neigung nicht für den Grund der Trennung halte. Selbst jetzt, mehr als sechzig Jahre danach, weiß ich eigentlich nicht, weshalb sie auseinandergingen. Stark getrunken haben sie damals nicht. Mein Vater fing erst später zu trinken an, und meine Mutter trank nur wie eine Dame, das konnte also nicht der Anlaß gewesen sein. Sehr gut möglich, daß es seine Frauengeschichten waren.

Francis vernachläßigte uns. Daran gab es keinen Zweifel. Er zeigte uns nicht die geringste Zuneigung. Er schrieb uns nie, besuchte uns nie, lud nie einen von uns, als wir älter wurden, zum Essen ein; das lag ihm einfach nicht. Ich vermißte seine Zuneigung nicht, weil ich ihn herzlich wenig mochte. Ich wuchs in der Vorstellung auf, daß mein Vater mit meiner Mutter verheiratet gewesen war, dann aber andere Frauen geheiratet und mit noch anderen Frauen zusammen gelebt hatte. Das störte mich überhaupt nicht. Ich glaubte, so sei das Bohèmeleben, und diesem Dasein haftete etwas Faszinierendes an. Doch hielt ich meinen Vater nie für einen faszinierenden Menschen, obwohl viele davon überzeugt waren. Ich hielt ihn für einen Mistkerl, wegen all der abscheulichen Dinge, die er sich geleistet hatte; dieser Egoist, der es meiner armen Mutter überließ, mit sehr wenig Geld für uns alle zu sorgen. Das ist einer der Gründe, weshalb wir nie ordentliche Schulen besuchten: sie konnte es sich nicht leisten.

Lange Zeit habe ich darüber nachgegrübelt, wer von meinen Eltern sich mehr im Unrecht befand, doch schließlich war ich restlos überzeugt, daß *er* es war. Er war das Unrecht in Person.

Wir hielten uns für so avantgardistisch, daß wir glaubten, alle Hindernisse spielerisch überwinden zu müssen; wir hätten es feige gefunden, uns für unsere Mutter zu schämen, obwohl ich jetzt, da ich älter bin, merke, daß ich diese Sache nie wirklich hingenommen habe. Damals glaubte ich, daß eine Sache, je skandalöser sie ist, um so bewundernswerter wäre; daß es Mut verlange, sich so aufzuführen, und so weiter. Jetzt denke ich das nicht mehr. Meiner Mutter mache ich keine Vorwürfe; sie war eine wunderschöne Frau, eine von den vollkommenen Damen, die all das tat, was man von vollkommenen Damen erwartete.

Es war von meinem Vater sehr schäbig, vier Kinder gezeugt zu haben – außer mir meinen Bruder John, meine Schwestern Nicolette und Brigid – und dann einfach abzuhauen und sie allein zu lassen. Er war wahrscheinlich immer treulos. Francis stellte sich stets zur Schau, er war ein Angeber und Wichtigtuer, der Typ Mann, den ich verabscheue. Er war nie ein glücklicher Mann, doch viel geliebt und bewundert von anderen Iren, die ihn für einen großen Charmeur hielten. Ich konnte nie verstehen, was sie an ihm fanden. Hauptsächlich war es sein Gerede, könnte ich mir vorstellen. Er hatte alle möglichen absurden Theorien, wie er die Welt und das ganze Wirtschaftssystem verändern werde; er hatte es alles ausgearbeitet und sprach immer langatmig darüber, oft lautstark mit großem Nachdruck, so daß alle seine Freunde von ihm erwarteten, daß er ein großes Werk über politische Philosophie schreiben würde. Das hatte er auch vor, doch wurde dieses große Buch nie verwirklicht. Francis veröffentlichte 1913 lediglich einen Band schlechter Gedichte mit dem Titel ›Marionettes‹. Ich kann mich nicht an ein einziges seiner Gedichte erinnern, nicht einmal an eine Zeile.

Francis Vater, mein Großvater, war High Sheriff der Grafschaft Clare gewesen. Die Familie war dort seit vielen Generationen ansässig, doch dann kamen ›die Schwierigkeiten‹. Mein Großvater war Protestant in einer überwiegend katholischen Grafschaft, und obwohl ich nie erfuhr, was sich genau ereignet hatte, konnte ich doch sehen, daß die Vorderfront des Familien-

18

hauses in Ennistymon von Kugeleinschlägen gezeichnet war. Von dem, was ich noch über meinen Großvater erfuhr, habe ich als einziges behalten, daß er sich beim Giant Racer in Wembley das Genick brach, was eher als glanzvoller Abgang angesehen wurde und sich zu einer Art Familienanekdote entwickelte.

Francis erbte den Familiensitz und das ganze Dorf Ennistymon, dazu einen hübschen Bestand grünen Weidelandes und ein wunderschön bewaldetes Tal mit einem Fluß und Wasserfällen; danach arbeitete er an keinem Tag seines Lebens mehr für Geld. Er ging nach Oxford und studierte Jura, doch gab er es wieder auf, und alles, was er danach tat, bestand darin, über seine großen Theorien zu reden. Ich glaube, sein Hauptproblem war, ohne Arbeit durchzukommen. Es wäre schön mit einem Vater gewesen, den man hätte achten und auf den man sich hätte verlassen können, der jede Woche Geld gebracht hätte und dergleichen, doch so vertat er den ganzen Besitz. Später versuchte Francis die Situation zu retten, indem er den Familiensitz in das Falls Hotel umwandelte, doch war das ein weiterer Fehler. Die gesamte Planung war falsch und das Unternehmen erlitt Schiffbruch, weil er immer Getränke umsonst ausgab, sich aufspielte und den Leuten Löcher in den Bauch redete. Er hätte nie in dieses Geschäft einsteigen sollen. Er legte sich einen gepflegten Weinkeller mit schönen Weinen zu und fing dann an, sie für weniger zu verkaufen als er für sie bezahlt hatte oder gab sie sogar kostenlos her – nur um sich als Gastgeber aufzuspielen. Als junges Mädchen arbeitete ich einmal an der Bar und mixte Getränke, um ihm zu helfen. Ich konnte sehen, daß er überhaupt keine Ahnung hatte, wie man ein Hotel führt. Die Bar schien übrigens nie zu schließen.

Damals war ich nach Dublin und dann nach Ennistymon mit einer sehr romantischen Vorstellung von Irland zurückgekehrt: dies geschah nicht in erster Linie, um meinen Vater zu sehen – ihm gegenüber hegte ich riesige Vorurteile. Nein, ich war von Irland völlig hingerissen – von seiner Stimmung und seinem Zauber. Anfänglich wohnten meine Schwester Brigid und ich im Parterre des Hauses meines Vaters in Dublin. Damals hatte er seine dritte Frau geheiratet, Iris O'Callaghan, eine Schulfreundin unserer ältesten Schwester Nicolette. Zwischen uns bestand eine tiefe Kluft. Ich konnte Iris O'Callaghan nicht ausstehen. Sie war Alkoholikerin, und später, mein Vater war schon gestorben, wurde sie in ihrer Wohnung leblos aufgefunden: Sie war bereits seit einer Woche tot.

Francis war ein recht bekannter Dubliner Salonlöwe. Er ging häufig ins Abbey Theatre und nahm mich mit in eine Aufführung von ›Juno und der Pfau‹: er kannte Sean O'Casey, Liam O'Flaherty, Synge, Cyrill Cusack, Micheál Mac Liammóir und viele andere irische Schriftsteller und Schauspieler. Damals war James Mason am Abbey Theatre, und er wurde der Liebhaber von Iris O'Callaghan. Mein Vater muß sie miteinander bekannt gemacht haben, denn ich kann mir nicht vorstellen, wie sie sich sonst hätten begegnen sollen. Ich erinnere mich, daß ich James Mason einmal bei ihnen getroffen habe, aber sie bezogen uns in ihre Angelegenheiten nicht ein. Sie haben ihn eines Abends zum Essen eingeladen; als Francis dann verreist war, hatte Iris mit ihm eine Affäre. Mason war damals ein sehr schöner junger Mann, meiner Meinung nach viel zu schön für Iris: Ich war nämlich von ihm recht eingenommen, auf sehr zurückhaltende Weise.

Mein Vater war mittlerweile als ziemlich ausschweifender Mann bekannt; er hatte zwar erst mit vierzig Jahren zu trinken begonnen, doch jetzt war er ein starker Trinker geworden, der mit den Schriftstellern und Schauspielern in den Pubs herumhing; er schien sie alle zu kennen. W. B. Yeats wohnte unmittelbar gegenüber von unserer Wohnung in Dublin. Yeats veranstaltete immer sehr ästhetische *soirées;* die Menschen kamen auf den Knien zu ihm gekrochen, als sei er ein heiliger Gegenstand. Ich bin auch einmal dort gewesen, und alles kam mir entsetzlich gespreizt vor. Yeats war sehr sentimental, saß dort mit seinem milden Gesicht und las seine Gedichte mit dem ihm eigenen rhythmischen Tonfall. Mir kam das alles läppisch vor, und ich verabscheute ihn richtig, weil er so von sich eingenommen war. Man hatte Yeats über alle Maßen gerühmt, so daß er sich jetzt wie ein Gottesgeschenk für die Menschheit vorkam. Er beachtete mich überhaupt nicht, und das verdroß mich auch. Der

Raum war voll mit Verehrern der Dichtkunst, und um den großen Mann herrschte heiliges Schweigen. Ich hielt ihn überhaupt nicht für groß, obwohl er immerhin doch einer der Dichter war, die Dylan am meisten bewunderte.

Man konnte Francis wohl einen Weiberhelden nennen, obwohl ich nicht glaube, daß er das war, was ich mir unter einem Weiberhelden vorstelle. Er schloß drei Ehen, hatte Liebschaften mit anderen Frauen und eine illegitime Tochter von einer Krankenschwester, die in einer Nervenklinik arbeitete, doch es schien ihm nicht gegeben zu sein, seine Frauen besonders gut zu behandeln. Ich glaube, dafür war er zu selbstsüchtig; er wollte als fabelhafter Mann verehrt werden, und obwohl viele Menschen ihn hoch schätzten, erfüllte er nie ihre Erwartungen. Wir Mädchen dachten verächtlich von ihm. Nach unserem Geschmack redete er zu viel Unsinn und auf zu bombastische Weise. Schließlich fand ich ihn unerträglich. Meine ärgsten Fehler stammen von ihm. Immer wenn ich etwas Falsches oder Scheußliches tue, sage ich jetzt noch zu mir: »*Das* war mal wieder typisch Francis ...«

Nach den wenigen Monaten in Dublin ging ich nach Ennistymon im Westen von Irland und kampierte in einem der obersten Zimmer des alten Hauses. Es waren sorglose Tage. An den Abenden tobte ich mit den irischen Jungen in der Umgebung herum und tanzte fast bis zum Morgengrauen nach Volksmusik. Ich liebte das Tanzen in den kleinen Hütten von Doolin, die Contretänze und Giguen, und das Volk, das sich in den Türöffnungen versammelte. Es war das einzige Mal, daß ich mißbilligende Worte von Francis hörte: Er sprach immer von freier Liebe, doch als er von den irischen Jungen erfuhr, sagte er: »Übertreibst du es nicht ein bißchen? Man sagt, daß du mit vielen Burschen herumziehst, Nacht für Nacht, sehr spät nach Hause kommst, manchmal überhaupt nicht.« Ich kann mich nur an dieses einzige Mal erinnern, daß er mich tadelte, wenn man es überhaupt als solches bezeichnen konnte.

Als ich zum ersten Mal bemerkte, daß Francis mit anderen Frauen schlief, von denen manche nicht sehr viel älter als ich waren, fand ich das empörend. Iris O'Callaghan war nur vier oder fünf Jahre älter, und als wir in Ennistymon wohnten, nahm er sie immer zusammen mit uns auf den Galway Fischerkahn, den er in ein Segelboot umgewandelt hatte. Zu den Arran Inseln hinüberzusegeln, dauerte je nach Windlage nur einen Nachmittag, und dort konnten wir vor Anker gehen, die Landgasthöfe aufsuchen und auf dem Boot übernachten. Er war auch dort überall bekannt, denn die Iren lieben diese Art der Zurschaustellung. Es gab zwischen der Kabine, die er mit Iris teilte und dem Teil, in dem wir schliefen, keine Tür, und wir konnten all ihr Lieben hören. Und Francis brüllte beständig, während er auf ihr drauf war, was mich wirklich anekelte. Mir kam das einfach lächerlich vor. Er schien völlig ohne Bezug auf die Person zu lieben; es spielte überhaupt keine Rolle, wer unter ihm lag, denn er stimmte sogar Seemannslieder an und dann gerade, im entscheidenden Augenblick, wenn er zu seinem Höhepunkt kam, rief er stets: »Schiff ahoi!« Ich fand das überhaupt nicht witzig: Ich hielt ihn einfach nur für einen unflätigen alten Mann. Francis war in meinen Augen eine schwache Imitation von Augustus John, denn das waren die Dinge, die sich auch Augustus leistete, nur machte er es besser und überzeugender und mit Frauen der Gesellschaft und großen Damen.

Ich glaube, ich habe meinen Vater das letzte Mal gesehen, als er nach Blashford kam und meine Mutter bat, wieder zu ihm zu kommen; ich war wohl noch keine zwanzig. Sie ist nicht zu ihm zurückgekehrt, worüber ich froh war. Wie gewöhnlich habe ich zuerst davon überhaupt nichts mitbekommen, und Brigid war es, die es mir später erzählte. Brigid wußte immer alles. Sie war ein warmherziger Mensch und jeder vertraute sich ihr an; ich hingegen galt als hart, launisch und boshaft, was ich in einem gewissen Ausmaß auch war, darüber hinaus sehr verletzbar.

Mein Vater ist Dylan nie begegnet, doch ich erfuhr, daß er gegen seine Lyrik eine gründliche Abneigung hegte, während er einige Erzählungen aus ›Portrait des Künstlers als junger Dachs‹ für die besten Kurzgeschichten in englischer Sprache hielt. Das war typisch für Francis: Seine Ansichten waren immer extrem. Wahrscheinlich war er eifersüchtig, weil er sich selber immer gewünscht hatte, als Schriftsteller Anerkennung zu finden. Ich glaube, daß ich meinen Vater nicht mehr wiedergesehen habe, nachdem ich Dylan begegnet war. Viel später erfuhr ich nur, daß Francis in Dalkey gestorben war. Meine Schwester Brigid war zu ihm gefahren, um ihn zu pflegen und ihm zu helfen: Das war wieder sehr bezeichnend für sie – sie ist lange nicht so nachtragend, wie ich es bin. Ich war viel arroganter und hielt große Stücke auf mich – ich glaube, ich habe diese Arroganz von meinem Vater geerbt und auch die Aggressivität. Er war immer zum Kampf bereit, und zwar zum tätlichen Kampf. Seinen Tod erfuhr ich von Nicolette und seine letzten Worte sollen gewesen sein: »Gewogen und zu leicht befunden«, was ich für außerordentlich passend hielt. Ich hatte in Doolin eine sehr gute Freundin. Kitty O'Brien, die in London Barmädchen wurde, und als sie vom Tod meines Vaters erfuhr, fing sie bitterlich an zu weinen. Dies flößte mir ein ziemliches Schuldgefühl ein, denn ich hätte nicht eine Träne aus mir herausquetschen können.

Eine ziemlich lange Zeit meines Lebens konnte ich mir nicht darüber klarwerden, wen ich mehr liebte – Francis oder meine Mutter. Dann beschloß ich, daß ich Francis haßte; aber ich erkannte erst nach dem Tod meiner Mutter, was für eine außergewöhnliche Frau sie gewesen war. Ich wünschte, ich hätte öfter versucht, ihr näherzukommen, denn jetzt glaube ich, daß sie das von uns erwartet hat. Wir zeigten unsere Zuneigung nicht, weil wir sehr zurückhaltend waren und das nie gelernt hatten. Meine Mutter hat das wahrscheinlich vermißt.

Meine Mutter war eine geborene Majolier. Ihre Familie war sehr geachtet, zurückhaltende fromme Quäker. Sie stammten aus Nîmes in Frankreich, der nächsten größeren Stadt im Raum um Congéniès, dem Ort, in dem meine Großmutter ihr Haus hatte, und wo wir als Kinder häufig zu Besuch waren. Ich kann mich nicht sehr gut an Großvater Majolier erinnern; er war Gutsherr und als ziemlich strenger Quäker bekannt. Als er gestorben war, entdeckte die Schwester meiner Mutter, daß Großvater Majolier viele Jahre ein zweites Zuhause in London für seine Geliebte unterhalten hatte, die früher Gouvernante in der Familie gewesen war, und daß sie miteinander vier Kinder hatten. Das war für die Familie ein rechter Schock und trug zur Festigung meiner Theorie bei, daß alle Männer Flegel seien. Ich wuchs in einer Welt auf, in der keiner jemals Treue bewies. Dann heiratete ich Dylan, und wieder ereignete sich das gleiche, was mich rasend machte, denn ich hatte nicht damit gerechnet, daß es uns geschehen würde.

Großmutter Majolier war immer sehr förmlich; sie zog sich zum Abendessen um; sie besaß Silber und feines Porzellan und eine ausgezeichnete Köchin, Madame Bonicelle. Doch viel Geld schien sie, als wir Kinder waren, nie gehabt zu haben. Sie war sehr schön – bezaubernd und heiter. Wenn sie zu Besuch kam, sprachen ihre Töchter über sie wie über eine schreckliche Teufelin, doch ich bewunderte sie sehr. Die unschöne Seite ihres Wesens erkannte ich nicht und war ziemlich empört, als meine Mutter und ihre Schwestern so häßlich von ihr sprachen. Sie hatte zwanzig Geschwister, selbst sieben Kinder und meine Mutter hatte vier, also waren wir immer von Tanten und Onkeln, Vettern und anderen Verwandten umgeben. In Blashford wuchsen wir dann, nachdem Augustus nach Fryern Court gezogen war, mit all den John-Kindern auf. Augustus hatte so viele Kinder von Dorelia und Ida Nettleship (ganz abgesehen von all den unehelichen), daß es immer von Kindern um uns wimmelte.

Wir lernten Französisch von französischen Gouvernanten und wenn wir uns in Frankreich bei unserer Großmutter Majolier aufhielten. Einmal wurden Brigid und ich in die Dorfschule von Congéniès geschickt. Wir bekamen einen riesigen Schreck: Wenn irgendein bedauernswertes Mädchen beim Abfragen steckenblieb, versetzte ihr der Lehrer gewaltige Ohrfeigen, so kräftig, daß sie fast rückwärts über die Bank fiel. Wir hatten Angst, daß uns das auch geschehen würde und fanden es sehr grausam, weil wir so etwas noch nie erlebt hatten.

Meine Mutter war das älteste der Majolier-Kinder und wurde zu einer Dame erzogen. Sie war elegant, trug immer die passende Kleidung und besaß eine große Ausstrahlung, denn sie hatte ein vornehmes Gesicht und eine hervorragende Figur. In Gesellschaft war sie entgegenkommend, liebenswürdig und wußte immer das Richtige zu sagen, doch sie war nicht rundherum freundlich. Sie konnte manchmal heftige und beißende Bemerkungen über Menschen machen, die sie nicht mochte. Sie war auch versnobt: sie konnte über ›das gemeine Volk‹ sprechen und behandelte das Dienstmädchen sehr schlecht. Wir konnten das nicht verstehen, denn wir hatten so ein nettes junges Ding, aber meine Mutter behandelte es wie eine Schlampe. (In meiner Kindheit hatten wir immer ein Dienstmädchen, genauso wie die Majoliers und die Macnamaras, deshalb versuchte ich später – nachdem ich Dylan geheiratet hatte, und wir Kinder bekamen – im Haus stets eine Hilfe zu haben. Meine Mutter verschaffte mir ein Kindermädchen, als Llewelyn zur Welt kam. Später in South Leigh und in Laugharne hatte ich immer jemanden, der mir half, selbst wenn ich nur sehr wenig Geld hatte. Ich finde, daß das Leben kläglich ist, wenn man alle Schmutzarbeit selber machen muß; man kann sich nicht an seinen Babys freuen, wenn man nicht jemanden hat, der einem teilweise hilft.)

Meine Mutter behandelte uns, als seien wir reiche Kinder, was ein großer Fehler war. Wir hätten jemanden wie Dylans Mutter, Granny Thomas, haben müssen, der uns Kochen und Kuchenbacken und all das gelehrt hätte. Ich war immer enttäuscht, daß wir aus unserer Kindheit nicht mehr gemacht haben. Wir hatten keine sehr nahe Beziehung zu unserer Mutter; sie hielt stets Abstand und blieb häufig, umgeben von all ihren Büchern, allein in ihrem eigenen Wohnzimmer. Ich habe lange gebraucht, um herauszufinden, daß sie hochintelligent war, weil ich irgendwoher die Vorstellung entwickelt hatte, daß schöne Frauen nur eine Art Dekor darstellen würden. Dann entdeckte ich, daß sie schwierige Schriftsteller las, beispielsweise Proust, und daß ihre sehr umfangreiche Bibliothek, die sie sich nach ihrer Trennung von Francis langsam zusammengestellt haben muß, ausgezeichnet war und alle klassischen Werke enthielt.

Ich glaube, sie hätte leicht wieder heiraten können, denn sie war sehr attraktiv und zog viele Männer an. Doch als sie nach Blashford zog, muß sie jeden Gedanken daran aufgegeben haben, einmal weil sie dort so entfernt von aller Welt wohnte und dann auch wegen einer Beziehung zu einer reichen Freundin, der abscheulichen Norah Summers. Es gibt kaum einen Zweifel, daß sie Lesbierinnen waren; noch dazu kleidete sich Norah Summers passend für diese Rolle und spielte sie auch, so daß ich, selbst wenn sie mit meiner Mutter nicht so verbunden gewesen wäre, sicherlich erkannt hätte, was sie war.

Norah lebte mit ihrem Mann in der gleichen Gegend von Hampshire wie wir. Er war ein unbedeutend wirkender Mann aus der Stahlbranche. Norah war Malerin. Wir Kinder hielten sie für ein totales Ungeheuer, das uns unsere Mutter weggenommen hatte. Norah verkörperte die Vatergestalt in unseren Mädchenjahren, und zwar eine böse; wir alle wurden von ihr beeinflußt; sie hatte einen sehr starken Charakter. Sie gab meiner Mutter alle von ihr abgelegten Kleider, teure maßgeschneiderte Tweedkostüme, die meine Mutter ihr bezahlen mußte: meine Mutter liebte diesen Stil. Norah war von Natur nicht großzügig: sie war zu uns Kindern nicht freundlich, und vermutlich war sie auf uns so eifersüchtig wie wir auf sie. Es regte uns auch auf, daß meine Mutter lauter besondere Sachen zum Essen für sie kaufte, wie Cremekekse, während wir nur Brot und Marmelade vorgesetzt bekamen, und daß immer, wenn wir mit meiner Mutter sprechen wollten, sie mit Norah Summers telefonierte. Weiß der Himmel, worüber sie sich unterhielten, doch das gehörte alles zu dieser Beziehung. Manchmal entschwanden sie nachmittags ins Schlafzimmer meiner Mutter und schlossen die Tür hinter sich ab – es war also ganz schön offensichtlich, was sich da tat.

Ich glaube, wenn Norah Summers nicht gewesen wäre, hätten wir meine Mutter mehr gewürdigt. Sie strickte uns wunderschöne Pullover und nähte uns baumwollene weite Mäntel (die wir haßten, weil sie weder vorne noch hinten saßen), sie war jedoch auf keinem Gebiet wirklich bewandert und mußte nie außer Haus arbeiten gehen. Allerdings liebte sie ihren Garten sehr. Wann immer uns jemand besuchte, sagte sie als erstes: »Soll ich Ihnen den Garten zeigen?« Sie lächelte häufig, ganz anders als ich. Ich glaube, sie glich eigentlich keinem von uns, mir noch weniger als meinen Schwestern.

Sie war das verschlossenste Wesen, wenn es um delikate Dinge ging; ihre Beziehung zu Francis hielt sie für so eine

Angelegenheit, und deshalb sprach sie nie darüber. Wir hatten keine Ahnung, wie sie sich kennengelernt und warum sie sich getrennt hatten. Später, als wir erlebten, daß er noch zwei andere Ehen schloß und Affairen mit mehreren anderen Frauen hatte, nahmen wir an, daß dies ein Teil des Konflikts gewesen war, doch sie schenkte uns nie Vertrauen. Sie sprach auch nicht mit uns, wie eine Mutter es tun sollte. Sie hatte uns nie etwas über die Menstruation gesagt, und wir waren alle entsetzt, als ohne jeden erkennbaren Grund, Blut zu fließen begann: wir alle glaubten, daß wir sterben würden. Tatsächlich hielt sie uns nicht einmal zur einfachsten Sauberkeit an. Sie legte uns zweimal wöchentlich unsere Kleider zum Wechseln heraus, doch vergewisserte sie sich nicht, ob wir uns auch ordentlich wuschen. Wenn wir badeten, durften wir das Wasser acht Zentimeter hoch einlassen, und wir Schwestern stiegen zu dritt in die Wanne, es gab viel Gekreische und Gekichere und wenig Gebrauch der Seife: sie überließ uns uns selbst. Sie selber war äußerst reinlich und heikel, doch erklären tat sie uns nichts.

Ich wurde in Blashford sehr depressiv. Ich sehnte mich inständig danach, mehr zu tun, ich hatte dort viel zu viel Zeit übrig. Ich glaube, daß Erwachsene die Gefühlswelt von Kindern unterschätzen: Kinder werden niedergeschlagen und langweilen sich, wenn sie nichts zu tun haben; sie müssen beschäftigt und vor allem müssen ihnen Dinge beigebracht werden. Es gab Mengen von Büchern, doch man zeigte uns nicht, wie man sie benutzt. Ich habe nie Kochen gelernt oder Strümpfe zu stopfen, wenn ich es auch später so weit brachte, Dylans Socken auszubessern, immer mit anderen Farben – leuchtenden Farben, wie rote Wolle bei schwarzen Strümpfen – damit man sehen konnte, wie schwer ich gearbeitet und welche Mühe ich mir gegeben hatte.

Es kam häufig vor, daß ich zu meiner Mutter sagte: »Was kann ich jetzt machen?« Und sie gab dann zur Antwort: »Du kannst den Weg jäten«, oder ähnlich Begeisterung Weckendes. Das machte mich stets rasend, weil ich immer spürte, daß ich für viel Schwierigeres taugte. Ich bin überzeugt, daß ich mich die Hälfte der Zeit in Ringwood zu Tode gelangweilt habe. Allein die John-Familie rettete uns. Zu ihnen hatten wir die einzige enge gesellschaftliche Beziehung, und als sie Fryern Court bewohnten, zogen wir regelrecht bei ihnen ein; ihr Leben kam uns im Vergleich zu unserem wahnsinnig ereignisreich vor. Danach waren wir mit den John-Kindern immer unterwegs, wir suchten Vogelnester oder ritten. Es herrschte immer eine gewaltige Aufregung, wenn wir ein Nest entdeckten, selbst wenn es sich nur um das einer Drossel oder Amsel handelte, und wenn wir, wie ich einmal, etwas Selteneres fanden, wie das Nest eines Baumläufers, gerieten wir ganz außer uns. Nicolette entdeckte sogar einmal ein Brachvogelnest, das nur aus einigen Eiern und einer Handvoll Stroh auf dem Erdboden bestand und kaum als ein Nest bezeichnet werden konnte. Wir besaßen alle eine Eiersammlung. Im ganzen Haus bliesen wir Eier aus und richteten dabei scheußliche Dinge an, weil man nicht immer sicher wußte, ob sie nicht faul waren, und manchmal befanden sich innen sogar junge Vögel, die nicht herausgeblasen werden konnten. Wir nahmen nie, wie die Jungen, alle Eier aus einem Nest; wenn in einem Nest viele Eier lagen, nahmen wir uns vielleicht zwei, doch eigentlich immer nur ein einziges. Die Dorfkinder entwendeten manchmal alle Eier und sogar auch das ganze Nest, was wirklich übel ist.

In unserem Leben spielten damals Pferde eine große Rolle. Wir verbrachten unsere Tage meistens mit Ausritten durch den New Forest, in dem man herrlich reiten konnte. Es gab eine Reitschule, die Ponys auslieh, und dort lernten wir Ethna Smith kennen, eine außergewöhnliche Frau. Sie lebte in einer kleinen Wellblechhütte mitten im Wald und besaß ein Rennpferd und zwei Ponys – wirklich schöne Pferde. Doch sie war ein harter Lehrmeister, kannte keine Schonung. Sie setzte uns auf Brandy, ihr bestes Pferd, und ließ dann die Reitpeitsche knallen; das Pferd machte daraufhin einen gewaltigen Satz, und wir fielen fast rückwärts hinunter. Wir waren sehr wagemutig, galoppierten durch die Felder und setzten über Hecken hinweg. Gerade ich schreckte vor nichts zurück. Wir nahmen auch an Fuchsjagden teil, selbstverständlich nicht in Jagdkostümen – wir waren die Nachhut in Gummistiefeln und alten Hosen – doch einmal widerfuhr mir die Ehre, mit Fuchsblut gezeichnet zu werden und die Fuchsrute zu ergattern. Ich nahm sie mit nach Hause, ließ sie gerben und hatte sie in einem Rahmen jahrelang an der Wand hängen; ich war sehr stolz auf sie. Wir fuhren auch zu vielen Darbietungen und Turnieren, reisten manchmal vierzig Meilen, um mitmachen zu können. Ich beteiligte mich beharrlich am Springreiten, was nicht immer ohne Angst geschah; doch letzten Endes sammelte ich in den Wettkämpfen viele Trophäen – bei Reiterspielen wie ›bending races‹ und ›musical chairs‹ – und, eigentlich unverdient, einen schönen Pokal beim Springen, den ich fast ganz dem Pferd zu verdanken hatte. Ich gewann ihn, als mich Ethna Smith in einem der wichtigsten Turniere Brandy reiten ließ – von mir aus ein ziemlich einfältiges Unterfangen, denn ich hatte ihn zuvor bei nichts Vergleichbarem geritten. Von Anfang an hatte ich Angst und verlor ständig die Steigbügel, wurde im Sattel hin- und hergeworfen und fürchtete, daß ich hinunterfallen würde, doch Brandy segelte einfach über die Hindernisse, ohne die obersten Barren zu berühren. Ich selbst habe an jenem Tag zu sehr gelitten, um daran viel Befriedigung gefunden zu haben.

Wenn ich jetzt zurückblicke, glaube ich doch, daß es eine ausgezeichnete Kindheit war, auch wenn wir uns das nie vor Augen führten. Inzwischen weiß ich, daß wir so aufwuchsen, wie es für junge Damen auf dem Land üblich ist, doch wir glaubten immer, daß man uns knapp hielte und hart behandelte. Wir gingen nie auf Reiterbälle, weil wir nie die passenden Kleider hatten, und außerdem unterstützte meine Mutter so etwas auch nicht. Uns allen fiel das tägliche Leben schwer, als wir heirateten, denn meine Mutter hatte uns nichts gelehrt, keine Umgangsformen, keine häuslichen Kenntnisse. Sie sagte stets: »Keine Sorge. Ihr werdet alle reiche Männer heiraten, und sie werden Bedienstete haben.« Das war Unfug. Keine von uns heiratete reich, obwohl sie anscheinend glaubte, daß dies selbstverständlich geschehen würde, weil wir so attraktiv waren. Ich erwähnte bereits, daß sie zu mir sagte, ich würde einen Herzog heiraten. Ich war sehr vital. Man hielt mich für eine Schönheit, ebenso Nicolette; Brigid eher weniger, was verhängnisvoll war.

Es war ein Aufwachsen an der frischen Luft mit der schlechten Begleiterscheinung, daß jede konsequente Erziehung fehlte. Nicolette und ich vermißten das, wohingegen Brigid sich nie beklagte, weil sie keinen großen Ehrgeiz hatte und auch nicht der Typ dafür war: Sie blieb die Heilige der Familie.

Die erste Schule, die ich in Ringwood besuchte, war winzig; sie hieß *The Parents' Educational Union* oder so ähnlich; sie wurde von ältlichen Fräulein geleitet, war eine Art Kindergarten. Wir pflegten botanische Spaziergänge zu unternehmen und die Namen der Blumen aufzuschreiben. Nach dieser Schule kam eine Folge von französischen Erzieherinnen zu uns: hinsichtlich unserer Ausbildung versagten sie völlig, auch wenn eine von ihnen, Henriette, meinen Bruder John heiratete. (John lebte in einer völlig anderen Welt als wir Mädchen; er war bei der Navy, war hinreißend und sah gut aus. Er liebte auch die Frauen, doch hatte er einen ganz bestimmten Geschmack; sie sollten zierlich und charmant sein. Sie alle kamen mir immer sehr erfahren vor, denn John war zehn Jahre älter als ich, und sie waren in der Regel so alt wie er.) Von den französischen Gouvernanten weiß ich nur noch, daß wir viel Racine und Molière lasen, doch lernen konnte man es eigentlich nicht nennen; es gab keinen Grammatik- und keinen Mathematikunterricht. Der Erlernung solchen Wissens kam ich am nächsten, als man mich in eine entsetzliche Anstalt in Boscombe schickte, die *Groveley Manor School* hieß, und da war ich schon dreizehn oder vierzehn, was einfach zu spät war.

Es war die langweiligste Schule von der Welt, ein einmalig anödender Ort, was noch durch die häßlichen Uniformen, die wir tragen mußten, durch die schrecklichen Spaziergänge, immer zwei und zwei, und die endlosen Gottesdienste in der Schulkapelle (einmal bin ich tatsächlich mittendrin in Ohnmacht gefallen) verschlimmert wurde. Ich war gräßlich verschüchtert und mir war hoffnungslos elend zumute; während des ganzen ersten Semesters weinte ich; ich traute mir nichts zu, und die einzige kleine Erleichterung stellte sich ein, als mein Bruder John eintraf und mich zum *thé dansant* nach Bournemouth ins Palm Court ausführte.

Als ich noch in Groveley Manor war, verliebte ich mich während der Ferien heftig in Caspar John. Seine Schwester Vivien war meine ganze Kindheit hindurch meine beste Freundin, und meine Eltern kannten Augustus schon lange bevor ich zur Welt kam. Augustus war in einem Zigeunerwagen durch Irland gereist, als mein Vater in Doolin lebte, und ich vermute, daß damals ihre Freundschaft entstand. Es gibt Fotos, auf denen beide Familien miteinander spielten, als ich noch ein Baby war. Später bat Augustus meinen Vater seinen Sohn Romilly das Schreiben beizubringen und stellte ihn quasi als Hauslehrer ein. Augustus war ein richtiger Bohémien, einer von den ganz echten. Er und Dorelia unterhielten so etwas wie eine Hippiefamilie in Fryern Court, in der eine sorglose Stimmung sexueller Ungezwungenheit herrschte. Man liebte sich und liebte sich dann wieder nicht mehr, und Augustus herrschte über alle. Er war ein ungewöhnlicher Mann, eine bemerkenswerte Persönlichkeit; er hielt sich für einen Zigeunerkönig; unentwegt redete er über Zigeuner und behauptete, die Zigeunersprache zu können. Ich sah in ihm nie eine romantische Gestalt; ich hielt ihn für einen schrecklichen Langweiler und hörte nur halb zu, wenn er seine albernen Theorien über Zigeuner entwickelte, daß sie nämlich die Nachfahren eines Urvolkes seien.

An den Abenden dominierte Augustus am Eßtisch. Wir setzten uns immer gemeinsam zu Tisch, Gäste und Kinder, Freunde und Familie, und wurden so in die Welt des Intellekts eingeführt. Bertrand Russell und T. E. Lawrence kamen manchmal herüber zum Nachtmahl, ebenso Lord David Cecil. Wir waren ziemlich ehrfürchtig, und es fiel uns schwer, ein Wort anzubringen. An sich war es sehr schwer, sich mit den Johns zu unterhalten. Sie waren ungeheuer zugeknöpft und schweigsam, wenn niemand anwesend war, der sie herausforderte. Es herrschte dann eine düstere Stimmung; ich weiß eigentlich nicht warum; so als hätten sie sich nichts zu sagen, wenn nicht jemand anders zur Unterhaltung beitrug. Bertrand Russell war sehr charmant, immer gepflegt, akkurat und anspruchsvoll; ein sehr einfühlsamer Zuhörer. Ich erinnere mich, wie er einmal sagte, daß er das Geheimnis des Glückes gefunden habe und nicht sterben wolle. Lawrence traf immer auf seinem riesigen schwarzen Motorrad ein. Er lebte nach sehr spartanischen Regeln. Einmal erzählte er, daß er kaum jemals aß und nur ein einziges leichtes Mahl am Tag brauche. Das beeindruckte mich, weil er mir feurig und voller Leben vorkam. David Cecil dagegen war ein ätherisches Wesen ohne Körper und hatte eine zierliche kleine Frau, die ebenso feenhaft wirkte.

Ich ließ mich damals einfach nur treiben. Wir waren alle sehr kräftig und gesund, auch wegen der scheußlichen Ziegenmilch, die uns unsere Mutter zu trinken gab, doch war uns allen der Alkohol und der Niedergang vorbestimmt, weil wir eben nichts besaßen, was uns wirklich hielt. Im Haus der Johns wurde immer großzügig ausgeschenkt, und ich konnte während der Mahlzeiten erst ein Wort hervorbringen, wenn ich etwas von dem schönen Wein getrunken hatte. Ich fand Wein gleich beim ersten Mal angenehm. Später, als ich mit Dylan verheiratet war, und wir Brown's Hotel in Laugharne aufsuchten, waren es dann doppelte Whiskys. Ich weiß nicht mehr, wie wir das bewerkstelligten, denn wir hatten eigentlich nie Geld, doch wir haben sie getrunken, und das hatte seinen Anfang nicht mit dem Wein bei den Johns genommen.

Augustus hatte sieben schöne Söhne. An jenen gemeinsamen Abenden setzten wir uns alle mit unseren Freunden in einer Reihe aufs Sofa und tranken etwas vor der Mahlzeit. Poppet, das bezauberndste und schönste aller John-Kinder, besaß immer wieder andere Anbeter; Vivien hatte ihren Freund, und ich hatte Caspar, der ein ganzes Stück älter als ich war. Damals war ich ungefähr fünfzehn, und es war das erste Mal, daß ich mich verliebte. Nie mehr habe ich jemand anderem gegenüber so empfunden. Ich nehme an, es war hauptsächlich sein Aussehen. Er war groß, dunkel, stattlich und schon ein Seemann; er war schön, unglaublich gutaussehend und hatte eine tiefe, berückende Stimme. Die Jungen der John-Familie wurden als einzige unterrichtet; die Mädchen bekamen noch weniger mit als wir. Caspar muß etwas Bildung besessen haben, sonst wäre er nicht in die Admiralität gekommen; alle hielten ihn für dumm, weshalb es alle ziemlich überraschte, als er schließlich Admiral wurde. Ich habe nie viel von seinem Verstand gehalten. Für mich war es gut, daß er nicht viel redete, denn wir waren damals beide sprachlos.

Diese Liebesromanze hat ungefähr zwei Jahre gedauert. Wir pflegten mitternächtliche Picknicks in den Downs zu veranstalten. Ich war völlig von ihm betört. Wir waren beide unglaublich naiv. Meine Mutter hatte uns nur sehr wenig über Sexualität erzählt, außer das es ›eine recht angenehme Empfindung‹ sei – sie lebte inzwischen zusammen mit Norah Summers. Ich war gänzlich unerfahren und wußte nicht, was ich mit Männern anfangen sollte. Wahrscheinlich hatte ich damals von Liebe eine sehr romantische Vorstellung, allerdings sehnte ich mich verzweifelt danach, daß er mit mir schlief. Eines Nachts bot sich uns dann die Gelegenheit. Ich war bei ihnen im Haus geblieben. Caspar lag im Bett, und ich hatte mich in einem mit Rüschen besetzten Nachthemd wunderschön gemacht und klammerte mich an ihn. In jenem Augenblick verlangte ich leidenschaftlich nach ihm, doch er zeigte überhaupt keine Reaktion. Ich versuchte, ihn zu mir zu ziehen, doch es nützte nichts. Ob er Hemmungen hatte, mit einem so jungen Mädchen zu schlafen oder eigene sexuelle Probleme, ich weiß es einfach nicht.

Er machte mir nie einen Antrag. Ich hatte es mir von ihm erhofft, obwohl ich nicht eigentlich an Heiraten dachte: Ich liebte ihn einfach nur, und das war alles. Wir gingen zusammen ins Bett, aber er liebte mich nie. Wir kamen nicht übers Küssen und Liebkosen und übers Herumbalgen in den Downs hinaus, und ich glaube, daß es deshalb in gewisser Hinsicht um so leidenschaftlicher war; es war meine erste Jugendliebe.

Am Ende zerstörte meine Mutter die Romanze auf sehr grausame Weise; aber damals wußte ich nicht, daß sie hinter all dem steckte. Caspar und ich sollten uns in Norah Summers Haus in Ferndown treffen. Wenn wir uns sonst begegneten, flogen wir uns immer in die Arme, aber dieses Mal schaute Caspar mich nur kühl an und wandte sich ab. Ich war am Boden zerstört und konnte den Grund dafür nicht herausbekommen. Ich erinnere mich, daß ich zweimal an ihn schrieb und ihn bat, mir doch zu sagen, warum er mich nicht mehr beachtete, daß ich den Grund dafür einfach nur wissen wolle, weil ich so verstört sei. Ich wollte mich sogar aus dem Fenster stürzen, doch dann entschied ich, daß der Fall nicht tief genug sein würde. Caspar beantwortete meine Briefe nie. Jahre später berichtete mir dann meine Schwester Brigid, daß meine Mutter ihm geschrieben und zu verstehen gegeben hatte, daß ich viel zu jung für ihn sei, und er nicht mehr in meine Nähe kommen dürfe; sie empfahl ihm, stattdessen mit Brigid auszugehen. Als ich von der Rolle meiner Mutter erfuhr, geriet ich erst recht außer mir. Das war sehr im Stil von Jane Austen gewesen, zu versuchen, ihre Töchter in der richtigen Reihenfolge zu verheiraten.

Ich konnte für Dylan nie die gleiche Leidenschaft empfinden, wie ich sie für Caspar empfunden hatte, wahrscheinlich vor allem wegen Caspars Aussehen. Ich war überzeugt, daß ich zu Caspar gehörte. Wenn irgendwann während meiner Ehe mit Dylan Caspar auf einem großen weißen Pferd angekommen wäre, hätte ich mich bestimmt von ihm entführen lassen. Ich habe die beiden immer miteinander verglichen, zu Dylans Nachteil, obwohl ich Dylan das nie gesagt habe. Diese Leidenschaft für Caspar habe ich während meiner ganzen Ehe in mir getragen. Noch jetzt ist diese Empfindung vorhanden. Hin und wieder erfahre ich etwas über ihn, und ich spüre einen kleinen Stich, wenn sein Name erwähnt wird. Er war die große Liebe meines Lebens, und er bleibt für mich eine Traumgestalt.

Ich begegnete Caspar einige Jahre später in einem Pub, und er witzelte darüber, daß ich mir angewöhnt hätte, Englisch mit irischem Akzent zu sprechen. Während ich ihm zuhörte, schaute ich ihn unentwegt an und fragte mich, ob ich mich dazu überwinden könnte, den ersten Schritt zu tun und alles wieder zu erschließen. Wenn ich jetzt zurückblicke, bin ich darüber sehr traurig. Wie dem auch sei, er mußte dafür leiden, daß er mir wehgetan hatte: er verlor seine beiden Beine, und ich konnte es mir nicht anders vorstellen, als daß Gott ihn gestraft habe. Ich erfahre das in meinem Leben häufiger: wenn ich etwas Gutes tue, geschieht mir etwas Gutes, und wenn ich etwas Böses tue, geschieht mir etwas Böses. So spielt es sich eigentlich immer ab. Meine Art zu reagieren ist der christlichen Art, die andere

Wange hinzuhalten, ganz entgegengesetzt. Ich glaube, daß die alte, einfache Vorstellung von ›Auge um Auge‹ und ›Zahn um Zahn‹ viel einleuchtender ist.

Zu jener Zeit hatte ich eine fast vollkommene Figur, abgesehen von meinen Knien, die zu sehr vorstachen, und meinen Beinen, die länger hätten sein können. So weit ich zurückblicken kann, habe ich immer Tänzerin werden wollen. Ich kann mich erinnern, daß ich mich sogar in Groveley Manor aufs Bett stellte, am Gitter festhielt und Ballettfiguren und *pliés* übte. Ich hatte die Pawlowa in ›Schwanensee‹ gesehen und war davon überzeugt, daß dies ein Leben für mich sei; diese Welt übte auf mich eine ungeheure Anziehungskraft aus, und unaufhörlich bat ich meine Mutter, mich nach London gehen und als Tänzerin ausbilden zu lassen. Ich sehnte mich nach der dämmrigen Beleuchtung und der Empfindung von Künstlichkeit, weil beides in völligem Gegensatz zu meiner gräßlichen Frischluftkindheit stand. Es war mir klar, daß das ein diszipliniertes Leben verlangte. Doch es reizte mich, weil ich wußte, daß ich das notwendig brauchte – weder in Blashford noch in Irland hatte es je so etwas wie Disziplin gegeben. Ich gierte danach, in eine jener Gruppen geholt zu werden – in eine Ballettgruppe oder in die Tanztruppe einer Revue – es beschäftigte meine Phantasie, und ich bohrte immer weiter, bis meine Mutter mich in eine Schule für Stepp- und Akrobatentanz in der Rupert Street, einer Nebenstraße der Shaftesbury Avenue, schickte. Dorthin ging ich einige Jahre lang zusammen mit Vivien John.

Ich war im Grunde noch ein kleines Mädchen, als wir nach London gingen. Vivien war vielleicht erfahrener als ich, doch das sollte nicht viel bedeuten. Sie war schön, voller Lebenskraft, und wir waren sehr vergnügt miteinander. Sie fertigte immer Skizzen an. Alle John-Kinder zeichneten mit großer Mühelosigkeit; sie schufen zwar nichts von Dauer, doch die Veranlagung war da. Wir wohnten ziemlich lange in einem Studentenheim, einer sehr einfachen und anständigen Unterkunft, in der es keine flatterhaften Mädchen gab. Wir nahmen die Unterrichtsstunden gemeinsam, bis Vivien sie aufgab und wieder mit ihrem spanischen

Tanzunterricht begann. Als ich 1982 in London war, rief Vivien mich an und sagte: »Wollen wir uns treffen?« Doch hatte damals zwischen uns eine so starke emotionale Bindung geherrscht, daß ich ›nein‹ sagte. Ich denke jetzt nur voller Widerstreben an sie. Ich weiß nicht, weshalb. Ich hätte sie treffen sollen. Ich unterließ es aus Feigheit. Wenn ich jemandem wiederbegegnen soll, den ich einst gern gehabt habe, befürchte ich immer, daß es nun nicht mehr der Fall ist – und so ist es dann auch stets.

Steppen und Akrobatik waren nicht die Tanzarten, die ich gewählt hätte, wenn ich in meiner frühen Kindheit über meine Tanzkarriere richtige Entscheidungen hätte treffen können, dennoch mochte ich beides sehr. Durch das akrobatische Training wurde mein Körper unglaublich biegsam, ich konnte mich rückwärts bis auf den Boden herunterlassen und mit den Händen die Fersen berühren, konnte Handstandüberschlag rückwärts und radschlagen, und wenn ich nicht so töricht gewesen wäre, mit Dylan das viele Trinken anzufangen, wäre ich, glaube ich, außerordentlich gut geworden.

Während unserer Zeit in der Tanzschule, zog mein Vater wieder nach London. Er hatte ein sehr schönes Appartement am Regent's Square, und Vivien und ich wohnten eine Zeitlang dort. Auf Wandbetten in einem kleinen Schlafzimmer hatten wir frivole Kleidungsstücke aufgehäuft liegen, die Vivien und mir irgendwie in die Hände gekommen waren: Büstenhalter, Balett-röckchen, Schlüpfer und so weiter. Mein Vater gab häufig Abendgesellschaften (zu denen wir nicht eingeladen wurden), und untertags schrieb er Briefe an meine Mutter, manche bis zu fünfzig Seiten lang; in denen er ihr seine Philosophie auseinandersetzte und sie bat, ihn wieder aufzunehmen. Zeitweise wohnte ich zu Hause bei meiner Mutter in Blashford und fuhr täglich mit dem Zug nach London. Manchmal blieb ich während der Nacht bei meiner älteren Schwester Nicolette, die am Slade studierte.

Wenn ich Nicolette folge, unterschied ich mich von meinen beiden Schwestern. Ich hatte eine sehr hohe Meinung von mir, hatte große Erwartungen. Ich glaubte, daß ich eine der größten Tänzerinnen der Welt werden würde. Ich war auf die Bühne versessen. Nicolette erzählt in ihrem Buch ›Two Flamboyant Fathers‹, daß ich immer von Männern verfolgt und mit Liebesbriefen bestürmt wurde, und das stimmt auch, obwohl es meistens die erbärmlichsten von allen Männern waren. Ich habe eigentlich stets empfunden, daß die Männer, die einen lieben wollen, nie diejenigen sind, die man haben möchte: Immer ist es irgendein scheußlicher kleiner Wurm, der sich duckt und kriecht und sich anbiedert. Begegnete mir ein solcher Mann, hätte ich ihm am liebsten einen Fußtritt versetzt.

Es gab da einen sehr dunklen kleinen Italiener, Gabriello, der sich das Leben nahm, weil ich mit ihm nichts zu tun haben wollte.

Ich lernte ihn auf einer Party bei Nicolette kennen. Er war klein und hatte einen Lockenkopf – gewissermaßen eine kleinere Ausgabe von Dylan. Er stellte mir mit großer Ausdauer nach. Ich hatte nicht das geringste Interesse an ihm, dennoch war er sehr hartnäckig. Er pflegte mir aufzulauern und fand heraus, mit welchen Bussen ich fuhr. Er entdeckte, welche Tanzschule ich besuchte und fing an, davor auf mich zu warten. Wenn ich ihn sah, bin ich immer einfach an ihm vorbeigerauscht. Es war grausam, doch schließlich hatte er kein Anrecht auf mich. Eines Tages erfuhr ich dann, daß er sich aus Verzweiflung, weil ich seine Zuneigung nicht erwidern konnte, erschossen hätte. Danach hatte ich eine qualvolle Begegnung mit seinen Eltern. Sie gaben mir am Tod ihres Sohnes jedoch keine Schuld, obwohl sie ganz aus der Fassung waren. Nicolette hatte zu mir gesagt, daß ich sie besuchen müsse, weil sie mir zeigen wollten, daß sie mir gegenüber keine bitteren Gefühle hegten und es ihnen klar war, daß ich ihm keine falschen Hoffnungen gemacht hatte. Mich ließ das völlig gleichgültig. Ich dachte nur: »Gott sei Dank, ich bin ihn los!« Ich empfand überhaupt kein Mitleid, keinerlei Erbarmen, weil er eine solch schreckliche Plage für mich gewesen war.

Während der ganzen Zeit hatte ich nur den glühenden Ehrgeiz, eine Anstellung bei einer Tanztruppe zu finden. Ich wollte unbedingt nach Paris als eine der Bluebells in den Folies-Bergères, doch meine Mutter wollte mich nicht ziehen lassen. Kurz darauf liefen Vivien und ich von zu Hause weg, weil wir hofften, einen Job in einer von Charles Cochrans Revuen zu bekommen. Wir brachten es bis zum Probesingen, was immerhin eine Leistung war, aber kehrten bald wie begossene Pudel wieder heim.

Eines Tages sagte Augustus: »Komm rüber ins Atelier. Ich möchte dich malen.« Das tat ich. Es war wohl eine ziemliche Ehre, obwohl ich mir das nicht vorstellte, weil ich ihn ja seit meiner frühesten Kindheit kannte.

Augustus befand sich zu der Zeit auf der Höhe seines Ruhms; in Wirklichkeit war sein Ruf durch seinen allseits bekannten Lebensstil aufgebläht worden. Ich hielt ihn für ein großes, künstlerisches Talent, besonders wegen seiner Zeichnungen und einiger seiner Portraits. Seine Männerportraits waren meistens besser als die von Frauen: Vermutlich aus dem Grund, weil er die Frauen gleichzeitig zu umgarnen suchte. Er malte sie mit überlangen Hälsen und riesigen Augen, um ihnen zu schmeicheln, verführte sie mit Farben und warf sie danach unverzüglich auf sein Sofa. Bei Männern war er viel sorgfältiger, und das Portrait, das er von meinem Vater machte – den Augustus für einen berufsmäßigen Exzentriker hielt – zeigte wirklich dessen wahren Charakter. Als Künstler hatte Augustus das Problem, daß er nie wußte, wann er aufhören sollte. Er fertigte mehrere Kolossalgemälde in Öl von Gruppen mit verschiedenen Gestalten in Zigeunertracht an, und wenn er das geglückte Bild hatte, verdarb er es immer, indem er so viele Einzelheiten zufügte, daß er das spontane Empfinden des Anfangs verlor.

Als ich ihm das erste Mal saß, redete er nicht mit mir, sagte nichts, um mir die Befangenheit zu nehmen. Er starrte mich nur wild an, ohne die Spur eines Lächelns, und seine langen schwarzen Haare und sein langer schwarzer Bart betonten seine Wildheit noch. Meistens bot er seinen Modellen 1 £ an, doch mir zahlte er keinen Heller; und dann, gleich am Ende der Sitzung, sprang er mich plötzlich an, zerrte mir das Kleid hoch, zog mir die Unterhosen runter und liebte mich, obwohl man das kaum Liebe nennen konnte. Das geschah völlig überraschend, und ich war noch unberührt. Er fragte nicht nach meiner Zustimmung, versuchte nicht einmal mich zu gewinnen; er stieß einfach zu und ich konnte mich nicht wehren, weil er so ein riesiger, kräftiger, animalischer Mann war. Ich war eingeschüchtert und viel zu erschrocken, um Widerstand zu leisten. Was mich nur fast wahnsinnig machte, war, daß ich Caspar gewollt hatte, und stattdessen jetzt sein haariges Tier von Vater auf mir lag.

Ich war wie gelähmt. Als Augustus fertig war (es dauerte nicht lange), stand er auf, brachte seine Kleidung in Ordnung und verließ das Zimmer. Er sagte kein Wort zu mir, nicht einmal ›Verzeihung‹. Ich brach nicht in Tränen aus. Ich zog mich nur an und dachte, wie widerlich er doch war. Ich nehme an, daß man es eine Vergewaltigung nennen konnte, obwohl mir dieser Gedanke nicht kam; er war ein sehr alter Freund meines Vaters. Es lehrte mich, daß es so etwas wie das Gebot eines Gentlemans unter Männern nicht gibt.

Augustus hatte stets intime Beziehungen zu vielen Frauen der Gesellschaft. Ich versuchte mir vorzustellen, wie er über *sie* herfiel. Die Vorstellung machte mich ganz betreten, doch dann dachte ich, daß es ihnen vielleicht Vergnügen machte. Diese spezielle Art muß für sie ganz etwas Neues gewesen sein. Ich war völlig ahnungslos und malte mir nur aus, daß dies vielleicht so und nicht anders geschehen würde. Auch wollte ich eine erfahrene Frau sein. Ich wollte alles ausprobieren, wissen, wie es war, und nicht nur in sexueller Hinsicht.

Ich habe eine tief verwurzelte, bittere Meinung von Männern. Ich traue ihnen nicht. Mittelbar begann dies wahrscheinlich mit Francis, doch in körperlicher Hinsicht, glaube ich, mit Augustus.

Am nächsten Tag ging ich wieder zu ihm und posierte für ihn – ich mußte es, denn das Bild war nicht fertig – und wieder geschah das gleiche.

Augustus stand in dem Ruf, sich immer so zu verhalten, doch mich hatte niemand vorher gewarnt. Bald war ich mehr angewidert als erschreckt. Immer wenn ich ihm saß, wußte ich, was sich am Schluß ereignen würde – der große Sprung. Ich wartete einfach darauf und dachte dabei: »Oh mein Gott! Wenn ich doch nur flüchten könnte.« Er sah sehr wohl, daß ich unglücklich war, denn manchmal fragte er mich: »Worüber bist du so traurig?« Doch ich konnte es ihm einfach nicht sagen. Manchmal versuchte ich ihn von mir zu stoßen, doch ich wollte ihn nicht kränken, und ich glaube auch, daß er mich schließlich ganz gut leiden mochte. Er malte von mir mehrere Bildnisse in Öl. Eines ist sehr bekannt, ich weiß aber nicht, wo die anderen geblieben sind. Er fertigte auch viele Zeichnungen, für die ich nur äußerst ungern saß, denn er malte mich nackt. Ich litt jedesmal Todesqualen, denn er pflegte mich auf einen Diwan zu setzen und meine Beine auseinanderzuziehen, bis ich in der von ihm gewünschten Pose saß.

Durch Augustus wurde ich sehr unerotisch. Sein derbes Handeln konnte man nicht Liebe nennen; es gab nicht die geringste Zärtlichkeit. Es war entsetzlich, er mit seinem großen haarigen Gesicht. Ich weiß nicht, warum ich mich nicht wehrte; warum ich ihn einfach weitermachen ließ, wo ich doch selber kein Vergnügen daran hatte – es war, als würde man von einem Bock besprungen. Am traurigsten ist, daß meine ganze sexuelle Entwicklung falsch lief. Es war ein Verhängnis, von dem ich mich nie ganz erholt habe.

Ich habe Augustus nie liebgewonnen, obwohl er sogar anfing, mich hin und wieder mit sich zu nehmen. Er führte mich mittags und abends zum Essen aus und stellte mich anderen als die Tochter von Francis vor. Danach verbrachten wir in der Regel die Nacht in seinem Appartement am Fitzroy Square. Der Anteil Liebe bereitete mir kein Vergnügen, doch es gefiel mir, mit ihm auszugehen, weil er mich dann ins Eiffel Tower führte und in andere Restaurants, in denen das Essen gut war; und allmählich sah ich die sexuelle Seite als ein notwendiges Opfer.

Meine Mutter wußte, glaube ich, nicht, daß er mich vergewaltigt hatte. Außerdem hätte sie das auch gleichgültig gelassen, weil sie selber so amoralisch war. Auch ich hatte eigentlich nicht das Gefühl, daß er sich an mir vergangen hatte, und ich glaube fast, daß Augustus dachte, ich müsse dankbar sein, daß so ein berühmter Maler mich hatte besitzen wollen: so war er.

3

In einer Weise waren Dylan und ich wohl nicht füreinander geschaffen. Er brauchte eine einfachgestrickte Person, die für den Zuflucht gewährenden, sicheren, tödlich langweiligen und anheimelnd schützenden, kleinstädtischen, walisischen, häuslichen Hintergrund sorgte, vor dem seine besten Arbeiten entstanden sind, und die war ich nicht. Ich war ebenso schlimm wie er, wenn es ums Trinken ging. Außerdem hatte meine Mutter uns dazu erzogen, niemals über Geld nachzudenken. Über Geld wurde nicht gesprochen: Sie hielt das Thema für vulgär.

Obwohl ich Geld notwendig brauchte, zerrann es mir zwischen den Fingern. Als ich mit dem Zug nach London zum Tanztraining fuhr, kehrte ich manchmal erst spät in der Nacht zur Waterloo Station zurück, um den letzten Zug heim nach Ringwood zu erreichen, und sah dann Leute in den Gängen der Untergrundbahn schlafen – die Obdachlosen. Ich hatte so etwas nie zuvor gesehen, und es erschütterte mich.

Einmal besaß ich vier 5-£-Noten, die Augustus mir gegeben hatte. Das war viel Geld, und ich fuhr damit nach London und hoffte, mir davon ein paar Kleider kaufen zu können. (Ich sah in den Geschäften immer wunderschöne Sachen, auf die ich ganz versessen war und die ich mir nicht leisten konnte.) Ich ging die Oxford Street in Richtung Marble Arch hinunter, und da sah ich auf der Höhe von Speakers' Corner wieder heruntergekommene Menschen, die auf den Bänken ausgestreckt fest schliefen. Es waren erbärmliche Gestalten, doch ich dachte: »Arme Teufel!« und steckte ihnen meine 5-£-Noten in die Jacken. Das war sehr töricht, denn ich hatte zuvor niemals mehr als 20 £ besessen, und dennoch hatte ich das Gefühl, daß ich es tun müßte, irgend etwas trieb mich dazu, ihnen das Geld zu geben.

Dylan war darin genauso. Wenn er Geld besaß, gab er es her – er war der gütigste und großzügigste von allen Menschen – und wenn er kein Geld hatte, hielt er es für selbstverständlich, daß andere Menschen ihm welches gaben. Auf den Gedanken, Geld zu sparen, kam er nie. Während seines ganzen Lebens besaß er nie ein Haus oder ein Auto und selten mehr als nur einen einzigen Anzug. Er brauchte das alles einfach nicht, und obwohl ich das verstehen konnte und wußte, wie er empfand, und oft mit ihm einig war, war es doch verhängnisvoll, daß wir beide unter einem Dach lebten. So waren wir eben. Als man mir erzählte, daß Dylan keinen Pfennig besitzt, ließ ich mich nicht dadurch beirren; es erhöhte sogar seinen Reiz.

Für die Zeit zwischen meinen Sitzungen bei Augustus hatte ich ein wenig Beschäftigung als Tänzerin gefunden, war in Irland gewesen und hatte in Paris gelebt. Ich war immer noch überzeugt, einmal so berühmt wie Isadora Duncan zu werden.

Das war auch der einzige Grund, weshalb ich nach Paris ging. Ich glaubte, dort meinen eigenen Tanzstil entwickeln zu können, und es wäre mein Weg zum Ruhm. Als ich in Dublin im Sousteorain im Haus meines Vaters wohnte, lernte ich Vera Gribben kennen, eine ehemalige Schülerin von Isadora Duncan.

Sie gab mir privat Tanzunterricht und als sie mit ihrem Mann nach Paris zurückkehrte, folgte ich ihnen und mietete ein kleines Atelier, nur ein Zimmer mit ein paar Stufen, die zu einer Empore führten, auf der das Bett stand. Jeden Tag trainierte ich in dem Atelier und tanzte nach einer Schallplatte, es war die ›Die Blaue Donau‹. Ich beschäftigte mich überhaupt nicht mit Jazztanz, der damals in Paris große Mode war, weil Vera Gribben auf ihn herabsah und glaubte, daß ich für Besseres tauge.

Bei den englischen und amerikanischen Schriftstellern, die damals in Paris lebten, war ich nicht eingeführt. Die einzige Affaire hatte ich dort mit einem Maler namens Segall. Sie dauerte einige Monate. Ich kann mich nicht erinnern, wie ich ihn kennenlernte, vielleicht durch Vera Gribben. Er war ein kleiner Mann und ein ganzes Stück älter als ich. Ich stand ihm nicht Modell, doch wir gingen miteinander ins Bett. Er war ganz charmant, freundlich, ziemlich häßlich, mit einer jüdischen Nase und braunem Haar. Ich mochte an ihm, daß er mich mochte – dafür war ich empfänglich: er war sehr warmherzig.

Wir gingen nirgendwo gemeinsam hin – in Restaurants oder durch die Kunstgalerien – weil er viel zu arm war.

Ich faßte zu ihm Zuneigung, weil er sanft war und ich ihn für einen guten, leider verkannten Künstler hielt. Nie habe ich eine Dachstube gesehen, die so armselig war wie seine. Er machte keinen Hehl daraus, daß unsere Beziehung, was ihn betraf, nicht von Dauer war, nicht mehr – nur eine kleine sexuelle Episode.

Ich habe keine sonderlich glücklichen Erinnerungen an Paris, obwohl der Besuch der Raymond Duncan Schule lehrreich war: Raymond war Isadoras Bruder, und ich hielt ihn für so etwas wie einen Freak. Ich tanzte während der Zeit gelegentlich in einem kleinen Theater, hatte aber noch keine klare Vorstellung von meiner Zukunft als Tänzerin; ich befand mich ja noch auf dem Weg, kletterte nur die Leiter zu Ruhm und Reichtum aufwärts, jedenfalls glaubte ich das zu tun. Ich machte mir damals zu wenig Gedanken, denn diese Art des Tanzens lag mir im Grunde genommen nicht. Ich tanzte auf privaten kleinen Gesellschaften vor der sogenannten *élite*. Es war alles sehr gekünstelt, mit Zuschauern, die sich für diesen Anlaß herausputzten und in eleganten Salons grüppchenweise um mich herum saßen. Ich beging eine Menge dummer Fehler. Dieser Ausdruckstanz im Stil von Isadora Duncan hatte überhaupt keine Regeln; mehr oder weniger tat man das, was man bei der Musik empfand, und wenn man nichts empfand, war das halt Pech. Ich spürte, daß ich die Musik von Mozart und Schubert gekonnt interpretierte und daß das einige Leute ansprach, aber es war nie sehr gefragt. Manchmal legte ich sogar die falsche Platte für einen Tanz auf, und niemand schien es zu bemerken; keiner war gescheit genug. Jetzt habe ich nur mehr verschwommene Erinnerungen daran. Ich weiß nicht mehr, wie ich es anstellte, dort ein Jahr lang zu überleben, denn ich hatte fast kein Geld. Meine Mutter sandte mir pro Woche 1 £ und irgendwie schaffte ich es, damit auszukommen. Ich lebte von einfachen Dingen – Wein, Brot und ein bißchen Salami.

Aber etwas hat mir das Jahr in Paris gebracht, und das war eine Lektion, die mir Vera Gribben gab. Sie wandelte meine Einstellung zum Tanzen ganz und gar. »Du machst zu viele

Bewegungen. All das hätte mit einer einzigen Geste ausgedrückt werden können«, sagte sie, nachdem ich an die tausend Saltos während einer Pflichtübung vollführt hatte. Daraus habe ich wirklich etwas gelernt.

Der einzige Durchbruch, der mir nach meiner Rückkehr aus Paris gelang, war ein Engagement am Revuetheater im London Palladium, bei dem ich rund 8 £ pro Woche verdiente, für damalige Zeiten viel Geld – ich hielt mich jedenfalls damit für gut ausgerüstet. Ich trat als Revuegirl in einer der Aufführungen der Crazy Gang auf und war eine wirklich gute Tänzerin, die einzige, die richtig ausgebildet worden war. Doch inzwischen zog ich schon mit Dylan herum und eines Abends, als es zu den hohen Beinwürfen kam, wußte ich plötzlich nicht mehr, welches Bein als nächstes in die Luft sollte. Ich war völlig bewegungslos. Ich stand einfach nur da, was für die Zuschauer ein recht merkwürdiger Anblick gewesen sein muß. Sehr bald danach sagte mir Mr. Fisher, ein scheußlicher Mann, der für die Mädchen zuständig war: »Du bist entlassen!« Ich war total verwirrt, weil ich keinen Grund dafür sah, und flehte ihn an: »Um Himmels willen, sagen Sie mir doch warum?« Er erwähnte meinen Aussetzer mit keinem Wort, doch ich habe mich danach immer wieder gefragt, warum mir das hatte passieren können. Jetzt glaube ich, weiß ich die Antwort: ich mußte getrunken haben, und hatte deshalb die Beine völlig vergessen.

Mein Tanzen fand durch Dylan ein Ende. Ich teilte immer noch ein Zimmer mit Vivien, doch sie bekam in der Revue keine Anstellung, weil sie nicht pünktlich sein konnte. Während einer Weihnachtssaison bekam ich eine Rolle in einer Pantomime am Lyric Theatre in Hammersmith, in der ich nur herumhüpfte, und hatte dann noch kleine Kabarettauftritte in verschiedenen Nachtklubs. Danach stieg ich ab zu einem Job bei Peter Robinson, bei dem ich Gummikorsetts von Charnelle vorführte, indem ich Brücke rückwärts, Bogengang und Spagat machte, um zu zeigen, wie elastisch sie seien. Es ist sehr schade, weil ich immer noch glaube, daß ich die natürliche Begabung einer guten Tänzerin hatte.

Ich hatte nie viel Gefühl für Eigenorientierung bewiesen, doch als ich Dylan kennenlernte, schien es mir gänzlich abhanden gekommen zu sein. Ich liebte Dylan, und das genügte. Nicht seine Erscheinung fesselte mich. Es war mehr das, was ich vernahm, als das, was ich sah: Die Stimme, die nicht aufhören wollte, zu mir zu sprechen und oft so leise kam, daß ich kaum ein Wort verstehen konnte, dazu seine Glupschaugen und die ulkige Nase. Erst sehr viel später wurde er dick. Heute erinnere ich mich an diesen nie enden wollenden, ununterbrochenen Fluß von Worten – reizende liebe Schmeicheleien, die damals ganz passend klangen, doch jetzt unmöglich wiedergegeben werden können. Das war es, und mein Gefühl, daß er sich wirklich etwas aus mir machte, gleich vom ersten Anfang an im Wheatsheaf. Er sagte, es wäre ›angenehm, zur Abwechslung etwas Klasse zu haben‹.

Als ich ihn kennenlernte, hatte er die lange platonische Beziehung zu Pamela Hansford Johnson und eine merkwürdige kurze Affaire gehabt, doch sonst glaube ich, war er ziemlich unerfahren: so schien es mir jedenfalls, und dennoch behauptete er seinerzeit, mit mehreren Frauen ins Bett gegangen zu sein, einschließlich dieser Millie, die bei ihm war, als wir uns kennenlernten. Sie war ein gewöhnliches Barmädchen – an ihr war nichts Besonderes – und wirkte erleichtert, daß er mich gefunden hatte. Ich glaube kaum, daß sie einen armen Dichter hatte haben wollen; sie hatte ihn satt, da er als lästiger Kerl im Haus herumhing und immer Geld für Drinks haben wollte. Ich glaube kaum, daß irgendeine andere Frau so verrückt gewesen wäre, einen armen Dichter zu heiraten, doch ich hielt es für eine außergewöhnliche Tat. Ich hatte eine Menge eigenartiger Vorstellungen. Ich wollte nicht in das Milieu der feinen Oberschicht gelangen: Mein einziger Wunschtraum war die Bühne; und ich hatte Mitgefühl mit den Unterdrückten: sie waren das wahre Volk und ihnen mußte geholfen werden. Für mich gehörte Dylan zu dieser Kategorie von Menschen.

Die anderen Frauen waren alle sehr verschieden voneinander und häufig viel älter als er. Er hatte eine Affaire mit Veronica Sibthorp, die ein Appartement in der Great Ormond Street und ein Landhäuschen in Cornwall besaß. Seine Beziehung zu Wyn Henderson ging ebenfalls ziemlich tief, auch wenn sie später mit uns beiden befreundet war. Sie waren beide mütterliche Frauen, und das war es, was' er brauchte. Es erklärt vielleicht auch, weshalb sich seine Romanze mit Pamela Hansford Johnson nicht weiterentwickelte.

Dylan sprach viel über Pamela Hansford Johnson. Ihre Beziehung war ziemlich intensiv, wenn sie auch körperlich nicht sehr weit ging. Er erzählte mir, daß sie nie mit ihm ins Bett gegangen sei; sie war sehr moralisch, und ich glaube nicht, daß sie auch nur im entferntesten daran gedacht hatte, ihn zu heiraten. Mir erschien sie wie die schlimmste Sorte von Frau – sie spielte die erfolgreiche Schriftstellerin und ging in dieser Rolle auf. Als Dylans Vater ihre Bücher las, sagte er, daß er sie für ›völligen Quatsch‹ hielte. Ich las nur eines und gab ihm recht.

Dylans Briefe an sie sind sehr merkwürdige, lange und jugendlich intellektuelle Ergüsse mit gelegentlichen Liebesbeteuerungen – völlig anders als die Briefe an mich, die oft sehr leidenschaftlich waren. Ich las diese Briefe Jahre später, als Constantine FitzGibbon sie für die ›Selected Letters‹ (1966) zusammengestellt hatte, und ich konnte sehen, daß Dylan Pamela Hansford Johnson benutzt hatte, um sein Herz auszuschütten, als einen Beichtvater für all seine Ansichten über Dichtung, Philosophie und ›Life‹, und das mit einem großen Anfangsbuchstaben geschrieben. Sie hat bestimmt diese Briefe in sich hineingeschlürft. Ich fand sie furchtbar langweilig. Dylan war aber immer so: er stimmte seine Briefe auf das ab, was der Empfänger seiner Meinung nach erwartete. Alle seine Briefe dürfen nur mit Vorsicht aufgenommen werden (besonders seine Bittbriefe, die am schlimmsten waren – vorsätzlich berechnend). Einmal hat er ihr geschrieben, daß er mit einer anderen Frau ins Bett gegangen sei: Pamela war völlig entsetzt. Ich entsinne mich, daß er mir das erzählt hat, und als die ›Selected Letters‹ herauskamen, las ich diesen Brief. Dylan erzählte jedem von dieser Begegnung; es wurde eine seiner Lieblingsgeschichten, weil die Frau offensichtlich sehr lasziv gewesen war. Dylan pflegte den Vorfall auszuschmücken und ihren roten Mund zu beschreiben. Es klang alles so widerwärtig, daß ich die ganze Episode für eine alberne Übertreibung von Dylan hielt. Einen solchen Brief an Pamela Hansford Johnson zu schreiben, war ziemlich töricht von ihm, doch vielleicht war es auch ganz nützlich; er zeigte ihr, wie er wirklich war, und ihre Reaktion zeigt mir, wie *sie* war. In dem Briefwechsel erweckt sie den Eindruck einer steifen jungen Dame, geziert, anständig und überhaupt nicht sein Typ. Zur Beendigung ihrer Romanze trug mit bei, daß er sich um zwei Jahre älter ausgegeben hatte, als er wirklich war. Als sie dann zu Besuch bei Dylans Familie in Swansea war und herausbekam, daß er erst neunzehn Jahre zählte, erlitt sie einen hysterischen Anfall, so daß sogar der Arzt geholt werden mußte. Danach war sie sehr auf der Hut vor ihm. Als Dylan mich kennenlernte und mir alles über sie erzählte, sagte er, daß er sie nicht mehr liebe, wenn er sie überhaupt je geliebt habe. Bald nach unserer ersten Begegnung gab sie eine Gesellschaft und lud Dylan ein. Ich war miteingeladen und wäre liebend gerne hingegangen, aus reiner Neugier auf sie, doch Dylan hielt mich erfolgreich davon fern, beschrieb sie mir als ungeheuer provinziell und snobbish. Ich glaube, der Hauptgrund, der jeden Gedanken an eine Heirat zunichte gemacht haben muß, war Dylans völlige Mittellosigkeit. Schließlich heiratete sie C. P. Snow, und ich dachte mir, daß sie da wahrscheinlich den für sie richtigen Platz gefunden hat.

Nach jenem ersten Treffen im Wheatsheaf und den folgenden wenigen Tagen im Eiffel Tower kehrte ich heim nach Ringwood und reiste dann für ziemlich lange Zeit nach Irland, ohne Dylan mitzuteilen, wo ich mich befand. Wir hatten uns nicht entzweit, doch einmal stand er – wie immer – nachts in einem Pub im Mittelpunkt der Aufmerksamkeit und erzählte Geschichten; ich war an den Rand gedrängt, wurde von allen übersehen und begann zu bereuen. Ich dachte: »Hol's der Teufel!«, ging einfach weg und nahm den nächsten Zug nach Hause. Ich war gekränkt. Er war nachlässig geworden. Ich war mir nicht sicher, ob ich ihn liebte, er jedenfalls schien es zu leicht zu nehmen. Ich konnte das einfach nicht länger ertragen und dachte: »Nun, wieder nur so eine Geschichte; wieder nur ein flüchtiges Erlebnis.« Dylan schrieb mir nicht; er kannte meine Adresse nicht, und so weit ich erfuhr, machte er keine großen Versuche, mich zu finden. Ich ging nach Dublin und dann nach Doolin und tanzte wieder in den Landhäusern herum. Ich hatte meinen Stolz. Ich wollte nie den Eindruck erwecken, als ob ich mich an einen Mann klammerte: der Mann mußte mir folgen. Ich zeigte, daß ich schwer zu erringen sei. Dies mag ich mir im weiteren Sinn durch meine Mutter zu eigen gemacht haben; durch die lesbische Liebe und mit den vielen Frauen in einem Haus ohne Mann gab es ein starkes Gefühl gegen Männer, eine Art Geringschätzung, die auf mich gewirkt haben mag. Tief innen war ich nicht so geartet; ich mag den Körper eines Mannes sehr gern. Doch immer wieder tritt eine andere Seite zutage, die Männer verachtungswürdig findet. Selbst wenn ich von einem Mann betört werde, ist dieser Gedanke immer in meinem Hinterkopf – ich traue ihnen nicht. Obwohl Dylan gesagt hatte, daß er mich liebe und daß er mich heiraten wolle und mich auch im Bett geliebt hatte, wollte ich doch ganz sicher sein, ob er es auch so meinte. Ich fühlte immer, daß er mich wirklich liebte, doch der Gedanke, daß er so viel trank und so viel redete, beunruhigte mich. In der damaligen Zeit dachte ich noch nicht so viel darüber nach, wohin ich mich begab oder was ich tat – ich bewegte mich auf einer Woge voran, und eine Zeitlang trennte uns die Woge.

Es würde nichts bringen, wenn ich versuchte, die Ereignisse während des Jahres vor unserer Heirat in irgendeine logische Reihenfolge zu bringen: es gab keine. Die meiste Zeit jenes Jahres lebten wir zusammen, doch immer konnten wir nicht beisammen sein, denn wir hatten keine Wohnung für uns allein. Er kehrte hin und wieder nach Swansea zurück und ich nach Blashford, aber dann waren wir auch wieder zusammen.

Dylan erfuhr nie, daß ich mit Augustus ins Bett gegangen war. Ich erzählte es ihm nicht, und Augustus hätte dies auch nie getan. Augustus war über Dylan sehr verärgert, über mich nicht. Dylan hatte mich ihm weggeschnappt, was für seinen Stolz ein harter Schlag war, doch war ich keineswegs in irgendeiner Form an Augustus gebunden. Er mag versucht haben, mich vor Dylan zu schützen, doch in Wirklichkeit benötigte *ich* Schutz vor Augustus. FitzGibbon äußert die Ansicht, daß Augustus mich vor Dylan zu behüten suchte, weil Dylan geschlechtskrank gewesen war, doch das glaube ich nicht. Ich weiß, daß Dylan tatsächlich krank gewesen war, weil er es mir erzählt hat; bald nachdem ich ihn kennengelernt hatte, mußte ich selber ins Krankenhaus, weil ich mir den Tripper geholt hatte, aber nicht von Dylan. Ich hatte mich auf irgendeiner Party angesteckt; ich habe keine Ahnung mehr bei wem. Ich war nicht mehr in der Verfassung gewesen, um auf solche unbedeutenden Einzelheiten zu achten ... Augustus besuchte mich im Krankenhaus und machte über die Angelegenheit eine Menge Witze. Die Behandlung dauerte nicht lange, nur ein paar Tage.

Während ich dort war, schrieb mir Dylan einen seiner ersten Briefe – es kann sogar der allererste gewesen sein:

Reizende, allerliebste, weitentfernte Caitlin, my darling. Geht es Dir besser, und – Gott geb's – bist Du nicht zu unglücklich in dem schrecklichen Krankenhaus? Berichte mir alles, wann Du wieder draußen bist, wo Du Weihnachten sein wirst und daß Du an mich denkst und mich liebst. Und wenn Du wieder in der Welt bist, werden wir beide, wenn Du magst, nützlich sein, umhertrotten, Sachen machen, uns den Leuten anpassen, eine Wohnung mit einem Bad und ohne Wanzen in Bloomsbury suchen und dort glücklich sein. Das ist es – der *Gedanke* an die wenigen einfachen Dinge, nach denen wir uns sehnen, und das *Wissen*, daß wir sie bekommen werden, trotz Du weißt Wem und Seinen Bosheiten und Launen – was uns, glaube ich, am Leben erhält. Mich erhält es am Leben. Ich möchte Dich nicht nur für einen Tag (obwohl ich meine Zehen verkaufen würde, um Dich jetzt, meine Liebste, zu sehen, nur für eine Minute, um Dich einmal zu küssen und Dir ein ulkiges Gesicht zu schneiden): ein Tag hat die Länge eines Mückenlebens: ich möchte Dich für die Lebenszeit eines großen wilden Tieres, wie eines Elefanten. Ich war die ganze Woche drinnen mit einer widerlichen Erkältung, hustend und schnupfend, viel zu vollgestopft mit

Phlegma und Aspirin, um an ein Mädchen im Krankenhaus zu schreiben, denn mein Brief wäre betrübt und verzweifelt gewesen, & selbst die Tinte hätte Trübsinn & Krankheit überbracht. Sollte ich Dich denn traurig machen, Liebste, während Du mit Reispudding im Marlborough Ward zu Bett liegst? Ich möchte Dich so gerne wieder anschauen; ich liebe Dich; Du bist jetzt um Wochen älter geworden; ist Dein Haar grau? Hast Du Deine Haare hochgesteckt und siehst Du jetzt wie ein richtiger erwachsener Mensch aus, überhaupt nicht mehr schön und schäumend, wie die vollkommenen Töchter Gottes? Du darfst nicht zu erwachsen aussehen, weil Du dann älter als ich aussehen würdest; und Du wirst nie vernünftig werden, dafür werde ich sorgen, und ich werde nie vernünftig werden, dafür wirst Du sorgen, und wir werden immer zugleich jung und unvernünftig sein. Ich vermute, daß an Dir und mir in den Augen der Leute eine süße Tollheit haftet, eine Art rasende Verwirrung und Verwunderung, gegen das die Garstigen und Gemeinen blind sind; Du bist natürlich der einzige Mensch, Du bist der einzige Mensch von hier bis zum Aldebaran und zurück, bei dem ich völlig frei bin; ich glaube, weil Du so unschuldig bist wie ich. Oh, ich weiß, wir sind keine Heiligen oder Jungfrauen oder Geistesgestörten; wir kennen alle Gelüste und schmutzigen Witze und die meisten von den gemeinen Leuten; wir können in Busse einsteigen, unser Wechselgeld zählen, die Straße überqueren und richtige Sätze sprechen. Doch unsere Unschuld geht schrecklich tief, und unser verrufenes Geheimnis ist, daß wir überhaupt nichts wissen und unser abscheuliches *verborgenes* Geheimnis, daß uns das nichts ausmacht. Ich habe gerade ein irisches Buch gelesen, das ›Rory and Bran‹ heißt, und es ist ein schlechtes und reizendes Buch: der unschuldige Rory verliebt sich in die unschuldige Oriana, und obwohl sie beide versponnen sind und über den Schlüssel zur Sprache der Berge sprechen, und obwohl Rory den Mond anbetet und Oriana durch ihren Garten gleitet und den sagenumwobenen Vögeln lauscht, sind sie doch nicht so verrückt wie wir, auch nicht genauso unschuldig. Ich liebe Dich so sehr, wie sehr, werde ich Dir nie

sagen können; ich habe Angst davor, es Dir zu sagen. Ich kann immer Dein Herz fühlen. Tanzlieder sind immer wahr: ›Ich liebe Dich, Körper und Seele‹: – und ich vermute, Körper bedeutet, daß ich Dich berühren möchte & mit Dir im Bett sein möchte & ich vermute, Seele bedeutet, daß ich Dich hören kann & sehen kann & Dich in jedem auch noch so einzelnen Ding in der ganzen Welt lieben kann, schlafend und wachend   Dylan X
Ich wollte einen Brief voller Neuigkeiten schreiben, und es sind bis jetzt keine dabei. Es ist einfach nur ein Brief voll von dem, was ich über Dich und mich denke. Du bist nicht leer, reglos leer, oder? Kannst Du mir etwas Liebe schicken?

Einmal ging ich abends in einen Pub und traf Dylan. Kaum hatte er mich gesehen, war er schon bei mir, nahm mich ganz für sich in Anspruch. Danach stellte sich unsere frühere Beziehung wieder ein, obwohl wir immer noch keine Bleibe hatten. Das war im Frühjahr 1937. Einige Monate lang wohnten wir in Veronica Sibthorps Appartement in der Great Ormond Street, und von dort zogen wir in ihr Landhäuschen in Cornwall, nur um von London und der vielen Trinkerei wegzukommen. Es war ein allgemeiner Aufbruch mit verschiedenen Freunden nach Cornwall: Wyn Henderson besaß ein kleines Landhaus in Polgigga; Oswell Blakiston kam mit und auch Wyns Sohn Nigel und Rayner Heppenstall und noch einige andere. Wir beide besaßen so wenig – gerade etwas Kleidung und Dylans Notiz-bücher –, hatten keine Kinder und konnten deshalb überall hinziehen, ganz wie es uns beliebte.
Zwischen uns spielte sich etwas Magisches ab: eine Seelenver-wandtschaft vielleicht. Ich spürte es gleich vom ersten Augen-blick an, als ich Dylan kennenlernte, und wenn ich damals auch nicht dachte, daß er ein großer Dichter sei, wußte ich doch, daß er einer werden würde und außergewöhnliche Gaben besaß. Ich empfand deutlich, daß er ein Zauberkästchen bei sich hatte. Er las mir selten Gedichte vor: Er redete einfach über Liebe, über uns, über mich, und wir glitten miteinander in ein Leben, das sich in den Pubs abspielte, als hätten wir von jeher nichts anderes

getan. Ich redete nicht viel; das Reden besorgte er. Ich war keine gute Zuhörerin, schaltete immer ab, doch konnte ich spüren, daß er sich, sobald wir von London weg waren, veränderte. Das sollte zur Regel werden: Er brauchte London fürs Reden und Trinken – zur Stimulation –, doch schreiben konnte er nur, wenn er weit genug weg davon war. In Cornwall schrieb er gut. Sobald ich ihn in meine kleinen langweiligen ländlichen Orte hatte bringen können, fand er seine Ruhe wieder und begann zu arbeiten. Nicolette behauptet, daß ich ihn in seinem Schuppen einzuschließen pflegte, um ihn zum Arbeiten zu bewegen, doch das ist nicht wahr. Sowie Dylan sich in einer Umgebung befand, in der er arbeiten konnte, ganz gleich wo, zeigte er äußerste Disziplin und schrieb nach einer strengen Regel. Das blieb so bis zu seinem Ende.

Wir verbrachten mehrere Monate unten in Cornwall und wohnten in Polgigga und dann in Mousehole (wo Wyn Henderson den Lobster Pot gekauft hatte und, mit ihrer Mutter in der Küche, das Restaurant betrieb) und später in Newlyn, wo wir von dem Maler Max Chapman ein Atelier mieteten. Dort beschlossen wir zu heiraten. Wir hatten zu diesem Zeitpunkt schon ein Jahr miteinander verbracht und waren zu Nomaden geworden, zogen mit unserem geringen Besitz, der in eine Tasche paßte, von einem Ort zum anderen.

Wir schrieben an unsere Eltern, um sie mit unseren Plänen bekannt zu machen. Jahre später – fast fünfundzwanzig Jahre nach Dylans Tod – erfuhr ich, daß sein Vater über unsere Heirat sehr unglücklich war. Dylan erzählte mir das damals nicht, und als ich seine Eltern später im gleichen Jahr kennenlernte, hießen sie mich herzlich willkommen. Erst als 1977 die Biographie von Ferris erschien, las ich zum ersten Mal von den verzweifelten Bemühungen seines Vaters gegenüber verschiedenen Familienmitgliedern, unsere Hochzeit zu verhindern. Die Gründe, daß Dylan es vor mir verschwieg, kann ich mir heute nur damit erklären, daß er wußte, daß mir eine Trauung als solche nicht allzuviel bedeutete; für mich war es nur ein Stück Papier. Dylan fürchtete vielleicht, daß die Haltung seines Vaters mich beeinflussen könnte, und ich sagen würde: »Dann sollten wir lieber nicht heiraten.« Er war fest entschlossen, mich zu heiraten, obwohl ich ganz zufrieden so weitergelebt hätte wie bislang, ohne all den Unsinn. Ich hielt nicht viel vom Heiraten. Ich war gegen diese Konventionen, glaubte an freie Liebe und hatte die halbgaren Ideen von Francis aufgesogen. Doch Dylan war unterschwellig überhaupt nicht so. Er war viel konventioneller als ich, im Herzen ein typischer walisischer Nonkonformist. Immer redete er davon, daß er ein mustergültiges schönes kleines Haus für uns finden wolle und von da an ewig glücklich leben, und ich glaubte ihm das nie, auch nicht eine Sekunde lang. Die Vorstellung, verheiratet zu sein, mochte ich ganz gern, fand es aber überflüssig.

An meinem Hochzeitstag trug ich ein einfaches kleines blaues Baumwollkleid und keinen Hut. Dylan trug wie üblich Cordhosen, Tweedjacke und ein kariertes Hemd ohne Krawatte. Wir hatten schon ziemlich viel getrunken, bevor wir uns für die Zeremonie ins Standesamt von Penzance begaben, und hauptsächlich erinnere ich mich daran, leicht benebelt gewesen zu sein. Wir hatten die Hochzeit schon zweimal verschoben, weil wir das für diesen Anlaß ersparte Geld vertrunken hatten. Als wir endgültig am 11. Juli 1937 vor dem Standesbeamten erschienen (nachdem Wyn Henderson für die amtliche Eheerlaubnis bezahlt hatte), war ich erstaunt, wie schnell alles vorüber war. Das Gesicht des Standesbeamten war wie versteinert, und alles schien nach rund zwei Minuten erledigt zu sein. Keiner von uns beiden war besonders aufgeregt; wir hatten uns ganz schön vollaufen lassen, und ich glaube, der Alkohol war stärker als wir.

Dylan war sehr romantisch. Ohne mir etwas zu sagen, war er nach Penzance gefahren und hatte zwei kleine, kornische Silberringe für rund sechs Schillinge (30 p) pro Stück gekauft und wir tauschten sie feierlich aus. Ich besaß diesen Ring ziemlich lange, doch habe ich jetzt keine Ahnung mehr, was mit ihm geschah. Ich verlor alles; was immer ich besaß, verlor ich. Eine meiner Freundinnen brachte mir einmal hübsche goldene Ohrringe aus Ceylon mit und war sehr gekränkt, als sie sah, daß ich sie nicht trug. »Um Gottes willen, ich habe sie schon vor ewig langer Zeit verloren«, sagte ich zu ihr. Mir war es unmöglich, Dinge zu bewahren. Ich weiß nicht, wie mir mein Ehering abhanden gekommen ist – er muß mir irgendwann einmal vom Finger gerutscht sein. Er hatte für mich nicht die geringste Bedeutung. Ich glaube, daß Dylan seinen länger besaß als ich meinen; in dieser Hinsicht hing er mehr an dem Herkömmlichen als ich und mochte all das schrullige Zeug.

Wyn Henderson war bei der Heirat dabei. Sie muß dabei gewesen sein, weil sie bezahlt hatte. Unsere Flitterwochen verbrachten wir zuerst im Lobster Pot und dann in Max Chapmans Atelier im nahen Fischerdorf Newlyn. Alle seine düsteren Bilder hingen an der Wand, schrecklich dunkelfarbene Stücke.

Wyn Henderson wurde eine Freundin fürs Leben. Später heiratete sie einen Priester, der ihretwegen aus dem Priesteramt ausschied; ich glaube, daß sie ihm quasi aus dem Gewand geholfen hat. Sie war eine mächtige Frau, und als sie nach Dylans Tod zu Guiseppe und mir nach Rom kam, gab er ihr den Spitznamen ›Moby Dick‹. Sie war immer sehr unkonventionell. Eines Tages, bald nachdem wir geheiratet hatten, fragte Wyn, ob es uns stören würde, wenn sie sich unter uns legte, während wir uns liebten – sie sagte, sie würde eine bequeme Matratze abgeben. Ich sagte, daß es mich nicht stören würde, doch Dylan protestierte ganz entschieden.

Damals, glaube ich, waren Dylan und ich einander treu; es war ja noch ganz zu Anfang, und außerdem boten sich nicht allzuviele Gelegenheiten. Ich war halb in einen von Wyn Hendersons Söhnen verliebt, in Nigel, doch passierte nichts. Mich überfielen immer diese regelmäßigen Verliebtheiten, aber ich glaube nicht, daß Dylan damals irgend jemanden hatte. Das fing alles an, als seine regelmäßigen Fahrten nach London begannen: Ich bin heute fest davon überzeugt, daß er mich immer, fast vom ersten Mal an, auf seinen Reisen betrog, doch ist mir das damals nie in den Sinn gekommen – törichterweise glaubte ich ihm alles, was er mir erzählte. »Du bist für mich die einzige Frau«, sagte er immer. Es dauerte ziemlich lange, bis mir klar wurde, daß er sich die ganze Zeit über so verhalten hatte.

Wir verbrachten jenen Sommer fast ausschließlich unten in Cornwall, wanderten über Klippen und Feldwege, zogen durch die Pubs und liebten uns. Dylan schrieb gut, aber es mußte ein Ende nehmen: das Geld war ausgegangen. Er brachte mich nach Swansea zu seinen Eltern. Sein Vater hatte sich inzwischen von seinem Posten als Lehrer an der Swansea Grammar School zurückgezogen, und sie waren aus dem Haus Cwmdonkin Drive Nr. 5, in dem Dylan zur Welt gekommen war, in ein kleineres Haus in Bishopston gezogen.

Seine Eltern hießen mich sehr herzlich willkommen, doch ihr Haus, ihre Welt und ihre Lebenshaltung waren von der Art, die ich am meisten verabscheue: all das hübsche Gezänk wegen Pfennigbeträgen und Nörgeleien wegen Staub, all die Dinge, über die sich freidenkende Künstler (für die wir uns damals hielten) nie Gedanken machten. Meine Mutter hatte uns nie veranlaßt, Staub zu wischen oder zu putzen, so daß ich über die Reinlichkeit und Ordnung entsetzt war. Und gewiß war dies keine Umgebung für meine geistigen Fähigkeiten, so jedenfalls dachte ich.

Dylan und ich waren damals schon fast achtzehn Monate zusammen, und es war das erste Mal, daß ich ihn gemeinsam mit seiner Mutter und seinem Vater erlebte. Mein Eindruck von ihm wurde durch die Anwesenheit seiner Eltern etwas geschmälert. Er benahm sich viel förmlicher, nannte seinen Vater immer ›Dad‹ und seine Mutter ›Mother‹ und ließ nie solche Flüche hören, wie sonst bei ihm üblich. Hauptsächlich wegen seiner Mutter. Sie war eine typische walisische Bauerntochter, eine perfekte Dauerrednerin und im Grunde sehr dumme Frau, obwohl sie ein gutes Herz hatte. Sie machte immer viel Aufhebens, meckerte herum, spielte die Mutter und ging Dylan mit ihrem ständigen Getue, ob er auch sauber und warm genug angezogen sei, auf die Nerven. Sie hatte ihn derartig verhätschelt, daß er nicht einmal wußte, wie man das Käppchen vom Ei abschlägt.

Jeden Abend bereitete sie ihm das Bad. Wenn Dylan einen *hangover* hatte (aber so nannte sie das nie; sie sagte immer, er litte ›an der Grippe‹ oder ähnlichem), setzte sie ihm eine Schüssel mit Milch und Brot vor. Dylan schwärmte für Brot in Milch mit Salz bestreut (Salz mußte sein); er hielt es für ein Allheilmittel, und ich mußte es ihm während unserer ganzen Ehe verabreichen. Sie machte wegen jeder kleinsten Kleinigkeit Aufhebens; ich will es mir lieber nicht ausmalen, wie sie sich benommen hat, als er ein Baby war. Dylan wurde durch sie immer ungeheuer gereizt und floh, sobald es ihm irgendwie möglich war, in den nächsten Pub. Er verbrachte überhaupt nicht viel Zeit daheim.

Meistens verließen wir am Vormittag das Haus, kehrten mittags zurück und aßen irgend etwas. Nachmittags gingen wir zusammen ins Bett, und am Abend zogen wir wieder los in die Pubs. Dylan hatte in Swansea viele Freunde. Eigentlich gingen wir am Vormittag nicht gleich in einen Pub, sondern fuhren meistens mit dem Bus in die Stadt, wo sich all seine Freunde im Kardomah Kaffeehaus einzustellen pflegten. Dort hatten sich alle immer getroffen, als Dylan für die *South Wales Evening Post* gearbeitet hatte. Da war Charlie Fisher, der sich neunmalklug gab und viel besser gekleidet war als die anderen, auch wenn er nicht wahnsinnig gut aussah: er war sehr gepflegt, gewandt und gesprächig. Doch er wurde eigentlich nicht für voll genommen, weil alle seine Einfälle nie zu etwas führten. Fred Janes war anders. Er war ein einfacher, liebenswerter Mann, und Dylan war ihm sehr zugetan. Ich mochte ihn auch. Die Familie besaß einen Obst- und Gemüseladen, und Fred hielt sich meistens dort auf. Er war Maler und hatte sich damals auf Stilleben mit Fischen spezialisiert und verwandte unendlich viel Zeit auf die Genauigkeit der Schuppen und Flossen. Dylan machte sich über Fred gerne lustig, weil er so peinlich genau war und kaum je einen Brief schrieb, aber er sprach über ihn immer voller Zuneigung. Als Dylan zum ersten Mal nach London gezogen war, hatte er sich verschiedene Unterkünfte mit Fred und Mervyn Levy geteilt. Sie hatten immer in einem einzigen Raum umgeben von stinkendem Schmutz gelebt und keiner hatte fürs Putzen auch nur einen Finger gerührt. Mervyn war stets sehr von sich eingenommen; er war wirklich ulkig, ein echter Komiker. Dann gab es noch Tom Warner, einen Musiker und Komponisten, der sehr still war.

Dan Jones war in Swansea Dylans ganz besonderer Freund: er und Fred Janes und Vernon Watkins waren ihm am nächsten. Dan besaß viel Charakter und Eigenheiten. Er sah wie eine kräftigere Ausgabe von Dylan aus, ein wenig größer und männlicher. Er spielte sich immer als großer Trinker auf und konnte ziemlich aggressiv werden. Ich glaube, daß er möglicherweise einen Groll auf mich hatte, denn bevor Dylan Vernon kennenlernte und ich dann dazu kam, war Dan Dylans engster Freund gewesen. Dan schrieb ein Buch ›My Friend Dylan Thomas‹ (1977) und hat meinen Namen nicht ein einziges Mal erwähnt. Ich fand das merkwürdig. Ich weiß nicht, ob er eine besondere Abneigung gegen mich hatte – wenn es so war, hat er es sich nie anmerken lassen – doch bin ich mit ihm kein einziges Mal richtig in ein Gespräch gekommen, weil er und Dylan immer so miteinander beschäftigt waren. Sie benahmen sich wie Teenager, hauten sich mit zusammengerollten Zeitungen und spielten die alten Spiele, die sie als Kinder gespielt hatten. Für jeden, der zuschaute, war das äußerst irritierend, besonders für mich, als der einzigen Frau. Dann heiratete Dan Irene. Ich mochte sie. Sie war ein tolles Mädchen mit viel Sinn für Humor. Auch sie trank. Sie war feurig und voller Schwung. Ich glaube, daß Dan auf Dylans Erfolg eifersüchtig war: zweifellos, denn seiner Meinung nach war *er* der Überragende in der ganzen Swansea-Clique. Er besaß ein außerordentlich umfangreiches Wissen auf allen möglichen Gebieten, war ein talentierter Musiker und fähiger Komponist, gewann Stipendien und reiste durch Europa. Schreiben konnte er auch, doch es glückte ihm nie so recht. Er beherrschte auch etliche ausgefallene Sprachen und war ganz bestimmt sehr von sich eingenommen. Dan muß ein sehr kluger Kopf gewesen sein, doch besaß er nicht den erforderlichen Funken, oder was immer dazu notwendig ist, um etwas herausragend Schöpferisches zu schreiben. Er legte sich zu sehr auf Wissen fest und war zu dünkelhaft. Ich glaube, man braucht viel Demut, um sich schöpferisch zu entwickeln. Das war es, was ihn und Dylan so unterschied. In vieler Hinsicht verfügte

Dan über ein größeres Wissen, doch Dylan verbarg, was er besaß: er prahlte nie. Dylan sprach sehr selten zu mir oder jemanden anderen über seine Gedichte; er redete nicht gerne über seine Arbeit. Er wurde mir gegenüber gelegentlich mitteilsam, wenn er vielleicht ein Gedicht abgeschlossen hatte. Dann kam er in die Küche und ließ es mich, während ich abwusch oder bügelte, mit dröhnender Stimme hören, doch das war alles: er hielt diese Seite seines Lebens lieber völlig verschlossen.

Der engste von all den Freunden in Swansea war Vernon Watkins. Ich lernte Vernon während des ersten Besuchs bei Dylans Eltern kennen. Es gehörte zu unseren Gewohnheiten, den Gower entlangzuspazieren bis zu dem Haus, in dem Vernon mit seiner Mutter lebte. Mrs Watkins bewirtete uns immer mit ungeheuren Tees, mit ›scones and cream‹ und mindestens sechs köstlichen selbstgebackenen Kuchen, die alle in einer Reihe auf dem Tisch standen. Diese Tees reichten aus, um einen für ein Jahr satt zu machen. Dann spielten wir stets eine Runde Krocket und gingen anschließend hinunter in den Pub, wo Dylan regelmäßig versuchte, den armen Vernon betrunken zu machen; Vernon trank selten und vertrug nur sehr wenig. Dylan machte es immer einen Höllenspaß, ihm mit allen Mitteln einen Rausch zu verpassen – einer seiner weniger schönen Charakterzüge. Jahre später brachte er Vernon einmal so weit, daß dieser den Pfad zum Boat House auf allen Vieren hinabkroch, während sich Dylan vor Lachen bog, obwohl das häufig selbst seine Art war, nach Hause zu gelangen.

Abgesehen von Henry Treece, der später aus ihren Gesprächen ein Buch zusammenstellte, war Vernon der einzige Mensch, mit dem Dylan über die verschiedenen Stile und Techniken in der Dichtung zu sprechen pflegte. Dylan war Treece gegenüber argwöhnisch verschlossen, doch in seiner Beziehung zu Vernon herrschte etwas, das ihn aus sich herausgehen ließ; sie hatten eine echte Beziehung zueinander. Doch glaube ich gleichzeitig, daß diese Freundschaft Vernon immer mehr bedeutete als Dylan.

Als ich Vernon zum ersten Mal begegnete, glaubte ich, er wäre möglicherweise homosexuell; er benahm sich feminin.

Dylan und ich waren immer ziemlich neugierig auf sein Sexualleben und überrascht, als er uns mitteilte, daß er heiraten werde. Wir konnten uns nicht vorstellen, daß ihn irgendein Mädchen heiraten würde, weil wir ihn kein bißchen sexuell attraktiv fanden: er war schmächtig und weltentrückt und hatte eine piepsige Stimme. Er betete Dylan zweifellos an und Dylan mochte ihn gern, obwohl er manchmal ihm gegenüber ein wenig herablassend sein konnte. Bei Vernon war es Heldenverehrung. Vermutlich sah er in Dylan etwas, das er selber nicht besaß: er war ein feinfühlender Lyriker, doch das Wesentliche seines Werkes war recht begrenzt. Ich konnte mir nicht vorstellen, daß er jemals viele, wirklich gute Gedichte hervorbringen würde, wenn ihm auch ein oder zwei gelangen; Dylan zufolge war der Rest ziemlich eintönig. Seine eigentliche Stärke war sein kritisches Urteil; er hatte ein ausgezeichnetes Urteilsvermögen für sprachliche Formen, so daß er, wenn er sich dem gewidmet hätte, ein bedeutender Kritiker geworden wäre. Ich glaube, daß Dylan diese Begabung von ihm anerkannte, obwohl er sie manchmal lästig fand.

Jedesmal, wenn wir bei ihm zu Hause waren, kam der Zeitpunkt, daß Vernon Dylan in sein Studio bat, um über Lyrik zu sprechen. Für Dylan war das so etwas wie ein Gottesurteil, und wenn die Aufforderung erfolgte, verdrehte er seine Augen und warf mir dann noch einen schnellen flüchtigen Blick zu, bevor sich die Studiotür hinter ihnen schloß. Manchmal waren sie für vier oder fünf Stunden entschwunden, und danach tauchte Dylan wieder auf, immer so gut wie am Boden zerstört.

Dennoch muß Dylan aus diesen Diskussionen einen gewissen Nutzen gezogen haben. Er muß auch einiges gelernt haben, weil Vernon viel gebildeter als er war und ein ziemlich umfangreiches Wissen über europäische Literatur besaß. In ihrer gegenseitigen Kritik waren sie sehr streng, was Dylan, der kaum anderen Lyrikern auf diese Weise zugehört hätte, gut tat. Während ihrer Unterhaltung mußte ich zu meinem Bedauern bei Vernons Mutter zurückbleiben. Ich saß auf einem Stuhl festgeklebt, von Kuchen umrahmt, und sie redete ohne Zusammenhang auf mich ein. »Du kannst nicht den Rest Deines Lebens damit verbringen, einfach nur dekorativ zu sein«, sagte sie mir immer und meinte offensichtlich, daß auch ich geschäftig sein und Kuchen backen sollte.

Dylan und Vernon hielten jahrelang eine Korrespondenz aufrecht, woraus ich teilweise schließe, daß die Beziehung für Vernon viel wichtiger als für Dylan war: die meisten Briefe, die Vernon erhielt, hob er auf, Dylan hingegen keinen einzigen; er ließ sie einfach mit dem Rest seiner Morgenpost in den Papierkorb fallen, und betrachtete seine Briefe an Vernon wie eine Art Pflichtübung. Vornehmlich aus Dankbarkeit, denn Vernon (der einen ständigen Job bei der Lloyds Bank in Swansea hatte und deshalb finanziell gesichert war, wie wir niemals) war zu uns, wenn wir kaum Geld hatten, immer entgegenkommend und großzügig. Doch Dylan konnte sich auch herablassend geben, weil Vernon nicht so ganz den Freund verkörperte, der ihm lag: seine engsten Freunde waren gewöhnlich viel kumpelhafter, wohingegen Vernon sich von Natur aus korrekt verhielt – sehr taktvoll und empfindsam; und er war kein Trinker. »Armer Vernon«, sagte Dylan zu mir bei mehr als nur einer Gelegenheit, »er weiß viel über Lyrik, doch schreibt er selbst ganz schön langweiliges Zeug ...«

Dylan hatte ein sehr merkwürdiges Verhältnis zu seinen eigenen Fähigkeiten. Er wußte, daß bei ihm plötzlich Worte hervorstieben würden, ohne daß er auch nur eine Vorstellung hatte, woher sie kamen. Wie allen stark analytischen Menschen fehlte Vernon diese Wunderkraft. Doch das muß ich ihm lassen, er war der beste aller Freunde. Als Patenonkel von Llewelyn vergaß er nie Weihnachten und Geburtstage; er überhörte nie Dylans Bitten um Geld, die häufig sehr verzweifelt kamen, und obwohl er für Dylan ein besonderes Gefühl empfand, das wahrscheinlich an Liebe grenzte, war er mir gegenüber immer sehr reizend und höflich.

Dylans andere große Freundschaft aus den Tagen in Swansea hatte wenig mit dem Kardomah, mit Dan Jones, Mervyn Levy und den anderen zu tun. Es war eine sehr eigentümliche Beziehung, weil die betreffende Person, Bert Trick, ein sehr viel älterer Mann war. Dylan pflegte viel über ihn zu sprechen. Bert Trick war ein Kommunist, der seine Philosophie gründlich durchdacht hatte, den Lyrik zwar begeisterte, doch der sein politisches Leben an erste Stelle stellte. Von allen Freunden, die Dylan während seiner Zeit in Swansea gewonnen hatte, war Bert Trick der einzige, der ein ganzer Kerl war: er war unnachgiebig, und durch ihn entwickelte Dylan seinen Haß auf den Faschismus. Es gab eine Zeit während des Spanischen Bürgerkrieges, zu der Dylan ernsthaft daran dachte, dorthin zu gehen und zu kämpfen; dieser Krieg nahm ihn viel mehr gefangen als der zweite Weltkrieg, und obwohl er ein geborener Pazifist war, sah er doch die Folgen in Spanien und unterstützte heftig die republikanische Seite. Viele seiner Freunde zogen dorthin, und einmal dachte Dylan ernsthaft darüber nach, in die Kommunistische Partei einzutreten (was er niemals tat, hauptsächlich deshalb, weil er nicht der Typ Mann war, der einer politischen Partei beitritt).

Politische Ansichten dieser Zeit stammten jedenfalls nicht von seinem Vater. D. J. Thomas war ein düsterer Mann, der unglücklichste Mann, dem ich je begegnet bin. Das zeigte sich schon auf seinem Gesicht. Er war mit seinem Leben unzufrieden. Es war genau das Leben, das er nicht hatte führen wollen, und gegen Ende fühlte er sich in eben diese Existenz zurücksinken, der er zu entkommen versucht hatte. Er tat praktisch nie den Mund auf. Ihn reizte Granny Thomas bis zum Wahnsinn, wenn sie ständig ›Daddy tu dies‹ oder ›Daddy tu das‹ oder ›Daddy mag sein Abendessen‹ sagte. Sie nahm ihm die Worte aus dem Mund. Anfänglich dachte ich, was für ein jämmerlicher Mann der Vater doch sei: ein vollständiger Hypochonder, der immer Tabletten und Medizin nahm, der das Land, in dem er lebte, haßte und von der Vorstellung besessen war, daß er für viel bessere Stellungen, als er je bekleidet hatte, geschaffen sei, was zweifellos zutraf. Er war ein guter Lehrer, erwiesenermaßen. Alle fanden ihn glänzend. Er gab englische Literatur. Er besaß eine sehr gute Büchersammlung und las während der Abende fast immer. Während all seiner frühen Jahre hatte sich der arme alte D. J. nach dem Universitätsleben verzehrt. Er hatte sich sehnlichst einen Ruf nach Aberystwyth gewünscht, und er glaubte, daß man ihn, obwohl er gut genug gewesen wäre, übergangen habe; er war davon überzeugt, daß er während seines ganzen Lebens nichts als schreckliche Schicksalsschläge erlitten habe. Später, als er nach Laugharne umsiedelte, wurde er dann noch unglücklicher. Er glaubte, daß dies seine Degradierung vollständig mache, und ich kann ihm das auch nicht verdenken.

Obwohl D. J. immer sehr höflich zu mir war, ließ er mich doch nie Zuneigung spüren. Nie würde er mich auf die Wange geküßt oder warmherzig empfangen haben. Dafür war er viel zu reserviert, vollkommen beherrscht. Als Familie waren sie nicht sehr überschwenglich zueinander.

Dylan kam seinem Vater später im Leben näher. Er hegte für ihn eine tiefe Bewunderung, obwohl er nicht viel darüber redete. Er war von ihm stark beeinflußt, von seinen Kenntnissen über Shakespeare und vieles andere. Dylan schwärmte für Dickens und Jane Austen, für Hardy und Trollope, genau wie sein Vater. Dylan konnte, während er aufwuchs, immer auf diese Bibliothek zurückgreifen, und seine Eltern erzählten gern, daß Dylan schon mit drei Jahren lesen konnte. Ich nahm dies zwar mit ein wenig Ungläubigkeit hin, doch merken konnte ich, daß Dylan mit Büchern aufgewachsen war und gelernt hatte, sie zu lieben, so wie es sich bei mir ganz ähnlich verhalten hatte. Meine Mutter besaß auch eine hervorragende Sammlung von Büchern mit wunderschönen mehrbändigen Ausgaben von Hardy, mit den Gesamtausgaben von Jane Austen und Proust, die alle sorgfältig geordnet in Regalen standen, und sie las uns Kindern immer vor.

Ich glaube, daß seine Eltern über mich ziemlich entsetzt waren, und sie mißbilligten gewiß, wie Dylan lebte. Immerhin war es ihr Sohn, der nach London gegangen war und diese ziemlich bohèmienhafte Tänzerin mitbrachte, und jetzt schlief ich mit ihm in ihrem Haus. Sie sagten zu mir kein Wort; sie wollten keine intimen Dinge erörtern. Sie fürchteten sich möglicherweise davor oder waren zu befangen. Die Waliser sind sehr provinziell. Dylans Mutter war in ihren Ansichten engstirnig, mit D. J. dagegen verhielt es sich ganz anders, und später, als ich erkannte, wie unglücklich er war, lernte ich ihn viel mehr schätzen.

D. J.'s Lesestoff reichte weit über die Klassiker hinaus. Er kannte seinen Shakespeare und seinen Milton, doch hatte er auch die neuesten Dichter gelesen und daneben alle zeitgenössischen walisischen Schriftsteller; er hielt schon viel von D. H. Lawrence, als dieser noch gar nicht voll anerkannt war. Es war sein Unglück, daß er diese Begeisterung nie mit jemandem hatte teilen können, und man kann sich den Kummer vorstellen, den er gegen Ende seines Lebens empfand, als er unter all den Spießbürgern von Laugharne lebte. Er trank auch gern, und Dylan erzählte mir, daß D. J. vor Jahren als jüngerer Mann ein starker Trinker mit einem Bierbauch gewesen wäre. Dylan sagte, daß sein Vater wie ein wandelndes Bierfaß ausgesehen habe, und in der Familie kursierten Geschichten, daß er betrunken nach Hause gekommen wäre, obwohl ich ihn nie in einem solchen Zustand erlebt habe. Das Trinken kann der Grund dafür gewesen sein, daß es mit seiner Karriere niemals aufwärts ging, aber das weiß ich nicht sicher. Hinter der säuberlichen Fassade des Kleinstadtlebens von Swansea gab es viele Spannungen. D. J.'s Leben war so trostlos, daß er trinken mußte – es war ein triftiger Grund.

In der frühen Zeit unserer Ehe, als ich zum ersten Mal in Bishopston wohnte, pflegte D. J. jeden Abend zum Trinken auszugehen, obwohl er sich selten mehr als zwei oder drei Pints leistete. Er war in den Pubs als ›The Professor‹ bekannt. Granny Thomas pflegte zu sagen: »Ich habe Daddy noch nie betrunken gesehen ...« Tatsächlich aber war er viele Male betrunken, doch sie merkte es nicht, und ich glaube, daß D. J. sehr wohl aufpaßte, um nicht allzu betrunken zu werden. Es gab von ihm Geschichten, daß er im Cwmdonkin Park wartete, bis er wieder nüchtern oder sie zu Bett gegangen war. Er gab sich immer sehr förmlich und hätte nie zugelassen, daß die Nachbarn ihn erkennbar betrunken gesehen hätten.

D. J. behielt immer seinen Hut auf, weil er im Alter von sechsundzwanzig völlig kahl geworden war. Er ging sogar mit Hut auf dem Kopf nach oben zu Bett und trug ihn auch während der Mahlzeiten. Uns mied er immer wie die Pest, und hütete sich sehr, in die Pubs zu gehen, von denen er wußte, daß wir sie aufsuchten. Er glaubte wohl, daß wir uns wie Narren aufführen und skandalös benehmen würden und Gott weiß was noch; er wollte nicht in die bohèmienhaften Albernheiten mit hineingezogen werden.

Dylans Vater gab im Haus selten den Ton an, obwohl Granny Thomas sich ihm gegenüber so verhielt, als würde er es tun, und vielleicht hat er sich möglicherweise anders verhalten, wenn ich nicht zugegen war. Später erfuhr ich, daß er in seinen jüngeren Jahren ein ziemlicher Tyrann gewesen war, mit einer glänzenden Auswahl an Flüchen, doch diese Seite von ihm bekam ich nie zu sehen. Wahrscheinlich hat er sie aus Anstand sorgfältig vor mir verborgen.

Als ich zum ersten Mal nach Bishopston kam, war es Granny Thomas, die Dylan wegen seines Trinkens schalt. Manchmal kam er völlig betrunken mit dem Bus aus Swansea zurück, worauf sie ihm die naheliegendsten Vorhaltungen machte – »Du gibst viel zu viel aus«, »Du ruinierst deine Gesundheit«, »Dein ganzes Geld auszugeben« – all die alten Klischees, die nur zu wahr waren. Dylan schätzte das überhaupt nicht. Als er heiratete, erwartete sie von ihm, daß er eine neue Seite aufschlagen würde, sie glaubte, daß ich ihn retten würde, obwohl sie es hätte besser wissen müssen. Vielleicht dachte sie, daß ich an ihm herumzunörgeln begänne, als wir mehr Geld für die Kinder brauchten, doch ich wollte keine nörgelnde Ehefrau werden. Zwischen uns gab es mächtige Auseinandersetzungen, doch nie wegen des Trinkens. Ich wollte mich mit ihm nicht über Kleinigkeiten streiten, und außerdem hatte ich schwerlich das Recht dazu. Der Unfriede entstand immer wegen seiner Frauengeschichten.

Granny Thomas lernte diese Seite von ihm nie kennen, weil wir die Streitereien nicht vor ihr ausfochten, und Dylan hätte sich nie auf seiner eigenen Türschwelle, in Bishopston oder in Laugharne oder angesichts der Nachbarn schlecht benommen. Sie alle dachten, daß er ein anständiger kleiner Gentleman sei und ich eine Schlampe. Ich wurde in Laugharne zum Ziel von

Schmähungen, denn was ich auch tat, es lag für alle offen zutage.

Dylans Schwester Nancy war kaum jemals bei ihren Eltern. Ich fand sie kühl. Sie lebte unter anständigen Bürgern und war acht Jahre älter als Dylan. Sie sah wie Dylan aus, Gesicht, Haare, alles wie bei ihm: ein bißchen wie ein herausgeputzter Dylan. Sie war ein ziemlich hübsches Mädchen, doch sie und ich hatten nicht viel gemeinsam. Bevor Dylan nach London ging, gehörte sie auch zur Truppe des *Little Theatre* in Swansea und hatte gehofft, Schauspielerin zu werden. Eine Menge Männer waren hinter ihr her. Ich kann mich an ihren ersten Mann, Haydn Taylor, und warum sie sich scheiden ließen, nicht erinnern; sie waren sich wohl sehr ähnlich, typisch britisch, ziemlich schweigsam. Mir war ihr zweiter Mann, Gordon Summersby, lieber. Sie wohnten unten in Devon und lebten vom Hummerfang vor Lundy Island. Dort lernte ich eine andere Seite von Nancy kennen, eine viel frischere und munterere Seite, doch richtig nahe kamen wir uns eigentlich nie und vertrauten uns nie einander an. Dylan sprach immer abschätzig über sie, doch ich war der Ansicht, daß sie *etwas* gemeinsam haben mußten. Er sagte immer, daß sie keine Phantasie habe und ein typisches Hockeymädchen sei, und gab zu verstehen, daß er all die schönen traumhaften Eigenschaften geerbt habe, die eigentlich für sie gedacht gewesen wären; doch auch das glaube ich nicht. In Nancy muß auch mehr gesteckt haben, da sie ja die Tochter von den gleichen Eltern war; Dylan konnte nicht allein der schlechte Junge und sie allein der tugendhafte Engel sein.

Nancy muß gespürt haben, daß ihre Mutter den Sohn viel mehr liebte als die Tochter. Sie war ihrer Mutter gegenüber gehässig und schien sich wegen ihrer Gefühllosigkeit zu schämen und ihrem Unvermögen, Menschen richtig zu behandeln. Sie begegnete ihrer Mutter mit unverhüllter Verachtung, doch sie und D. J. mochten sich sehr. Sie hatten viel mehr gemein und verbrachten die Abende immer miteinander vor dem flackernden Feuer und lasen, wobei Nancy auf einem Hocker zu seinen Füßen saß, während wir durch die Pubs bramarbasierten. Nancy war ihrem Vater gegenüber sehr fürsorglich. Sie war anpassungsfähig und ziemlich schick, kleidete sich manierlich, ohne betonte Eleganz anzustreben.

Dylans Vater unterhielt sich kaum jemals mit Granny Thomas, weil er fand, daß sie nichts von Literatur verstand und keines intellektuellen Gedanken fähig war. So gab es zwischen ihnen keinen Gedankenaustausch und wenige Berührungspunkte. In ihrer Jugend war Granny Thomas sehr hübsch gewesen. Sie stammte aus einer walisischen Pfarrerfamilie; ihr Vater war Diakon. Irgendwann einmal erfuhr ich, daß sie und D. J. eine leidenschaftliche Liebschaft gehabt hatten und daß sie heiraten mußten (wenngleich das Baby starb), doch als ich sie kennenlernte, war von dieser Leidenschaft nur mehr sehr wenig übriggeblieben, und die geistige Verbundenheit fehlte eben völlig. Ich glaube, daß von einer solchen zwischen Dylan und mir in Wirklichkeit auch nicht viel vorhanden war, weil er dergleichen, so wie er erzogen war, nicht erwartete; er suchte es auch nicht. Er war nicht im geringsten neugierig auf das, was in mir vorging. Das überraschte mich nicht, weil ich glaube, daß alle schöpferischen Menschen unglaublich egoistisch sind, sonst könnten sie nicht schöpferisch sein (und ich bin zufällig genau so egoistisch, wie jeder von ihnen).

Als ich D. J. besser kennenlernte, wurde mir klar, daß er eine natürliche Liebe zur Literatur besaß, und daß er auf Dylan stolz war, obwohl er es nie eingestanden oder Dylan nie ein Wort des Lobes gesagt hätte, der ja genau das tat, was er selber immer gern getan hätte, doch nie mutig genug gewesen war, es zu versuchen. D. J. hatte sich halbwegs aus seinem bäuerlichen Lebensbereich herausgekämpft, schien aber dann gezaudert zu haben und schaffte es danach nie mehr, diesen Weg fortzusetzen. Er schrieb wohl einige Gedichte, aber Dylan sagte immer, daß sie nicht überragend seien; es wären nur Versuche. Stümpereien werden es sicher nicht gewesen sein – dazu war D. J. viel zu sehr gebildet – vermutlich fehlte ihm die schöpferische Kraft. Mich interessierte vor allem sein Charakter.

Alles Scharfzüngige in der Familie kam von Dylans Vater, und Dylan hatte davor einen großen Respekt. In der Swansea Grammar School versetzte D. J., wenn er richtig losbellte, die

Jungen in Angst und Schrecken; er pflegte auf diejenigen, die vielleicht unruhig gewesen waren oder etwas gesagt hatten, während er sprach, mit Worten loszuschlagen, und seine Reaktion stand dann in keinem Verhältnis zu dem Verstoß. Er jagte sie zur Hölle oder mindestens aus dem Zimmer. Er wandte nie körperliche Strafen an, weil er es nicht nötig hatte: seine Worte waren wie Peitschenschnur, und die Jungen standen vor ihm wie gelähmt. Er war aber auch ein begnadeter Lehrer. Er mußte nie seine Autorität herauskehren, weil seine bloße Gegenwart genügte, sie alle zittern zu lassen – sogar die schlimmsten Jungen, die Hooligans und jene, die sich nicht einen Pfifferling für Literatur interessierten. Er hatte ein sehr schmales Gesicht, trug eine Brille und hatte immer diesen Hut auf, war aber nicht ohne Würde. Die Vorstellung, daß der Ehrgeiz eines Menschen in dem Wunsch bestehen könnte, ein Gentleman zu sein, ist ziemlich rührend, und dennoch war das für ihn immer der erste Gedanke. Granny Thomas ruinierte ihm dagegen immer alles, weil sie viel zu überschwenglich war, zur falschen Zeit in Lachen ausbrach und mit ihren bäuerlichen Freunden herumquasselte.

D. J. sagte zu *mir* nie, daß er gern als Gentleman erschiene; ich habe es von Dylan erfahren. Er sagte, daß in den Augen seines Vaters ein wirklicher Literat ein Gentleman mit den gehörigen Zutaten sein mußte – vornehm und gut gekleidet, im Anzug, mit Schlapphut und Regenschirm und *The Times* unter dem Arm. Er achtete zweifellos wie ein Gentleman auf Distanz und sein Betragen war sehr förmlich. Er gesellte sich gelegentlich, wenn ich abspülte, zu mir und trocknete ein wenig ab, und mir ging dann stets durch den Kopf, wie peinlich es für diesen vollkommenen Gentleman sein müsse, dort mit einem Geschirrtuch in der Hand zu stehen; ich wünschte immer, er würde es nicht tun, denn die Rolle paßte überhaupt nicht zu ihm, und er war spürbar unglücklich und redete mit mir, nur um etwas zu sagen, über völlig unwichtige Dinge, wie beispielsweise das Muster auf einem Teller. Wir gerieten nie in irgendeine große Unterhaltung über Literatur, außer daß wir Pamela Hansford Johnson für eine Null hielten. Niemand verteilt lieber gerechtfertigtes Lob als ich, doch bei ihr wäre es gewiß nicht gerecht gewesen, und D. J. merkte das auf der Stelle, weil er so klug war.

Offenbar hatte es zu den großen Erlebnissen an der Swansea Grammar School gezählt, D. J. Shakespeare rezitieren zu hören, denn er verfügte über einen großartigen Stimmumfang, ebenso gut wie der von Dylan, wenn nicht sogar noch größer. Wenn ich von ihm erzähle, kommen mir noch jetzt die Tränen; ich weiß nicht warum. Über D. J. sollte man nicht weinen müssen, dennoch gibt er dazu Anlaß. Er hatte nichts, was sein Eigen war. Es ist traurig, sich vorzustellen, wie fehl am Platz manche Menschen sind, die eine große Begabung haben: er trug so viel in sich verborgen und konnte es nicht weitergeben. Er gab es in Umrissen durch ganz gewöhnliche Gespräche an Dylan weiter, doch selbst als er auf Dylans Leistungen stolz wurde – und ich weiß, daß er es war – konnte er sich nicht dazu überwinden, mit mir oder jemand anderem darüber zu sprechen.

Ungefähr einen Monat, bevor D. J. starb, erschienen Dylans ›Collected Poems‹, und die Kritiker begrüßten ihn als ›ein Genie‹ und als ›den größten lebenden Dichter‹. Bestimmt war D. J. auf ihn stolz, und dennoch war es ihm gleichzeitig ein Pfahl im Fleisch, weil er empfand, daß all der Ruhm ihm zugestanden hätte – daß seine Gaben nicht zutage getreten waren und sich nun erst bei Dylan durchsetzten. Es war für ihn natürlich eine große Befriedigung, doch das ist nicht das gleiche, wie wenn es einem selber gelingt. Der arme alte D. J. lebte ein unglaublich langweiliges Leben, hatte nur ein oder zwei Freunde, mit denen er sich unterhalten konnte, und dann überhaupt niemanden mehr, als er das Ende seines Lebens in Laugharne verbrachte.

Ich erinnere mich auch noch an die anderen Verwandten, die wir bei Familienereignissen trafen, oder wenn wir in Blaen Cwm in Llangain zu Besuch waren, wo Dylans Tanten lebten und wohin seine Eltern während des Krieges zogen; sie waren alle so spießbürgerlich wie seine Eltern. Uncle Bob zum Beispiel, der nie ein Wort sagte: er saß den ganzen Tag über auf einem Stuhl, und nur manchmal stand er auf, streckte die Beine, schritt aus der Haustür und setzte sich auf eine Mauer, immer mit dem Hut auf dem Kopf. Oder Aunt Polly, die wie Uncle Bob nicht geheiratet hatte; sie ähnelte Granny Thomas, hörte nie auf zu reden. Dann gab es noch die überhebliche Aunt Dosie, die sich für feiner hielt, weil sie die Frau von Uncle Dai, Reverend David Rees, war, dem Pfarrer der Paraclete Chapel. Dai hatte einmal zu D. J. gesagt, daß Dylan ins Irrenhaus gesperrt gehöre. Dylan nahm sie alle, so wie sie waren, und beschrieb sie in seinen Kurzgeschichten, aber er konnte ihre Gesellschaft nicht länger als fünf Minuten ertragen.

Lösen jedoch konnte er sich auch nicht von ihnen. Sie bildeten den Hintergrund, aus dem er hervorgetreten war, und er brauchte diesen Hintergrund sein ganzes Leben lang, wie ein Baum Wurzeln braucht. Mich quälte die verkrampfte Atmosphäre: die verkrampften Häuslichkeiten und das verkrampfte Betragen. Das Elternhaus in Bishopston war eine winzige Doppelhaushälfte, drei Zimmer oben und drei unten, und alle Bücher waren in den vorderen Wohnraum gestopft, in den D. J. als einzige Dylan und Vernon zuließ. In einem Zimmer dahinter aßen wir. Ich hatte das erste Mal das Haus noch fast nicht betreten, als ich schon die übermäßige Ordnung spürte, die mich umgab. Es ist schon gut, wenn man ordentlich ist, doch das war einfach übertrieben. Granny Thomas konnte an keiner Fläche vorbeigehen, ohne sie staubzuwischen.

Bei unserem ersten Besuch begrüßte Dylan seine Eltern ziemlich überschwenglich, obwohl er zu seinem Vater immer förmlich war, ihn nie auf die Backe küßte oder umarmte. Das erstaunte mich nicht. Ich lebte unter Engländern; es hätte mich überrascht, wenn er ihn geküßt *hätte*. Granny Thomas umarmte er immer oder küßte sie flüchtig auf die Wange, doch dem armen alten D. J. reichte er nur steif die Hand.

Im Lauf der Jahre verbrachten wir ziemlich lange Zeitabschnitte bei den Eltern. Granny Thomas bemühte sich durch kleine Aufgaben, die sie mir übertrug – Staub wischen, abspülen oder eine Runde mit der Teppichkehrmaschine –, mich heimisch zu machen. Doch ich konnte nie wirklich warm mit ihr werden. Sie nahm nach außen hin keinen Anstoß an mir, doch beide Eltern sahen natürlich, daß ich ein anders geartetes Wesen war, als die, die sie bisher gesehen hatten. Bei mir wollte alles immer nicht zusammenpassen. Ich war sehr heikel, was Kleider betraf und wünschte mir mehr als alles andere schöne Sachen, dennoch zog ich nur das an, was ich gerade zur Hand hatte, während Granny Thomas der Meinung war, daß ich jedes Mal, wenn wir den Bus nach Swansea bestiegen, Strümpfe, Schuhe und eine Handtasche tragen müsse.

Sie begannen mich wohl erst anzuerkennen, als die Kinder kamen und sie sehen konnten, wie sehr ich mich um sie kümmerte. Ich glaube, sie haben nie damit gerechnet, daß aus dem, was ihr Sohn ins Haus geholt hatte, eine richtige Mutter zum Vorschein kommen würde, und als die Mutterrolle in mir dann tatsächlich stärker wurde als die Dylan-Rolle, waren sie ein bißchen verblüfft. Ich erinnere mich, daß ich einmal Granny Thomas belauschte, als sie sich mit ihren Bekannten unterhielt und einer über mich herzog: »Doch sie ist sehr lieb zu den Kindern, bedenk das. Das kann man ihr nicht nehmen.« Granny Thomas war ganz in ihrem Element, als die Kinder geboren wurden: sie war sehr extrovertiert, wohingegen D. J. nach innen gekehrt war – sie war sehr gut zu den Kindern, besonders zu Aeron – das war *ihre* Sache.

4

Was Dylan über unsere Unschuld gesagt hatte, traf zu. Die besaßen wir gemeinsam, und kümmerten uns nicht um das, was andere dachten. Wir waren unzertrennlich. Unsere Familien konnten das sehen, und die meisten Leute auch. Dylan war sehr behutsam. Er sagte nie zu irgend jemandem ein schlechtes Wort über mich. Seine Eltern hätten nie gewagt, Kritik zu üben: sie wußten, daß Dylan mich anbetete und hatten nicht im Sinn, seine Gefühle zu verletzen. Sie sahen uns immer zusammen – wie zwei Lämmchen.

Die ersten Monate nach unserer Hochzeit verbrachten wir bei seinen Eltern in Bishopston. Im Winter 1937/38 wohnten wir bei meiner Mutter unten in Blashford, wo wir sechs Monate blieben, bis wir uns ein Zuhause in Laugharne einrichteten.

Meine Mutter war so weitherzig, daß sie alles akzeptierte. Als ich Dylan das erste Mal mit nach Hause brachte, damit sie sich kennenlernten, hatte sie ihn wohl ganz gern. Sie fand ihn höflich und charmant, doch so richtig zurecht kamen sie miteinander nicht; er mochte sie eigentlich nicht, obwohl er es anfänglich behauptete. Natürlich hätte sie mich ihre Vorbehalte nie wissen lassen, doch bedauerte sie bestimmt, daß er kein Geld besaß. Die viel zitierten, reichen Männer, die ihre Töchter heiraten würden, waren nicht aufgetaucht. Dylan litt im Haus meiner Mutter, aber er kann nicht so viel gelitten haben, wie ich in seinem Zuhause. Er sagte, daß er sich frei und unabhängig in Blashford fühle, doch immer war das Geldproblem bei allem unterschwellig vorhanden – meine Mutter, die ihm hier ein Pfund und dort ein Pfund gab, was sie sich eigentlich nicht leisten konnte. Es muß schwierig für ihn gewesen sein. Wahrscheinlich fand er es unter all den Frauen und ohne einen weiteren Mann in der Nähe erdrückend – das hat schon meinem Bruder John regelrecht die Luft abgeschnitten. Sie waren alle energische, eigenwillige Frauen, keine fügsamen Mäuschen. Das belastete ihn, denn die

Gesellschaft von Männern liebte er, wegen des Trinkens und anderem.

Dylan hatte ein eigenes Zimmer, in dem er arbeiten konnte, und war am Anfang auch recht fleißig, wurde allerdings stets äußerst mißgelaunt, wenn er nicht zum Schreiben kam. Meistens war es das Trinken, das ihn daran hinderte, doch manchmal setzte er sich an die Arbeit und die Worte wollten nicht kommen. Er sprach mit meiner Mutter über Bücher, doch glaube ich nicht, daß zwischen beiden jemals eine Übereinstimmung aufkam, weil sie gewöhnlich barsche, bissige Bemerkungen machte. Wahrscheinlich fiel es ihr schwer, sich mit Dylan abzufinden. Sie war die Gesellschaft von nachlässigen Künstlern gewöhnt – daran konnte es also nicht gelegen haben. Nein, sie hatte gehofft, daß ich es besser treffen würde, obwohl sie mich das nie mit Worten wissen ließ; Dylan entsprach nicht ganz ihren fürstlichen Erwartungen.

Meine Mutter war in ihrer Haltung sehr beiläufig. Sie hätte nie versucht, jemandem wirklich nahezukommen, sondern sie sagte nur ein paar höfliche Dinge und rückte dann wieder ab, anders als die Waliser, die alles, und zwar vom Tag der Geburt an, über einen wissen möchten. Sie sprach höflich mit Dylan, blieb aber an der Oberfläche. Wir wohnten mehrmals verhältnismäßig lange bei ihr: sechs Monate im ersten Herbst und Winter und dann auch noch die folgenden beiden Weihnachten. Wir fuhren jeden Tag mit unseren Fahrrädern in den New Forest zum Bluebell Wood oder Cuckoo Hill; und wir unternahmen stundenlange Spaziergänge. Unsere Ehe war jung und frisch, und Dylan sehr lieb und nett. Wir waren beide ungefähr gleich groß, wogen immer noch nicht sehr viel mehr als fünfundvierzig Kilo, doch ich war viel stärker als er, konnte ihn mit beiden Armen hochheben und durch die Bäche tragen. Er mochte das, obwohl es völlig falsch herum war. Ich sollte der Mann sein, und er war durchaus glücklich, die Frau zu spielen. Abends gingen wir immer hinunter in die Pubs von Ringwood – gewöhnlich ins George, manchmal ins White Hart oder ins Crown, in denen es überall ziemlich stumpfsinnig zuging.

Im April 1938 kehrten wir nach Bishopston zurück, und von dort zogen wir zu Richard und Frances Hughes nach Laugharne – Dylan hoffte, daß er dort ein kleines Haus für uns finden würde. Wir glaubten stets, daß es uns auf dem Land besser gehen würde, in einem romantischen kleinen Ort am Wasser. Ich wollte immer am Wasser sein. Ich war versessen auf das Meer und die Flußmündung, schwamm sehr gern, suchte Muscheln und stach Fische. Mit Hughes kam ich nie zurecht. Er war zu uns sehr liebenswürdig, besonders zu Dylan, doch ich hielt ihn für einen schrecklich gekünstelten und heuchlerischen Mann, und konnte nicht leiden, wie er ständig über seine Kinder sprach, so als ob er mehr von Kinderpsychologie verstünde als jeder andere je zuvor: der Erfolg von *Ein Sturmwind über Jamaika* schien ihm zu Kopf gestiegen zu sein. Gerechterweise muß man sagen, daß es für ihn bestimmt eine Unbequemlichkeit bedeutete, uns im Castle House wohnen zu haben. Er und seine Frau waren sehr freundlich; sie ließen uns ein oder zwei Monate bei sich wohnen, bis wir ein kleines Fischerhaus in der Gosport Street, das tatsächlich ›Eros‹ hieß, fanden. Hughes war bei Tisch so knauserig, daß er nur eine Flasche Wein holte, wenn jemand wichtiges bei ihnen zu Gast war. Dem schenkte er ein Glas ein, dann sich selber und uns bot er keins an. Wir fanden das empörend.

Castle House grenzte an das Gelände der alten Burg von Laugharne, einer romantischen Ruine. Oben auf der Brustwehr gab es ein winziges, einzimmeriges Aussichtstürmchen, in dem Hughes manchmal schrieb und wo er auch Dylan erlaubte zu arbeiten. Es war ein hübscher Platz, man hatte einen bezaubernden Blick. Ich glaube nicht, daß solche Orte oft der Arbeit oder dem Nachdenken über Worte förderlich sind, doch schrieb Hughes dort einen von seinen besseren Romanen, ›Hurrikan im Karibischen Meer‹, und Dylan stellte die Kurzgeschichten für ›Portrait des Künstlers als junger Dachs‹ zusammen.

Einmal lachte uns dort das Glück. Wir waren beide oben in diesem kleinen Aussichtstürmchen, dessen Fenster auf die Flußmündung blickten, als wir plötzlich Hughes sahen, der einige Stufen hinunter ins Innere der Burg ging. Wir warteten und sahen ihn mit einer Flasche Wein in der Hand zurückkehren. Selbstverständlich gingen wir, sobald er verschwunden war, voll Neugier die Stufen hinunter und entdeckten, daß er sich dort einen versteckten Weinkeller gebaut hatte. Anfangs waren wir sehr vorsichtig, schlichen erst bei Dunkelheit dorthin und nahmen nur ab und zu eine Flasche. Hughes schien es nicht zu merken, also wurden wir wagemutiger und kehrten manchmal mit Armen voller Flaschen zurück und lachten über unsere Frechheit, denn Hughes hatte sich wirklich einiges Besondere eingelagert.

Eines Nachmittags saß Dylan in dem kleinen Aussichtsturm und schlürfte in leicht träumerischer Verfassung gemütlich Wein, als Hughes über den Burghof stolziert kam. Dylan konnte die Flasche nirgendwo verstecken, also schob er sie hastig unter seinen Hintern. Ein Kissen gab es nicht; er saß einfach auf ihr, während Hughes, der sich immer mächtig wichtig nahm, eine seiner großen Tiraden vom Stapel ließ, wobei es Dylan noch unbehaglicher wurde, als es nun auch zu tröpfeln anfing. Es sah aus, als würde er auf den Boden pinkeln. Dylan geriet ziemlich in Panik, und als Hughes schließlich ging, leerte er rasch die Flasche. Dann erschien eines Tages Hughes voll berechtigter Empörung; er wäre beraubt worden; seine besten Flaschen wären verschwunden. Wir zeigten uns lautstark entsetzt und voller Anteilnahme, und Dylan sagte: »Ja, wer zum Teufel kann das getan haben?« Zu unserem Glück kampierten in der Nähe einige Soldaten der Territorialarmee und Hughes war rasch davon zu überzeugen, daß einige von ihnen während der Nacht seinen Keller geplündert haben mußten.

Wir mochten ›Eros‹ überhaupt nicht. Es war ein winziges Haus mit zwei Schlafzimmern und einer schauderhaften, kleinen, samtenen, guten Stube, die man mir auftrug, mit einem Federstaubwedel zu reinigen. Es gab kein Bad, und das Klosett lag außerhalb. Das einzig Hübsche an dem Haus war, daß es wie bei allen Häusern auf dieser Seite der Gosport Street einen langgestreckten schmalen Hintergarten besaß, fast hinab bis zur Flußmündung. Dorthin ging ich schwimmen, wenn ich es für notwendig hielt, mich gründlich zu waschen oder wenn Dylan am Tisch in der Stube arbeitete. Damals nahm ich es mit dem Waschen nicht so fanatisch genau. Ich glaube, daß ich damals nach dem Aufstehen auf der Stelle in meine Kleider geschlüpft bin, wie die meisten Menschen.

Als wir in diesem kleinen Haus lebten, kam Henry Treece zum ersten Mal zu uns zu Gast. Er hatte sich brieflich an Dylan gewandt und ihm mitgeteilt, daß er ein Buch über Dylans Lyrik schreiben wolle. Anfänglich fühlte sich Dylan ziemlich geschmeichelt und schrieb ihm lange erläuternde Briefe, doch das hörte bald auf. Ich mochte Treece nicht und Dylan fing sogar an, ihn zu verachten. »Dieser verdammte Treece kommt uns wieder besuchen; kannst du ihn nicht verjagen?«, pflegte er zu sagen und erwartete von mir, daß ich ihn abschirme. Dylan fand Treece mit seinen ständigen faden analytischen Fragen ziemlich langweilig. Er mochte nie, wenn es intellektuell zuging, und als das Buch schließlich fast zehn Jahre später erschien, ›Dylan Thomas: Dog Among the Fairies‹ (1949), war es genau so trostlos, wie wir erwartet hatten.

Inzwischen hatte sich Dylan als Dichter von einiger Bedeutung durchgesetzt. Seine ersten beiden Gedichtsammlungen waren veröffentlicht worden – ›18 Poems‹ (1934) und ›Twenty-five Poems‹ (1936). Seine Werke erschienen regelmäßig in den damaligen Literaturzeitschriften – *New Verse, Adelphi, Criterion, Contemporary Poetry and Prose, New English Weekly, Seven* und *Life and Letters Today*. Er wurde gelegentlich zu Lesungen eingeladen, und längst anerkannte Schriftsteller interessierten sich für seine Arbeit, obwohl er nicht viel über diese Seite seines Lebensweges, die er aus sich herausschöpfte, sprach. Wir lebten die meiste Zeit von Hoffnungen; häufig bekam er nur 2–3 £ für ein Gedicht, an dem er bis zu seiner Vollendung unter Umständen viele Wochen gearbeitet hatte.

Dylan hatte sein Leben überhaupt nicht vorausgeplant. Er wollte schreiben und wußte, daß dies das einzige war, was er vermochte. Ein Dichter zu sein, bedeutete für ihn Arbeit; es kam ihm nie in den Sinn, daß er vielleicht einer anderen Form von Arbeit entsagt hatte, um ein Dichter zu werden. Er wollte keinen eintönigen Job in einem Büro: er sagte mir, daß ihm das viel zu langweilig sein würde und gab vor, daß er Menschen, die jeden Tag pünktlich bei ihrer Arbeit erschienen – die hin und zurück die U-Bahn nahmen – verachte. Er redete von ihnen mit echtem Abscheu, meinte, daß sie ein elendes Leben führen: nicht elend im Sinne von unglücklich, sondern im Sinne von erbärmlich, wohingegen unseres wohl arm sei, doch einen Sinn habe. Wenn er Geld hatte, gab er mir immer welches; er war nie knauserig, nur einfach nachlässig. Alles eigene Geld gab er fürs Trinken aus, und das bereute er nie; es war sein Lebensblut. Dylan war ehrlich davon überzeugt, daß man mit Alkohol am glücklichsten lebte.

Ich glaube nicht, daß er jemals ganz aufrichtig war, selbst mit mir nicht. Wenn er beeindrucken wollte, erfand er Dinge. Als wir uns zum ersten Mal begegneten, erdachte er sich eine Menge wunderlicher Phantasien über sich selbst, denen ich keinen großen Glauben schenkte. Es war Dylan, und deshalb war ich sehr nachsichtig. Ich fand ihn so reizend, liebenswert und tröstlich, daß ich über diesen mangelnden Wirklichkeitssinn hinwegsehen konnte, doch glaube ich, daß sich viele durch seine Geschichten täuschen ließen. Er ging mit seinen Phantasien immer sehr behutsam vor; es war auch Schlauheit. Er wählte sich sorgfältig seine Ziele, und war dabei kein *name-dropper*. Dylan war ganz und gar klassenlos. Er kam mit den vornehmen snobistischen Leuten (die ich nicht mochte) genausogut wie mit den Tölpeln von Laugharne zurecht.

Wir gingen ein paarmal zu den Gesellschaften, die Edith Sitwell im Sesame Club veranstaltete. Er erzählte mir anfangs nicht, daß sie sich seiner in großartiger Weise angenommen und ihn gegen seine Kritiker in der *Sunday Times* verteidigt hatte. Als Dylan sie zum ersten Mal traf, war er vor ihr sehr auf der Hut, doch schon bald hatte er sie becirct – sie mochte ihn sehr gern. Es wurde eine freundschaftliche Beziehung, und obwohl er nicht viel von ihren Gedichten hielt, brachte er es doch immer fertig, auf nette Weise davon zu sprechen. Ich glaube sogar, daß er schließlich mit ihr solche Gespräche führte wie mit Vernon, doch bin ich mir nicht sicher, weil Dylan solche Gespräche nur selten wiedergab – er war darin sehr verschlossen.

Anfänglich zeigte er sich Edith gegenüber stets von seiner besten Seite, doch dann wurde er im Umgang mit ihr lockerer, obwohl sie nie den Dylan zu Gesicht bekam, den seine Pubfreunde kannten, denn er hielt die verschiedenen Seiten seines Charakters in getrennten Schachteln, für unterschiedliche Gelegenheiten und Freundschaften. Die Seite seines Charakters, die im Pub zutage trat, war wie eine Maske, eine Clownsmaske, und ich denke, daß er sie brauchte und beibehielt, um sein Innenleben zu schützen und zu vermeiden, über Dinge zu sprechen, die ihm wirklich etwas bedeuteten. Er war, wie ich, im Grunde ein eingefleischter Egoist und sehr selbstsüchtig. Ich meine das nicht in irgendeinem materiellen Sinn – er teilte immer alles, was er besaß, doch er teilte sein wirkliches Selbst mit niemandem, und das ist das Kennzeichen des überragenden Künstlers.

Edith Sitwell gab sich ziemlich ungewöhnlich; sie trug Turbane und Armspangen und lange orientalische Gewänder – eine vornehme Exzentrikerin. Zu ihren Mittagsgesellschaften lud sie meistens einen Ehrengast ein, wie T. S. Eliot oder Marianne Moore, und ihnen allen stellte sie Dylan vor. Eliot war zu Dylan freundlich. Er war würdevoll, ein wenig wichtigtuerisch, sehr liebenswürdig. (Einmal befand er sich unter den Zuschauern bei einem meiner eurhythmischen Tänze, und mir wurde hinterher berichtet, daß er während der ganzen Zeit nur dagesessen, auf seine Füße gestarrt und kein Wort gesagt habe.) Osbert und Sacheverell Sitwell waren auch manchmal anwesend. Dies war eine Welt, der ich zuvor nicht begegnet war; ich kannte Maler und Tänzer, aber keine Dichter. Es schüchterte mich ein wenig ein, als Edith Sitwell uns winzige Gläser mit Sherry anbot; ich aß bei diesen Anlässen nie viel – ich war vor Angst wie gelähmt.

Dylan bewunderte Eliot, doch seine Dichtung lag ihm nicht. Er sagte, daß er Eliot für viel zu materialistisch halte, und daß er ihm als Mann ziemlich steif vorkäme. Dylan bewunderte auch W. H. Auden, doch er mochte ihn auch nicht, und Geoffrey Grigson konnte er nicht ausstehen.

All diese Leute trafen wir, wenn wir in London waren, doch wollte Dylan damals keinesfalls dort wohnen. Er hatte schon gemerkt, daß London viel zu viel Ablenkung bot. Er konnte dort Herausgeber treffen und mit Schriftstellern, die auf der Durchreise waren, wie Henry Miller oder Lawrence Durrell, bekanntgemacht werden, aber die Ruhe zum Schreiben fand er dort nicht. Dazu mußte er in Laugharne sein, wo wir bald ein viel größeres Haus fanden, Sea View, im höher gelegenen Teil der Stadt, auch mit Blick über die Flußmündung und nur ein oder zwei Wegminuten von den Hughes entfernt. Es war ein hohes, würdiges, hellgetünchtes Haus mit ganz merkwürdigen Proportionen (als Augustus uns besuchte, sagte er, daß es wie ein Puppenhaus aussähe), und wir mieteten es für 7 s 6 d pro Woche; es gehörte Tudor Williams, der ein Bruder von Ebie aus Brown's Hotel war.

Sea View mochten wir sofort, es war viel freundlicher. Zuerst benutzten wir nur zwei Räume, die Küche und das Zimmer darüber, doch es gab noch sechs oder sieben weitere Zimmer. Wir kauften uns ein sehr hübsches großes Doppelbett auf Raten und legten gewissenhaft jede Woche sieben Schillinge in unserer Teebüchse zur Seite. Die ersten Abzahlungen leisteten wir, doch dann begannen wir das Geld stattdessen zu vertrinken. Nachdem wir in unserer Post jede Art von Mahnung vorgefunden hatten, erschien so eine kleine Küchenschabe von Mann und holte das Bett ab. Es ärgerte uns kaum, weil uns ja noch die Matratze geblieben war. So etwas konnte Dylan nicht verstimmen; er lachte – doch kauften wir nichts anderes mehr auf Raten. Dann half uns der Zufall, da eine meiner Tanten, Suzette, die Schwester meiner Mutter, starb. Meine Mutter schickte alle ihre Möbel zu uns. Suzette hatte Robert de Cassilis geheiratet, doch er verließ sie, wie so üblich bei Ehemännern (offenbar dachte er, er sei für sie viel zu vornehm), und sie lebte von da an bei meiner Mutter. Sie hatten einige Jahre in Afrika verbracht, und unter den Möbeln, die zu uns kamen, befanden sich auch einige gefällige Rohrsessel und ähnliches. Endlich konnten wir Sea View recht hübsch einrichten – meine Mutter schickte uns so fast alles, was wir brauchten.

Wir gewöhnten uns ein einfaches häusliches Leben an, und ich glaube, daß Dylan einigermaßen zufrieden war. Manchmal kam Vernon länger zu uns zu Besuch, und er sagte später, daß dies die glücklichste Zeit unseres gemeinsamen Lebens gewesen sei. Ich glaube, er hatte recht ...

Dylan mochte diese Art von Häuslichkeit, wenn er auch nie selber etwas dazu beitrug. Ich entdeckte, daß ich, obwohl ich immer geglaubt hatte, überhaupt keine hausfraulichen Gaben zu besitzen, keine Unsauberkeit oder herumliegende schmutzige Sachen im Haus ertragen konnte, und so fügte sich unser Leben in einen gemütlichen Rhythmus: Dylan suchte jeden Vormittag Ivy Williams im Brown's auf und arbeitete während des Nachmittags, und ich kümmerte mich ums Haus und um Llewelyn (der einige Monate später zur Welt kam). An den Abenden kehrte Dylan unfehlbar ins Brown's zurück, bezahlte selten, bekam sein Bier meistens auf Pump. Während unserer ganzen Ehe verbrachte er nicht einen einzigen Abend zu Hause, aber auch nicht einen. Als Vernon uns ein Radio gab, verfolgte Dylan immer die Kricketspiele (er war ein großer Kricketenthusiast), doch ließ er nie zu, daß dies seine Trinkgewohnheiten beeinträchtigte; er hatte auch nicht die Geduld, sich hinzusetzen und einem Konzert oder Theaterstück zuzuhören. Später am Abend, gegen sieben Uhr, gesellte ich mich zu ihm ins Brown's. (Wir hatten ein junges Mädchen, das abends zu uns kam und Llewelyn die Flasche gab.)

Obwohl wir sehr wenig Geld hatten, schienen wir die meiste Zeit doch ganz gut gelebt zu haben. Gelegentlich verkaufte Dylan ein Gedicht oder eine Kurzgeschichte; manchmal schickte meine Mutter uns ein bißchen Geld, und Vernon war sehr freundlich, doch hauptsächlich lebten wir auf Kredit. Es gab einen sehr guten Metzger, Mr. Gleed, der mir immer riesige Berge Knochen für unsere Suppe überließ. Auch alle anderen Läden gewährten uns Kredit. Zu bestimmten Zeiten erhielten wir einen großen Scheck oder einer unserer Gönner kam und half uns, die Schulden abzubezahlen – es sollte zu unserem Lebensprinzip werden. Wir hungerten nie. Ich hatte einen riesigen schwarzen Küchenherd mit Kocheinsätzen, der sehr angenehm und anheimelnd war, wenn in ihm eine schöne Glut aus Koks oder Anthrazit brannte. Wir besaßen einen sehr großen, eisernen, schwarzen Kochtopf, in dem ständig Suppe kochte. Ich warf alles hinein, was ich ergattern konnte – Steckrüben, Karotten, Kartoffeln, Lauch und die Knochen vom Metzger – und er simmerte vor sich hin, von einer Woche zur anderen, nur verfärbte sich sein Inhalt manchmal unangenehm ins Bläuliche.

Jeden Mittwoch zogen wir unsere besten Kleider an und nahmen den Bus nach Carmarthen, wo Markt gehalten wurde. Dort besorgte ich mir unser ganzes Porzellan, Bettwäsche und hübsche Kleidung für Llewelyn. Es war gar nicht so sehr billig, doch mochte ich die Stimmung eines Markttages, die Farben und die drängelnden und geschäftigen Menschen. Wir gingen immer zusammen hin, trennten uns dann und trafen im Whore's Bed (wie Boar's Head von allen in der Stadt genannt wurde)* wieder zusammen. Es war immer ein gelungener Tag, weil die Pubs von Carmarthen an Markttagen durchgehend geöffnet hatten. Wenn ich wieder zu Dylan stieß, befand er sich immer inmitten einer Gesellschaft. Innerhalb kürzester Zeit war er mit allen im Pub vertraut, häufig mit Bauern und Händlern, die er an einem anderen Markttag getroffen hatte und die ihn jetzt wieder erkannten.

Damals, zu Beginn unserer Ehe, war Dylan viel natürlicher und freimütiger; wir harmonierten mehr und hatten nicht diese Auseinandersetzungen wie an ihrem Ende. Er mochte unseren schlichten Tagesablauf – das war für ihn sehr wichtig – und er schätzte ganz besonders die Freundschaft mit Ivy Williams, die mit ihrem Mann Ebie Brown's Hotel führte. (Ihre Schwester heiratete Billy, den fidelsten von den Williams-Brüdern.) Ich weiß nicht, woher Ivy eigentlich stammte, doch redete sie immer von ihrem ›Deddy‹ als einem Schiffskapitän. Dylan betete sie an: beide liebten sie Klatsch und Skandal. Sie verbrachten den ganzen Vormittag in ihrer Küche und redeten über die scheußlichen Dinge, die andere Leute taten: wer mit wem schlief, wer gerauft oder gestohlen hatte oder wer vor Gericht gewesen war.

Ivy hielt Dylan für das Abbild eines Heiligen, der nichts Schlechtes tun konnte. Sie hatte keine Ahnung, wie er sich gab,

---

* Boar's Head – Eberkopf, Whore's Bed – Hurenbett

80

wenn er fern von Laugharne war. In ihren Augen war er stets der vollendete kleine Gentleman. Später merkte sie sich immer alle meine Vergehen, um sie ihm bei seiner Rückkehr mitzuteilen; daß ich mit dem-und-dem im Bett gewesen sei und ein Verhältnis habe, und so weiter. Dylan setzte sich einfach darüber hinweg und sagte: »Das ist ausgemachter Unsinn; meine Frau würde das nie tun.« Und dabei beließ er es. Er stellte sich absichtlich blind: er muß gewußt haben, daß darin auch etwas Wahrheit steckte. Ich habe immer empfunden, daß die Waliser nicht sehen, was sie nicht sehen wollen.

Einmal fuhr Dylan für ein paar Tage nach London, um Henry Miller zu treffen, den er gegenüber Vernon als einen lieben, verrückten, sanften Mann beschrieb, kahlköpfig, fünfzig, mit großer Begeisterung für Gemeinplätze. Ich war gegen Miller voreingenommen, weil er all das obszöne Zeug schrieb – diese Art mag ich nicht – doch Dylan liebte das, was er ›good fucking books‹ nannte, und brachte ein paar mit für Ivy, richtig schmutziges Zeug, das Miller in Paris hatte erscheinen lassen. Sie versteckte sie im Backrohr, damit Ebie sie nicht fand. Ebie wäre wütend geworden, weil er schrecklich eifersüchtig sein konnte.

Dylan brachte es nicht fertig, sich von London fernzuhalten. London war ihm in einer Weise so wichtig wie Laugharne in anderer Weise, und trotzdem konnte er an Vernon schreiben:

Ich bin gerade von drei dunklen Tagen in London zurückgekehrt, der Stadt der ruhelosen Toten. Es ist wirklich eine geisteskranke Stadt & erfüllte mich mit Entsetzen. Jedes Pflaster bohrt sich durch die Schuhsohle bis zur Kopfhaut und herausplatzt ein behaarter Laternenpfahl. Ich werde Jahre nicht mehr nach London fahren; seine Intellektuellen sind im Kopf so gehetzt, daß nichts drin bleibt; sein Zauber riecht nach Ziege; es gibt keinen Unterschied zwischen gut & schlecht.

Ich zitiere diesen Brief, weil Dylan zu mir immer genauso redete; London wäre eine Qual, die er durchzustehen hätte; er wolle nicht dorthin; es wäre eine Pein, die er einfach ertragen müsse, denn nur in London könne er seine Arbeit verkaufen und etwas Geld verdienen. Am Anfang glaubte ich ihm – doch dann fing er an, ohne Geld heimzukehren und in schlechter körperlicher Verfassung, vom Trinken völlig erledigt, nachdem er meistens ein paar Tage mit Norman Cameron verbracht hatte, mit dem er damals sehr befreundet war. Dylan hatte vor Norman als Dichter große Hochachtung (obwohl ich ihn nicht halb so gut fand, wie Dylan ihn hinstellte). Obgleich er einmal ein sehr schönes Mädchen mit nach Laugharne brachte, hielt ich es für wahrscheinlich, daß er homosexuell war. Ich hatte den Eindruck, als ob er eine große Schwäche für Dylan besaß und daß Dylan in seinem Bann stand.

Damals machte ich mir keine Sorgen, wenn Dylan für ein paar Tage verreiste. Ich akzeptierte, daß das Trinken mit seinen Kumpanen einen wesentlichen Teil seines Lebens ausmachte, und es störte mich nicht all zu sehr. Auch merkte ich, kurz bevor wir von ›Eros‹ nach ›Sea View‹ umzogen, daß ich schwanger mit Llewelyn war, was völlig unvermutet kam. Das flößte mir eine ungeheure innere Ruhe ein. Ich fühlte mich so friedlich wie eine Kuh – was mir überhaupt nicht ähnlich sah – und war völlig unbesorgt wegen äußerlicher Dinge, bis auf die Beschaffung der Windeln und Anziehsachen für das Baby. Doch wie es nun einmal ist, ich mußte dafür nicht viel tun; bald schon kamen von Freunden und aus der Familie die Geschenke angerollt. Morgendliche Übelkeit verspürte ich kaum, weil ich so sehr an einen Kater frühmorgens gewöhnt war.

Während der Weihnachtstage 1938 und während der Wochen vor der Geburt des Babys blieben wir bei meiner Mutter in Blashford. Keiner hatte mich auf das Verhalten während einer Entbindung vorbereitet. Ich hatte keine Vorstellung, wie entsetzlich die Schmerzen sein würden. Ich ging ins Pool General Hospital, wo ich achtundvierzig Stunden in den Wehen lag, ehe Llewelyn zur Welt kam. Ich machte eine fürchterliche Zeit durch und war von Entsetzen gepackt; danach fühlte ich mich ausgemergelt – wie der gekreuzigte Christus. Ich weiß nicht, wie ich das überlebt habe. Man hatte mir keine Anweisungen gegeben, wie ich mich zu verhalten hätte; so schrie ich dauernd nach Narkosen. Sie hielten irgendein dürftiges kleines Ding unter meine Nase, aber es bewirkte nicht den kleinsten Unterschied. Die Leute auf der Station sagten, daß sie noch nie in ihrem Leben jemanden so wie mich hätten schreien hören, doch ich war in höchster Seelenangst. Die Schwestern kamen immer wieder herein und sagten: »Pressen, rauspressen«, und ich krampfte mich zusammen. Ich dachte: »Oh mein Gott! Ich werde ins Bett machen, wenn ich presse!« Es war grotesk. Die Schwestern wurden schrecklich grob. Immer wieder befahlen sie mir: »Lassen Sie das fürchterliche Gebrüll!« und sagten, daß ich die Station belästige.

Dylan war bei der Geburt keines seiner Kinder anwesend. Manche Männer können es nicht ertragen, und ich glaube kaum, daß er es gekonnt hätte. Und ich hätte ihn auch nicht dabei haben wollen, daß er erlebte, wie ich mich krümmte und schrie. Das Baby war sehr klein, wog etwas über sechs Pfund, und seine Vornamen suchte ich selber aus – Llewelyn, weil ich den Klang mochte, und Edouard nach meinem französischen Großvater. Für die ersten vierzehn Tage sorgte meine Mutter für eine alte Kinderfrau, die früher für sie gearbeitet hatte und alles über Babys wußte. Sie rettete mir das Leben, denn sie sorgte wunderbar für Llewelyn und zeigte mir, wie alles gemacht werden mußte.

Dylan wurde während der Nacht, als das Baby zur Welt kam, nirgends gesichtet, und ich bin fest davon überzeugt, daß er die Stunden mit einem Mädchen verbrachte, dem wir den Spitznamen Joey the Ravisher* gegeben hatten. Sie war mit mir zusammen in die Tanzschule gegangen, und ich habe genau gemerkt, was für eine sie war. Sie war ein auffallend attraktives Weibsbild, groß und schön. Dylan hatte es immer nach großen Frauen gelüstet. Als ich sie zusammen sah, merkte ich, daß zwischen ihnen ein Anflug von Leidenschaft herrschte, und als ich erfuhr, daß er während meines Krankenhausaufenthaltes verschwunden war, kam es mir sofort zum Bewußtsein, wohin

* Hannchen die Verführerin

er sich begeben haben könnte. Es quälte mich damals nicht, denn ich war völlig mit der Geburt in Anspruch genommen, und danach war ich, nachdem ich eine so schreckliche Zeit durchgestanden hatte, viel zu glücklich über Llewelyn. Doch als ich später darüber nachdachte, wurde mir klar, daß er dort gewesen war, denn ich wußte, daß er sie bei seinen Aufenthalten in London sah. Da wurde ich zum ersten Mal eifersüchtig. Er besuchte mich nicht im Krankenhaus, und ich sah ihn wohl erst, als ich wieder im Haus meiner Mutter war. Auch brachte er mir keine Blumen (Dylan dachte nie an Blumen): Llewelyn war das Geschenk.

Alle meinten, daß Llewelyn wie ein verwelkter alter Mann aussah. Er hatte praktisch keine Haare und glich ein wenig Dylans Vater. Er war wie ein Stück rohes Fleisch, sehr rot, und ich sah selber, daß er nicht schön war, doch mein Gott, für mich war er ... ich hielt ihn für das wunderbarste Ding auf Erden. Dylan nannte ihn ›den mongolischen Affen‹.

An Dylan spürte ich keine Zeichen von Stolz oder Freude. Er betrachtete das Baby, wie so viele Väter, als Rivalen; das war mir voll bewußt. Dylan war eifersüchtig auf die Beachtung, die dem Baby geschenkt wurde, und als er das Baby zum ersten Mal sah, merkte ich, daß er es nicht anschauen oder anfassen wollte, und er hätte nicht im Traum daran gedacht, es hochzunehmen. (Das kann mein Fehler gewesen sein; ich wollte Llewelyn ganz für mich allein haben, ihn mit niemandem teilen; wenn Dylan liebevoller zu ihm gewesen wäre, hätte ich wahrscheinlich selber Eifersucht empfunden, doch dafür bestand keine Gefahr.) Es war der alte klassische Fall, daß der Ehemann sich in den Hintergrund gedrängt fühlt. Anfänglich hatte Dylan mir alles bedeutet, und jetzt das Baby. Er muß das sehr stark empfunden haben, denn er fing an, sich besonders schlimm aufzuführen, verkehrte schamlos mit anderen Frauen, doch ich war so sehr von dem Baby in Anspruch genommen, daß es mir gleichgültig war und ich dachte: »Er kann verdammt noch mal ins Bett gehen, mit wem er mag«, weil mir das Baby viel lieber war. Die Liebe zu dem Baby war das stärkste Gefühl, das ich je gehabt habe (Caspar ausgenommen), ein viel stärkeres Gefühl als mit einem Mann zusammen zu sein. Ich hätte Dylan gegenüber vermutlich taktvoller sein sollen; aber im Gegenteil, ich fand ihn ziemlich lästig, wenn er ins Haus kam und ich all das Drum und Dran für das Baby von Mutters segensreicher alter Kinderfrau wunderschön um mich ausgebreitet bekommen hatte.

Ich liebte Llewelyn wirklich innig. Ich verbrachte nicht jede Minute des Tages mit ihm, weil die Kinderfrau mich eine strenge Disziplin gelehrt hatte: leg ihn für vier Stunden zur Ruhe, nimm ihn dann auf und füttere ihn, und machs nicht wie die Zigeuner, einfach beliebig hochnehmen und wieder hinlegen. Das Stillen war nicht ganz leicht, weil er nur schwer an die Brustwarzen kam. Meine Brüste waren prall wie zwei kleine Glaskugeln und bevor die Milch kam, so hart, daß man sie wie Marmor beklopfen konnte. Für mich war es das wunderbarste auf der Welt, ein Baby zu nähren. Ich wurde schrecklich gefühlvoll, was ich vorher nie gewesen war.

Ich hatte Angst vor dem Abstillen, weil ich keine Ahnung hatte, womit ich Llewelyn in der nächsten Entwicklungsstufe ernähren sollte. Ich wollte niemanden fragen, weil es mir so schmachvoll einfältig vorkam – ich glaubte, daß das zu meinem Wissen gehören müsse – so gab ich Llewelyn eine Zeitlang nur mit Wasser verdünnte Kuhmilch (und erfuhr später, daß ich das am allerwenigsten hätte tun dürfen). Lange gab ich ihm immer nur zwei in kochendem Wasser aufgeweichte Zwiebäcke mit ein wenig braunem Zucker, was er zu mögen schien, und ich erinnere mich, ihn einmal mit Roten Beeten gefüttert zu haben, was gewiß nicht die richtige Nahrung für ein Baby war. Ich kochte und pürierte sie – danach schiß er völlig rosa. Ich dachte, ich hätte ihn vergiftet, doch er überlebte es.

Dylans Reaktion auf die Geburt von Llewelyn überraschte mich nicht allzu sehr, weil ich inzwischen schon erkannt hatte, daß er in vieler Hinsicht unreif war – wie ein Kind handelte, ohne an die Folgen zu denken. Eigentlich war er immer wie ein Kind, sogar im Bett – für mich wie ein höchst begabtes Kind.

Im Bett war es vielmehr, als ob man ein Kind umarme und nicht einen Mann; er fühlte sich so jung und zart an, so weich und süß. Er war nicht im männlichen Sinn aggressiv; dazu war er nicht kräftig genug. Er konnte lieben – war kein Versager – doch ich erinnere mich nicht übermäßig daran, weil es keinen tiefen Eindruck auf mich machte: irgendwie hat mich das eigentliche Vögeln ungerührt gelassen. Seine Sanftheit und Freundlichkeit und liebenswerte Art waren wie die von einem Kind, und so liebte ich ihn. Ich glaube, ich habe bei ihm nie so empfunden, wie es von einer Frau mit einem Mann zusammen erwartet wird, nämlich daß sie sich von ihm beherrschen läßt; er flößte mir überhaupt nie dieses Gefühl der Hingebung ein, und dennoch glaubte ich an die altmodische Vorstellung, daß der Mann herrschen und die Frau sich hingeben müsse. Bei uns war es gerade umgekehrt.

Ich liebte Dylan, wenn ich auch nie das Gefühl hatte, in ihm einen erwachsenen Mann zu haben. (Bei anderen Männern – es sind immer große, starke und männliche Männer gewesen – kam ich auch nicht zum Höhepunkt – es wäre eigentlich einleuchtender gewesen.) Ich habe vermutlich nicht aus sexuellen Gründen mit Dylan zusammengelebt oder bin mit ihm ins Bett gegangen. Ich glaube, es war einfach nur aus Liebe – eine merkwürdige Beziehung, denn wir hatten wirklich nicht die gleichen Neigungen. Wenn er sich mit anderen Frauen einließ, hat er vermutlich seine Schuldigkeit getan, doch er kann sie nicht sonderlich befriedigt haben, es sei denn, es waren sehr kluge Frauen, die ihn geschickter behandelten, als ich es konnte: ich habe nie irgendwelche Raffinessen betrieben – ich wartete immer darauf, daß der Mann mich liebte.

Dylan war in vieler Hinsicht ein Frühentwickler, aber er hatte nicht viele sexuelle Erfahrungen gesammelt; er zeigte sich schüchtern und verklemmt, je nachdem, wieviel er getrunken hatte (ich glaube, wir liebten uns nie, ohne zuvor viel getrunken zu haben), und seine Einstellung zum Sex war fast jugendlich. Ich bemerkte, wie dies immer wieder in seinen frühen Gedichten und Kurzgeschichten auftauchte, häufig überflüssigerweise, mit beständigen Anspielungen auf ›französische Briefe‹ in seiner Korrespondenz. Eigentlich mache ich mir den Vorwurf wegen seiner Unwissenheit über Sex. Es wäre vielleicht besser gewesen, wenn er eine wirklich erfahrene Frau vor mir gekannt hätte, doch so waren wir beide viel zu naiv. Ob es ihn ernstlich gequält hat, weiß ich nicht; an all den ursprünglichen sexuellen Instinkten war er gewiß interessiert. Ich glaube, er wünschte sich eine starke sexuelle Beziehung, doch er hatte keine Ahnung, wie er bei der Frau den Wunsch wecken sollte. Wahrscheinlich hätte ich mehr mit ihm darüber sprechen sollen. Es war mir immer sehr unangenehm, über sexuelle Angelegenheiten zu reden; deshalb trank ich so viel, bevor ich mit einem Mann ins Bett ging, und bei Dylan verhielt ich mich genauso. Vermutlich fehlte mir einfach ein wenig mehr Aufklärung. Ich wollte Sex, doch er wollte nie so richtig kommen oder nie im richtigen Augenblick, und ich gab hauptsächlich meiner eigenen Verlegenheit die Schuld. Ich fühlte mich nicht in der Lage, jemand anderen darüber um Rat zu fragen, und über unsere sexuelle Beziehung redeten Dylan und ich nie. Sex war kein verbotenes Thema; wir sprachen über das Sexualleben anderer Leute, doch nie über unseres. Auf meiner Seite war es Scheu, und Dylan stand wahrscheinlich viel zu sehr unter dem Einfluß der Erziehung seiner Mutter. Wie ich schon sagte, pflegte sie ihn bis zu dem Augenblick, als er mich heiratete, wie ein Kind zu behandeln, gab ihm Süßigkeiten, ließ ihm sein Badewasser ein, betutelte ihn wegen seiner Kleidung und Unterwäsche, setzte ihm Milch mit Brot vor, wenn er sagte, daß er sich nicht wohl fühle und verhätschelte ihn viele Jahre länger, als die meisten Mütter es tun. Ich glaube, daß viel damit zusammenhing.

Dagegen gab es genug an Dylan, was man nur schwer erklären kann. Es ist doch merkwürdig, daß ein erwachsener Mann, der so gern wie ein Baby umsorgt werden wollte, dennoch eine ursprüngliche Weisheit besaß, wie sie kaum je einem Mann gegeben ist. Wie soll man das erklären? In seinem Werk hat er das alles möglicherweise zu verstandesmäßig dargelegt; für ihn war seine Welt die wirkliche Welt. Meiner Meinung nach verherrlichte er die Sexualität und machte sie machtvoller, als sie wirklich war. Häufig sind Männer, die vom Sex besessen sind, gar nicht so gut darin, weil es bei ihnen Sache des Verstandes ist, nämlich eine Zwangsvorstellung. Sehr potente Männer müssen nicht vom Sex besessen sein. Sie machen ihn einfach und dann denken sie nicht mehr daran und rauchen eine Zigarette. Unsere Beziehung war in dieser Hinsicht damals ausgewogen, denn wir waren uns auf andere Weise nahe: wir berührten einander, wir hingen zusammen, waren uns sehr nahe. Dylan hatte nichts von dem, was eine Frau in den ekstatischen Zustand versetzt, der zum Orgasmus führt, und ich wußte nicht einmal, was ein Orgasmus war. Dennoch spürte ich, daß irgend etwas fehlte, nicht nur in der Ehe, sondern in meinem Leben.

5

Wenn ich jetzt durch den Nebel von fast einem halben Jahrhundert zurückblicke, wird mir klar, daß Vernon recht hatte: diese beiden Jahre, die wir in Sea View verbrachten, war die glücklichste Zeit unseres gemeinsamen Lebens und auch der unkomplizierteste Teil. Wir wurden anscheinend nicht von zu großen Schulden gedrückt oder beunruhigt, und selbst als die Kellerasseln des Gerichtsvollziehers das Bett abgeholt hatten, konnten wir lachen: Dylan lachte sehr und ich lachte mit, damals, wenn ich auch seitdem nicht mehr viel gelacht habe.

Man merkt es eigentlich nie wirklich, wenn man glücklich ist; ich jedenfalls nicht: ich merke es immer erst rückblickend – ›Damals war ich glücklich‹ oder ›Dort war ich glücklich‹. Ich habe Schwierigkeiten, Umstände spontan zu erleben, jetzt aber weiß ich, daß wir ein ziemlich schönes Leben führten. Die glücklichste Zeit kam, als Llewelyn geboren wurde. Ich empfand meine Babys immer wie ein Wunder, was ich jetzt der Tatsache zuschreibe, daß ich nie eine gute erotische Beziehung hatte; mein Lebensglück kam von den Kindern.

Die sexuelle Seite unserer Ehe war für mich immer noch wichtig, und ich fand es traurig, daß ich den Höhepunkt nicht erreichte, doch ich wußte nicht genug über die Liebe, um ihn herbeizuführen. Ich denke, daß ich wegen dieses Mangels so glücklich über Llewelyns Geburt war; er war für sich ein wirklicher Höhepunkt – gab mir ein herrliches Gefühl von Erfüllung und Glück. Ich empfand das als mein wahres besseres Ich, besonders wenn ich ihn hätschelte und umsorgte – ich war von der Liebe zu ihm überwältigt, was ich mit einem Mann zuvor nicht erlebt hatte. Ich liebte Dylan, doch das war keine alles beherrschende Empfindung. Und es war keine Ehe mit gleichen Neigungen, denn er war viel intellektueller als ich, obwohl er mir vorlas, und ich selber las ja auch. Nicht, daß ich ein völliger Schwachkopf war.

Spät nachts, wenn er nicht zu viel getrunken hatte, las er mir vor dem Einschlafen vor; nicht gerade Shakespeare (das war zu anstrengend), doch Passagen aus Dickens (für den Dylan eine Schwäche hatte), T. F. Powys, Hardy, Thackeray und Lawrence. Ich genoß das, weil Dylan so sanft las; er ließ seine Stimme nie laut tönen, wenn er mir vorlas, und er las sehr gut.

Einmal an einem Wochenende kam Vernon zu uns zu Besuch. Dylan war sehr aufgeregt, weil er ihm einige Gedichte von W. B. Yeats, die nach Yeats' Tod im *London Mercury* abgedruckt worden waren, vortragen wollte, und zwar ›Lapis Lazuli‹, ›The Statues‹, ›Long Legged Fly‹ und ›News from the Delphic Oracle‹.

Inzwischen besaß Dylan eine klar umrissene Vorstellung, von dem was er mochte und was er ablehnte; diese Art von Gedichten oder Erzählungen, die er mir im Bett vorlas oder die er mit Vernon hoch oben auf der Burgmauer neben dem Aussichtstürmchen sitzend, deklamierte, verwandte er später auf seinen amerikanischen Lesereisen: Auszüge aus Werken von den Schriftstellern, die ich schon erwähnte, und weiter aus Werken von Auden, Spender, Hart Crane, Henry Miller und besonders aus ›Nachtgewächse‹ von Djuna Barnes, wovon er hingerissen war und behauptete, daß es das schönste Stück Literatur sei, das je von einer Frau geschrieben wurde.

Unterdessen kam ich langsam dahinter, daß sich bei Dylan unter all der äußeren Extravaganz ein ziemlich konventioneller Mann verbarg. Während seiner Kindheit waren ihm eine Menge Verhaltensregeln eingeprägt worden, und er legte auf die althergebrachten Höhepunkte des Jahres, wie Weihnachten und Geburtstage, großen Wert. Ich glaube, wir waren Weihnachten nie zu Hause; es wurde immer bei den Eltern gefeiert, so daß wir zu nichts Anspruchsvollerem als gebratenem Truthahn kamen, doch wo wir Weihnachten auch verbrachten, ich mußte mich um den Baum kümmern, und den Abend zuvor mußten Strümpfe aufgehängt und beim Frühstück besondere Geschenke ausgepackt werden: er liebte all das Drumherum.

Nicht nur in sexueller Hinsicht, sondern auch auf vielen anderen Gebieten war Dylan wie ein großes Baby. Er war daran gewöhnt, daß man ihn bediente und dachte nicht daran, etwas selber zu tun. Vieles in seinem Leben war Theater, zum Beispiel, daß er vorgab, krank zu sein. Er tat immer so, als sei er schrecklich zart und pflegte die Legende, an Tuberkulose zu leiden (was ihm viele Leute abnahmen), doch im Grunde genommen muß er ganz hübsch zäh gewesen sein, um so viel durchstehen zu können; die wenigen Male, die er einen Doktor aufsuchte, waren wegen eines gebrochenen Arms und eines gebrochenen Schlüsselbeins. (Er hatte unglaublich brüchige Knochen.) Morgens überkamen ihn immer diese Hustenanfälle, bei denen er stets versuchte, Blut zu husten, um mich von seinem ernsten Zustand zu überzeugen; doch ich sah nie welches und verspottete ihn wegen seiner Hypochondrie. Er war völlig in Ordnung, nur eben bequem. Teils wollte er auch Aufmerksamkeit auf sich lenken; alles, was ihm an Gesundheit fehlte, waren Schäden, die vom Trinken und Rauchen herrührten, und sogar bei denen übertrieb er, obwohl beides das viele Husten verursacht haben mag. Er rauchte beständig Woodbines, weil die am billigsten waren. Wenn Dylan sich im Brown's mit jemandem unterhielt, nahm er selten die Zigarette aus dem Mund; er ließ sie einfach zwischen den Lippen hängen.

Dylan hatte die romantische Vorstellung vom Dichter als Rebellen; es war eine sehr gängige Auffassung und altmodisch war sie auch, fast aus dem neunzehnten Jahrhundert. Er sprach häufig über Keats. Er hat sich vielleicht mit ihm verglichen, in der Bedeutung als Dichter, und bei dem Gedanken an einen frühen Tod, was genau zu seiner Legende paßte. Dylan vertrat die ziemlich wunderliche Ansicht, daß die besten Dichter jung sterben, und daß er selber keinesfalls vierzig Jahre alt werden würde, und es gab Zeiten, in denen er sein Leben fast danach zu leben schien. Gleichzeitig aber vertrat er viel Widersprüchliches; er war so ein altmodischer Mann, hatte altmodische Vorstellungen, die häusliche Regeln betrafen, die Art wie Kinder aufgezogen werden sollten und daß die Ehefrau entweder vor dem Spülstein oder im Bett ihre Pflichten hätte.

Ich war strenger mit ihm als Granny Thomas es gewesen war; sie hatte ihn sein ganzes Leben lang wie ein Baby behandelt. Ich umarmte und küßte ihn immer im Bett, doch ich machte um ihn nicht so viel Aufhebens wie sie. Ich hielt ihn in meinen Armen und wiegte ihn, wickelte ihn ein und hielt ihn warm, zog ihm Pullover an, einen über den anderen. Wenn nötig, hätte Dylan sich natürlich den Pullover selber übergestreift, aber er mochte es lieber, wenn jemand anderes das tat. Er war darin wie sein Vater, mußte seine Pantoffeln abends, wenn er für den Tag mit Schreiben fertig war oder wenn er aus Brown's zurückkehrte, neben seinem Sessel bereitliegen haben. In diesen kleinen Dingen trat er in die Fußstapfen seines Vaters. Er liebte die materiellen Annehmlichkeiten des Lebens sehr – gleich neben dem Kaminfeuer in einem Sessel zu sitzen und zu lesen, meistens Zeitungen oder Detektivgeschichten, und daneben einen Teller voll schmackhafter Leckerbissen zum Naschen zu haben.

Ich kann nicht behaupten, daß mein sexuelles Leben mit Dylan nebensächlich war, denn mir war ein gutes Verhältnis zu ihm immer wichtig, doch etwas stimmte einfach nicht. Er war wahrscheinlich kein guter Liebhaber und vielleicht war ich auch keine gute Liebhaberin; es braucht zwei dazu. Ich möchte nicht die Vorstellung erwecken, er sei impotent oder ähnliches gewesen, oder, weil er ein harter Trinker war, zur Liebe unfähig.

Es gab Vermutungen, daß er homosexuelle Beziehungen zu Max Chapman und Oswell Blakeston gehabt haben könnte, doch ich halte das für höchst unwahrscheinlich. Damals hat es mich leise beunruhigt, denn er war in mancher Hinsicht feminin, doch ich hatte mir gedacht, daß von seinen männlichen Beziehungen die zu Norman Cameron viel eher homosexuell gewesen sein könnte. Ich glaube nicht, daß sie ins Bett gegangen sind, dennoch bestand zwischen ihnen eine besondere Verbindung, und wenn sie zusammen waren, sprachen sie immer sehr vertraut über Dinge, die ich nicht verstand. Wenn Dylan über Homosexualität sprach, sagte er immer, wie stark sein Widerwille gegen ihre körperliche Seite wäre, und wahrscheinlich redete er viel zu viel darüber. Wenn er homosexuelle Beziehungen gehabt haben sollte, dann sicher nur zufällig oder gegen seinen Willen; sie wären gewiß nicht zu einer Gewohnheit geworden. Ich glaube nicht, daß man je zudringlich zu ihm wurde. Er war gleichzeitig ungehobelt und sanft, und beides war nur schwer zu trennen; und sowohl in London als auch in Amerika waren es immer die Frauen, die ihm nachstellten, nie die Männer.

Diese Zweifel auf dem sexuellen Gebiet waren in unserer Ehe während der frühen Jahre in Laugharne nie ein Problem, wahrscheinlich zum Teil deshalb, weil Dylan genauso wenig wußte, was er wollte wie ich. Wir verbrachten Stunden damit, Pläne für die Zukunft zu entwerfen. Dylan malte unser gemeinsames Leben immer sehr romantisch aus. Wir würden am Meer in fernen Gegenden leben, wo die Sonne immer schien – in Spanien oder in einem der anderen billigen sonnigen Länder. Wir verbrachten unsere Zeit so zurückgezogen von der übrigen Welt, daß die wachsende Kriegsgefahr in Europa uns kaum berührte. Das Leben in Laugharne lief auf seine eigene verschrobene Weise weiter, und erst als unsere Freunde dort allmählich einberufen wurden und in Uniform auftauchten, schien der Krieg näher heranzukommen.

Damals wußten wir es nicht, doch das Leben, wie wir es uns eingerichtet hatten, näherte sich dem Ende. Dylan arbeitete noch immer nach seiner alten Routine: Brown's am Vormittag, wo Ivy ihm mehr Kredit gewährte als jemals einem anderen, und Schreiben am Nachmittag. Dylan war zufrieden, als *Portrait of the Artist as a young Dog* (Portrait des Künstlers als junger Dachs) erschien, aber er zeigte sich nicht besonders aufgeregt. Er betrachtete es als ein weniger wichtiges Werk als seine Lyrik, denn er hielt seine Prosa für nicht so bedeutend. Danach arbeitete er an *The Map of Love* (Die Landkarte der Liebe), doch das wurde ein Fehlschlag. Das Buch erschien zehn Tage vor der Kriegserklärung und ging in der allgemeinen Aufregung völlig unter. Nur 280 Exemplare wurden vom Verlag verkauft. Ich haßte *The Map of Love* und gab es Dylan auch zu verstehen. Er hatte Kurzgeschichten und Gedichte in diesem Buch zusammengestellt; das war ein Fehler. Ich konnte auch die Erzählungen, die er dafür geschrieben hatte, nicht leiden; sie waren ein Mischmasch aus Surrealismus und Pornographie – ich mochte sie überhaupt nicht. Seine Gedichte waren viel zu kompliziert geworden. Ich liebte seine kurzen leidenschaftlichen Gedichte, wie *And Death Shall Have No Dominion* (Und dem Tod soll kein Reich mehr bleiben) oder *The Force That Through the Green Fuse Drives the Flower* (Die Kraft, die durch den grünen Schmelz die Pflanze treibt); jene kraftvollen packenden Gedichte. Manchmal las er mir davon welche vor, aber nie die Kurzgeschichten. Ich glaube auch nicht, daß seine Kurzgeschichten gar so gut sind, obgleich mir *Extraordinary Little Cough* (Klein-Hüstler der Besondere) und *A Visit to Grandpa's* (Besuch beim Großvater) gefielen.

Ich sagte ihm wieder und wieder, daß er seine Arbeiten zu sehr kompliziere, daß er zu viele Worte aufeinandertürme. Manchmal machte er Gedichte, die nicht zu begreifen waren, und er scherzte hinterher, daß er sie selber nicht verstünde. Wenn ich so etwas sagte, hörte Dylan mir immer zu. Er war meiner Kritik gegenüber nicht empfindlich, und gelegentlich konnte er mich fragen, welches von zwei Worten ich besser fände oder welches andere Wort in einer bestimmten Zeile stehen könnte – Kleinigkeiten wie diese.

Nachdem wir uns kennengelernt hatten, änderte sich seine Schreibweise sehr. Viele von den frühen Gedichten waren hauptsächlich aus Einfällen entstanden, die er in seinen Jugendjahren gehabt und dann in seinen Notizbüchern gespeichert hatte. Er durchlebte eine lange Schaffensphase in Laugharne, während der er sich mehr auf Kurzgeschichten konzentrierte, aber danach packte er die Notizbücher weg, psychologisch gesehen. Klarheit entstand und aus ihr Schlichtheit und Schönheit. Ich verlangte nie nur nach Schönheit; sie war auch so etwas, dem ich mißtraute. Ich hielt Wahrheit für wichtig. Ich sagte ihm immer, daß die Wahrheit viel fesselnder sei. Sie war immer eine meiner Prinzipien und Leidenschaften: sie bei allen Gelegenheiten auszusprechen, wie schmerzlich sie auch sein möge.

Unsere Zeit lief ab. Der Krieg rückte näher und näher; die Literaturzeitschriften, für die Dylan geschrieben hatte, wurden eingestellt, und wir steckten tiefer als je zuvor in Schulden. In Laugharne waren die Kaufleute und Ivy zu uns sehr großmütig gewesen. Sie hatten uns weit mehr Kredit gewährt, als sie eigentlich verantworten konnten, doch irgendwann möchte jeder bezahlt werden, und so auch sie. Dylan erbettelte bei Freunden Geld und bewarb sich um ein Stipendium des Royal Literary Fund – aber er bekam es nicht. Viele Leute versuchten uns zu helfen, doch ich will das hier nicht weiter aufführen, weil es in den ›Collected Letters‹ (1985) eingehend dokumentiert ist. Jedenfalls konnten wir einfach nicht mehr so weitermachen.

Und dann gab es auch noch den Krieg.

Dylan stand politisch immer ganz links. Durch die Freundschaft mit Bert Trick hatte er zeitweise ernsthaft erwogen, der Kommunistischen Partei beizutreten, doch den Zweiten Weltkrieg sah er, aus Gründen, die ich auch heute noch nicht durchschaue, nie unter politischen Gesichtspunkten. Dylans Philosophie war eigentlich die eines Mannes, der mit den Armen und Unterdrückten sympathisiert und eine Antwort von den Linken erwartet; sehr viel weiter reichte es bei ihm nicht. Er las nie ein politisches Buch aus der Zeit. In einem seiner Briefe schrieb er: »Was tust Du für Dein Land? Ich lasse meins verrotten.« Doch das war typisch Dylan, der den Leser mit etwas Geistreichem vor den Kopf stoßen wollte; er machte das häufig so, nur um die Leute zu schockieren.

Wahr ist, daß er den Gedanken an Krieg haßte. Die Vorstellung allein war ihm ein Greuel.

Dylan war ein sehr sanftmütiger Mann mit genügend eigenen Ängsten. Er grauste sich vor Mäusen und Nagetieren. Bei ihrem Anblick wurde er hysterisch. Wenn er nur das Kratzen einer Maus hinter der Fußleiste im Schlafzimmer hörte, wurde er wahnsinnig vor Entsetzen (und wir konnten keine Katzen halten, weil er sie ebenso wenig mochte). Er haßte Nachtfalter und Fledermäuse und glaubte alle die Geschichten über Fledermäuse, die einem in die Haare geraten oder Blut saugen. In Laugharne gab es Fledermäuse, und wenn er auf seinem Nachhauseweg von Brown's eine sah, dann rannte er wie besessen mit den Armen über dem Kopf die Straße hinunter; sie waren für ihn das Allergrauslichste. Wiederum hätte er sich nie dazu überwinden können, eine Maus oder eine Fledermaus zu töten. Er war der vollkommene Pazifist.

Am Anfang des Krieges dachte Dylan daran, sich als Kriegs-dienstverweigerer aus Gewissensgründen einschreiben zu las-sen, doch ließ er den Gedanken fallen, nachdem er in Carmar-then auf der Zuschauertribüne Kriegsdienstverweigerungsver-fahren verfolgt hatte: es waren alles erbärmliche kleine Bigotte, die sich gerade aus den falschen Gründen weigerten zu kämpfen. Dylan wollte als Pazifisten echte, von Haus aus kämpferische Männer sehen. Danach erwog er flüchtig, ob er nicht versuchen sollte, Victor Cazalets Flugabwehrbataillon beizutreten (was eine Möglichkeit zu sein schien, der Armee anzugehören, ohne das Land verlassen zu müssen). Er überlegte sogar, sich als Sanitäter in Llandeilo ausbilden zu lassen, doch das war nur die zweitbeste Möglichkeit. An erster Stelle stand sein Wunsch, überhaupt nicht Soldat zu werden. In der Nacht vor der Musterung betrank er sich im Brown's Hotel besinnungslos, mischte Bier mit Sherry, Whisky und Gin, versuchte sich mit aller Gewalt einen Hangover zuzulegen. Am nächsten Morgen war sein Gesicht verfleckt. Er zitterte und hustete sich die Seele aus dem Leib. Einmal fiel er sogar in Ohnmacht. Sie stuften ihn mit C3 ein, ganz unten am Ende der Liste.

Dylan war begeistert: »Ich hab's geschafft; ich bin davonge-kommen«, rief er aufgeregt, als er wieder in Laugharne eintraf, und in der darauffolgenden Nacht betrank er sich zur Feier wieder. Viele von seinen Freunden beneideten ihn, fragten ihn immer wieder, wie er es geschafft habe, weil sie sich auch vor dem Kriegsdienst drücken wollten. Wenn er erzählte, was er sich angetan hatte, klang es immer mitleiderregend qualvoll, und noch Jahre später gehörte der Bericht zu seinen Pubstorys.

Aber es steckte mehr dahinter. Dylan war nicht einfach nur ein Feigling, obwohl er manchmal schwach sein konnte. Ihm mangelte völlig die Fähigkeit, zu hassen, und er konnte nicht die Gefühle teilen, die die Menschen damals hatten. Er glaubte nicht an all das falsche Pathos: Patriotismus und all den Unsinn. Er konnte am Krieg nichts Ruhmreiches finden und sich nicht dazu überwinden, Gedichte über dessen Gründe und Ziele zu schrei-ben. Für ihn war ein Land nicht besser als das andere: alle Menschen waren gleich, ungeachtet ihrer Rasse oder Religion, und Grenzen zwischen Völkern erkannte er nicht an. Er hegte keine Feindseligkeiten gegen Menschen, weil sie schwarz oder weil sie Deutsche waren. Den ganzen Begriff ›Krieg‹ fand er lächerlich, und er sagte mir, daß er nie und nimmer und unter keinen Umständen ein menschliches Wesen töten würde; er nahm nur sehr geringen Anteil am Kriegsverlauf und empfand kaum Hochachtung vor Churchill oder einem der anderen Kriegsführer; es schien ihn alles total ungerührt zu lassen; sein Sinn für die Ewigkeit war zu ausgeprägt, als daß er über solche geringfügigen Angelegenheiten nachgedacht hätte. Dennoch fiel es ihm schwer, während des Krieges zu schreiben, besonders während der Anfangsphase, und als der Krieg zu Ende war, hatte sich seine gesamte Haltung verändert. Er war über fast alle seine früheren Arbeiten hinausgewachsen. Eine Klarheit und Zuversicht war an ihre Stelle getreten, die zuvor nie da gewesen waren. In ›Deaths and Entrances‹ (Tod und Tore) (1946) offenbarte es sich durchgehend.

In Laugharne wurde es für uns zum Problem, daß wir ohne irgendein Einkommen nicht so weiter leben konnten; unser Kredit war erschöpft, und wir wurden mit allen Arten von Zahlungsbefehlen bedroht. Im Mai 1940 zogen wir zu Dylans Eltern nach Bishopston, um dem täglichen Ausweichen vor Gläubigern zu entgehen. (Stephen Spender half uns, die 100 £ aufzubringen, mit denen wir sie dann alle auszahlen konnten.) Im Juli verließen wir Sea View und gingen nach Marshfield. Erst 1949 kehrten wir nach Laugharne als unserem Wohnort zurück.

Die merkwürdige Zwischenzeit in Marshfield kam durch Dylans Freundschaft mit John Davenport zustande, der auch so ein Mann wie Dan Jones war. In der Schule hatte er geglänzt, hatte sich danach zu einem vorzüglichen Kritiker entwickelt, brachte jedoch nie ein eigenes Buch zustande; er besaß nicht den kleinen zusätzlichen Funken. Davenport hatte viel Geld geerbt und sich ein sehr schönes Haus, The Maltings, in Marshfield, einer kleinen Stadt in Gloucestershire, gekauft und verschiedene Künstlerfreunde – Schriftsteller, Maler und Musiker – aufgefordert, sich zu ihm zu gesellen, um sich den ersten Bombenangriffen auf London zu entziehen. Es war ein sehr merkwürdiges

Arrangement, bei dem Davenport den *grand seigneur* spielte, eine Rolle, die er ziemlich gut ausfüllte, weil er sehr eindrucksvoll war; er war nicht sehr groß, dagegen mächtig dick und mächtig snobistisch.

Zu den Leuten, die jenen Sommer dort verbrachten, gehörten Benjamin Britten, Antonia White, William Glock und Lennox Berkeley. Es waren alles ruhige und kultivierte Menschen und wenn sich auch viele Affairen abspielten, so geschah doch alles sehr diskret. Während der Vormittage trieb man sich oft in den Pubs herum; nachmittags ging jeder seiner eigenen Beschäftigung nach und am Abend wurden wir alle zusammen beim Essen ganz schön ausgelassen und leerten den Keller, den Davenport während der Vorkriegsjahre vollgehortet hatte. Trotz der Einschränkungen durch die Kriegszeit aßen wir sehr gut und tranken zum Essen immer Wein und danach Portwein und Cognac.

Zeitweise schien der Krieg sehr weit entfernt zu sein, doch einige Nächte hindurch hörten wir feindliche Flugzeuge über uns hinwegziehen. Dylan wurde dann von Entsetzen gepackt und kroch mit dem Kopf unter der Decke bis ans Fußende des Bettes, während ich aufrecht saß und las. Ich hielt mich für unverletzbar und dachte auch nicht im Traum daran, daß sie eine Bombe auf uns abwerfen könnten. Dylan wimmerte und blieb so unter der Decke, bis alles vorüber war; das gehörte auch zu seiner Babyhaftigkeit. Manche könnten meinen, daß er nicht viel Schneid besaß, aber das stimmt nicht; er bewies bei gewissen Dingen Schneid. Er versuchte in Pubs mit Männern anzubändeln, die sechsmal größer waren als er.

Tagsüber arbeitete Dylan mit Davenport an ›The Death of the King's Canary‹, an dem sie gemeinsam schrieben, hauptsächlich in öffentlichen Pubs. Ich pflegte mich in der Hauskapelle im Tanzen zu trainieren – Davenport hatte dort für einen Plattenspieler gesorgt. Sie ließen mich viel allein, und so kam es zu meiner ersten ernsthaften Affaire seit meiner Heirat mit Dylan: ich verliebte mich in Glock.

Vor allem faszinierte mich sein Talent, aber Glock war auch ein eindrucksvoll aussehender Mann. Obwohl ich meistens sehr dunkle Männer bevorzuge, fand ich Glock ziemlich schön und imposant. Er war sehr blond. Ich hatte immer ein Vorurteil gegenüber blonden Männern gehabt, den blonden und fleischigen, aber von ihm war ich recht eingenommen. Er war ein guter Pianist, und ich setzte mich ins Erkerfenster und lauschte der wunderschönen Musik von Schubert und Mozart, was ihm sehr schmeichelte. Gelegentlich trafen wir uns im Garten, und er hielt meine Hand und war sehr zärtlich. Wenn wir zusammen waren, herrschte zwischen uns ein Gefühl wie beim Verliebtsein, und wir dachten uns den Plan für eine Liebesnacht in Cardiff aus: es war zum ersten Mal, daß ich eine Treulosigkeit bewußt vorbereitete.

Ich teilte Dylan mit, daß ich nach Swansea führe, um seine Eltern zu besuchen (wir hatten sie lange nicht gesehen, und er schien es bereitwillig zu glauben) und auch nach Laugharne fahren würde. Ich hatte keine passenden Kleider für die Nacht in Cardiff und war deswegen sehr beunruhigt: ich wollte herausgeputzt sein, also kam ich auf die einzige Lösung (weil wir ja nie Geld besaßen), alles was uns in Laugharne gehörte, zu verkaufen, und das Geld für ein paar schicke Kleider auszugeben.

Es war alles sorgfältig geplant. Ich fuhr nach Laugharne, wo Ivy mir half, die walisischen Bettdecken und das wunderschöne Steingut, das ich auf dem Markt von Carmarthen erworben hatte, zu verkaufen. Ich veräußerte beliebig alles für einen Spottpreis. Dann fuhr ich nach Cardiff und kaufte mir eine erstklassige Ausstattung. Das Einkaufen war das einzige Stückchen an der Geschichte, das mir Vergnügen bereitete, denn ich kaufte alle möglichen hübschen Dinge, die zusammenpaßten und passende Farben hatten, all das, was ich noch nie zuvor besessen hatte: Keine bohèmienhaften Kleider; es waren elegante Sachen, aber gleichzeitig sehr auffällige, weil ich Furore machen wollte. Schließlich ging ich in das Hotel, in dem wir uns treffen wollten und dort in der Halle erwartete mich Glock. Wir nahmen ein paar Drinks und aßen dann zu Abend. Es war alles sehr gezwungen und peinlich. Und nun von allem kam das Schlimmste – das Bett.

Ich kam mir sehr verliebt vor. Glock ging als erster ins Bett und lag dort in seinem Pyjama stocksteif ausgestreckt. Der

Pyjama befremdete mich nicht; ich hätte mich überwinden müssen, wenn er nackt gewesen wäre. Ich parfümierte mich, zog meine Isadora-Duncan-Tunika an, die mir für diesen Anlaß genau passend schien und stieg ins Bett – und nichts ereignete sich. Ich lag einfach nur da. Und er lag einfach nur da. Ich wurde immer beunruhigter. Was dachte er? Zögerte er oder wartete er, daß ich anfangen sollte? Glock sagte kein Wort und ich auch nicht.

Es herrschte zwischen uns vollkommenes Schweigen. Niemand wird das glauben, aber wir berührten uns während der Nacht kein einziges Mal: wir lagen nur da, blickten auf die Zimmerdecke und beobachteten die Schatten.

Schließlich schlief ich ein. Ich weiß nicht, was mit Glock geschah. Ich war schrecklich verwirrt und nervös, jedoch nicht verärgert. Es war Fassungslosigkeit und Enttäuschung; meine einzige sexuelle Aufklärung war durch meine Mutter geschehen, die uns gelehrt hatte, daß ›die Frau auf dem Rücken liegt, während der Mann sie in Leidenschaft bringt‹. Ich lag, wie es sich gehört, auf dem Rücken, doch nichts tat sich, und am nächsten Morgen kleideten wir uns an und entschwanden, ohne ein Wort darüber zu wechseln, so schnell wie möglich in entgegengesetzte Richtungen.

Ich hatte Dylan gesagt, daß ich drei Nächte in Swansea verbringen würde, und dieser Schwindel entwickelte sich zu einem richtigen Drama, als seine fürchterliche Mutter mir das Spiel aus der Hand nahm, indem sie ihm berichtete, daß ich nur zwei Nächte dort gewesen wäre. So sind die Waliser, sie bemerken jede Kleinigkeit und nehmen alles in sich auf. Sie schrieb an Dylan und er *begriff*. Er war sehr aufgebracht und begann auf mich zu fluchen. Ich hatte nie vorgehabt, Dylan zu verlassen: ich beabsichtigte nur eine Liebesnacht, und dachte mich auch an Dylan rächen zu können, der immer nach London fuhr und Affairen hatte. Es war alles quälend schmerzhaft. Dylan warf ein Messer nach mir (das mich um Meilen verfehlte), und lange Zeit danach wollte er nicht in meine Nähe kommen. Er wandte sich einfach von mir ab. Es dauerte ewig lang, bis wir wieder miteinander harmonierten.

Das war das Ende unseres Sommers in Marshfield. Unmittelbar nach diesem Vorfall brachte Dylan mich zu meiner Mutter nach Blashford. Zu diesem Zeitpunkt erhielt er durch Zufall eine Beschäftigung beim Film in London, was uns die erste wirkliche finanzielle Sicherheit gab. Er fuhr nach London und kam manchmal tagelang nicht wieder heim. Ich spürte, daß unsere Beziehung auf der Kippe stand; wenn ich jetzt nicht bei ihm wäre, würden wir uns möglicherweise nie wieder sehen; es könnte das Ende unserer Ehe bedeuten.

So kam es, daß wir Llewelyn im Stich ließen – er blieb bei meiner Mutter – und wir zusammen in ein Einzimmerstudio in der Manresa Road zogen. Ich wollte das mit Llewelyn nicht, doch wir konnten nirgendwo anders wohnen, und ich war inzwischen überzeugt (das war 1941), daß ich Dylan verlieren würde, wenn ich nicht mit ihm zusammen lebte. Llewelyn zurücklassen zu müssen, war für mich ein großer seelischer Schock, das Allerschmerzlichste, das mir je zugestoßen ist, weil ich für dieses Baby so viel Liebe und Besitzgier empfand. Es war ein furchtbarer Schmerz, ihn bei meiner Mutter lassen zu müssen – obwohl die Tatsache, daß Brigid dort lebte, den Schmerz ein wenig linderte. Aber ich spürte, daß Dylan sonst wieder in das Publeben zurückgetrieben würde, das er vor unserem Kennenlernen geführt hatte, und mich bald ganz vergessen würde. Dylan behandelte mich schlecht; ich weiß das jetzt, doch ich liebte ihn, und gewöhnlich verliebt man sich in die schlimmste Sorte von Menschen. Tugend bei einem Mann macht ihn nicht begehrenswert. Je schlechter Dylan mich behandelte, desto mehr liebte ich ihn. Man ist immer auf der Suche nach etwas, das man nicht bekommen kann, und wenn jemand es einem zu leicht macht, beginnt man ihn geringzuschätzen. Ich habe immer diese merkwürdige Neigung gegenüber Männern gehabt. Dylan veränderte sich nicht, nachdem er mich geheiratet hatte; er lebte einfach auf die gleiche Weise weiter wie vor unserem Kennenlernen. Er sagte mir immer, wie sehr er mich liebe; niemals hörte er auf, das zu sagen, bis zum Ende. Er war aufrichtig in seiner Liebe zu mir, aber er konnte sein Wesen nicht ändern und selbst heute noch finde ich dafür keine Erklärung. Auch schmerzt es mich noch immer.

6

Wenn wir damals gewußt hätten, daß Llewelyn erst wieder nach dem Krieg bei uns leben würde, weiß ich nicht, ob ich das durchgehalten hätte. Vor diese Wahl gestellt, wäre ich wahrscheinlich mit Llewelyn bei meiner Mutter geblieben; ich weiß es einfach nicht. Damals spürte ich, daß ich etwas falsch machte, aber wußte nicht, wie ich anders handeln sollte. Selbst heute quälen mich noch entsetzliche Schuldgefühle.

Während des ganzen Krieges wünschte ich mir sehnlich, Llewelyn zurückzubekommen, doch unsere Lebensumstände waren immer so schlecht, daß ich dies anscheinend nie bewerkstelligen konnte. Nachdem wir ›Sea View‹ im Sommer 1940 verlassen hatten, besaßen wir kein ordentliches eigenes Zuhause mehr, bis wir im September 1947 nach South Leigh in Oxfordshire zogen. Uns trieb es während des Krieges ziemlich viel umher, zum Teil um den Bombenangriffen zu entgehen (Llewelyn war vor ihnen in Sicherheit). Wir behielten das eine Zimmer in der Manresa Road als Londoner Stützpunkt und wohnten abwechselnd bei Dylans Eltern, bei Frances Hughes in Laugharne, bei einer alten Freundin von Dylan, Vera Killick, in Swansea, in Talsarn in Cardiganshire und dann ein Jahr lang in New Quay, das liegt auch in Cardiganshire, wo wir einen Bungalow mit Blick übers Meer mieteten. Während der meisten Zeit hatte ich meine Tochter Aeron bei mir (sie wurde im März 1943, als wir in der Manresa Road wohnten, geboren). Sie blieb immer bei uns, wohin wir auch zogen, was alles für Llewelyn noch schlimmer machte, der das Gefühl gehabt haben mußte, daß ich sie mehr liebte als ihn, was einfach nicht zutraf.

Wir hatten Marshfield mit unbehaglichen Gefühlen füreinander in Eile verlassen, und es dauerte ziemlich lange, bis Dylan nach all dem wieder mit mir schlief. Er war eifersüchtig und noch mehr kränkte ihn die Erkenntnis, daß andere Hausgäste wußten, daß ich eine Nacht mit Glock in einem Hotel in Cardiff verbracht hatte. John Davenports Frau Clement wußte es bestimmt, denn sie hatte selber eine kleine Schwäche für Glock, und als sie einmal einen Brief von ihm an mich fand, zerriß sie ihn verärgert. Davenport verschaffte Dylan 50 £ von Lord Howard de Walden, der auch Schriftsteller war. Mit diesem Geld und einer Empfehlung von Davenport an den Filmregisseur Ivan Moffatt brachen wir erst nach Blashford und von dort nach London auf; damit begann Dylans Arbeit beim Film.

Dylan hatten Filme immer gefesselt, und es ergab sich gerade, daß Moffatt mit dem Produzenten Donald Taylor zusammen arbeitete, der ausgezeichnete Dokumentarfilme für das Ministry of Information herstellte. Moffatt machte Dylan mit Donald bekannt. Sie waren sich gleich sympathisch.

Constantine FitzGibbon, der mit ihnen allen befreundet war und Dylan während jener Kriegszeiten, in denen ich vor den Bombenangriffen aufs Land floh, häufiger erlebte als ich, beschreibt die Beziehung, die sich entwickelte, folgendermaßen:

Ivan Moffatt appellierte an die Großzügigkeit und Güte von Donald Taylor. Nicht nur, sagte er, sei Dylan mittellos, er sei auch zu krank, um in die Armee einzutreten. Es wäre unbedingt notwendig, daß für ihn sofort etwas getan würde. Sie trafen sich an einem warmen Septemberabend in einem Pub in der St. Martin's Lane ... Donald und Dylan empfanden gleich Sympathie füreinander, die sich im Lauf der Jahre noch vertiefte. Die Beziehung zwischen Arbeitgeber und Arbeitnehmer ist nicht immer leicht, und mit so einem empfindlichen, stolzen und selbstbewußten Künstler wie Dylan hätten die Schwierigkeiten einer solchen Beziehung leicht zu einem Desaster führen können. Indessen entwickelte sie sich zu einer engen Freundschaft und gegenseitigem Verständnis. Donald erkannte bald, daß Dylan nicht nur ein hervorragender Dichter, sondern auch ein hervorragender Filmkünstler war. Dylan seinerseits, der nicht selten von den Drehbüchern, an denen er arbeiten mußte, gelangweilt war, beging nie den Kardinalfehler vieler Schriftsteller, die neu zum Film kommen: er sah seine Arbeit nicht als eine Herabwürdigung seiner Talente an, noch glaubte er, daß er seine Aufgabe als Künstler geltend machen müsse, indem er den Wünschen seines Arbeitgebers gegenüber eine herablassende Haltung annahm. Im Gegenteil, Dylan war von Filmen fasziniert – war er nicht sein ganzes Leben lang vom Film hingerissen? – und in seiner Arbeit beim Film war er, wie in allem, was er tat, ob als Rezitator, in Sprechrollen oder als Schriftsteller, ein Profi. Donald Taylor erkannte das sehr rasch und mit großer Freude. Dylan befand sich bald auf der Lohnliste von Strand Films, zuerst mit acht, später mit zehn Pfund in der Woche, was ihm während des Krieges genügend finanzielle Sicherheit gab. ... Aber das war noch nicht alles. Donald Taylor bestand nicht darauf, daß die Schriftsteller, die er beschäftigte, eine feste Bürozeit einhalten sollten. Vorausgesetzt sie taten ihre Arbeit und kamen ihren Terminen nach, war es ihm vollkommen gleichgültig, wo und wie sie sie taten. Wenn Dylan in London war, stand ihm auf Wunsch ein Büro zur Verfügung. Wenn er lieber in Wales weilte oder sonstwo, hatte Donald keine Einwände ... (›The Life of Dylan Thomas‹ von Constantine FitzGibbon).

Ich habe diesen Abschnitt aus FitzGibbons Biographie zitiert, weil er beschreibt, was aus einem anderen Blickwinkel mit mir geschah: es war eine reine Männerbeziehung, wie so viele von Dylans engeren Freundschaften. Ich blieb ausgeschlossen. Und FitzGibbons Beschreibung von Dylans Haltung gegenüber der Arbeit, die er für Strand Films übernahm, trifft zu. Er nahm die Arbeit nie auf die leichte Schulter; er war lebhaft an den neuen Techniken, die er lernte, interessiert und hoffte auf das Schreiben von anderen Drehbüchern, wenn die Filmindustrie nach dem Krieg wiederaufleben würde. Über diese Zeit von Dylans Schriftstellerlaufbahn gibt es fast keine Berichte. Ich könnte keine Einzelheiten darüber schreiben, weil er so oft in London arbeitete, während ich mich mit Aeron auf dem Land befand, und selbst wenn wir zusammen unten in Wales waren, und Dylan dort an einem Drehbuch arbeitete, konnte ich doch nur sehen, was er geschrieben hatte, und nicht, wie er es sich als Film

vorstellte. FitzGibbons hat recht, Dylan war in seiner Schriftstellerei für Donald Taylor und später für Sidney Box bei
Gainsborough Films ebenso gewissenhaft wie in seinem übrigen
literarischen Werk.

Donald beauftragte Dylan, ein Drehbuch für ›Der Doktor
und die Teufel‹ zu schreiben, aus dem erst vor kurzem ein Film
entstand, fast vierzig Jahre später. Er beauftragte ihn auch
›Twenty Years A'Growing‹, eine Adaption von Maurice Sulli-
vans Buch über die Blasket Islands von Kerry, zu schreiben,
wofür Dylan gegen Ende des Krieges 130 Seiten Drehbuch
verfaßte, das aber immer noch nicht verfilmt wurde (obwohl es
als Buch erschien). Dylan textete auch rund ein Dutzend anderer
Filme, die entweder von Strand oder von Gryphon (Donald
Taylors anderer Filmgesellschaft) während des Krieges für Mini-
sterien produziert wurden. Dazu gehörte ›Is Your Ernie Really
Necessary?‹, was als zu provokativ galt und deshalb nicht
freigegeben wurde; einen Film über Wales, ›Green Mountain,
Black Mountain‹, den das British Council in Übersee verbrei-
tete, und ›Our Country‹, ein Film für das Ministery of Information über das Leben während der Kriegszeit in Britannien. Er
arbeitete auch an Drehbüchern über das Leben von Robert
Burns und das von Dr. Crippen, doch beide Projekte wurden
fallengelassen.

Während Dylan an diesen Filmen arbeitete, schrieb er kaum
Lyrik. Wenn er schrieb, mußte er sich immer an seine Routine
halten, das hieß, am Vormittag herumzutrödeln, nachmittags
ohne Unterbrechung zu schreiben und dann abends fort in den
Pub, oft mit seinen neuen Freunden, die er durch seine Arbeit
für Strand gewonnen hatte. Graham Green schrieb für Strand
und auch Philip Lindsay, der einer von Dylans engen Kumpanen
wurde. Er war ein starker Trinker und ließ nachts, wenn er
betrunken war, seine Romane aus der Feder strömen (so einen
Eindruck machten sie aber auch häufig!). Es gab Zeiten, in denen
Dylan Philip Lindsay fast täglich sah; er war sehr arm und hatte
nie genug Geld, genau wie Dylan.

Unsere engsten Freunde während dieser Zeit waren Constantine und Theodore FitzGibbon. Wenn ich in London war, trafen

wir uns an den meisten Abenden schon früh und gingen in die Pubs in Chelsea, ins Cross Keys oder Six Bells. Constantine war ebenfalls ein starker Trinker und machte schließlich eine Entziehungskur.

Es war das erste Mal in unserem gemeinsamen Leben, daß wir ein regelmäßiges Einkommen hatten, und da unsere Miete in der Manresa Road nur 1 £ in der Woche betrug, hätten wir eigentlich ganz bequem auskommen müssen; aber wir schafften es nie: immer wenn Dylan Geld hatte, vertrank er es, und dann genügte auch das nicht, was er hatte.

Dylan war immer noch, wenn er Geld in der Tasche hatte, der großzügige Freund, doch jetzt, wenn ihm nichts anderes übrigblieb, stahl er ohne die geringsten Skrupel. Der Besitz anderer Menschen war ihm egal: ihm war bewußt, daß er ihnen gehörte, doch zog er vor, ihn für sich in Geld umzuwandeln.

Bevor meine Schwester Nicolette den Künstler Rupert Shephard heiratete, stellten er und seine erste Frau uns einmal ihr Appartement, während sie für kurze Zeit verreist waren, zur Verfügung. Dylan versetzte ihren Pelzmantel, ein Grammophon und das Familiensilber (das er sorgfältig putzte, bevor er es zum Pfandleiher brachte). Einmal ging Theodora FitzGibbon gerade zu ihrem Haus in Chelsea, als sie Dylan traf, der ihre Nähmaschine wegtrug. Ich sagte ihm natürlich, daß dies zu weit ginge, doch er fand es einfach komisch. Er stahl, so weit ich weiß, niemals Geld: es waren immer Gegenstände, die er ins Pfandhaus bringen konnte, und er glaubte, sie wieder auslösen zu können, bevor es jemand bemerkt hätte. Dylan machte vom Pfandhaus viel Gebrauch.

Wenn wir auf eine Gesellschaft gingen, verließ Dylan sie oft wieder mit einem besseren Mantel als den, den er bei seiner Ankunft getragen hatte, und häufig nahm er die Hemden anderer und hinterließ seine eigenen schmutzigen. Er glaubte eigentlich nicht an Recht und Unrecht: er glaubte, daß es für ihn besondere Regeln gäbe, daß er einer der Erwählten sei. Manche Leute wurden sehr ärgerlich über ihn. Norman Cameron schrieb sogar ein Gedicht über diese ausgefallenen Gewohnheiten Dylans und es wurde im *Horizon* veröffentlicht:

Der schmutzige kleine Ankläger

Wer bat ihn herein? Was wollte er hier,
dieser freche kleine Schurke, dieser verkaterte Tropf?
Wenn er vom Sofa aufstand, hinterließ er Schmiere,
meine Frau sagt, er hätte sie sogar antatschen wollen.

Schlimmer noch, wenn wir ihn, wie so häufig, beim Stehlen
ertappten oder wenn er das Mädchen in den Hintern kniff,
er dann tückisch blickte, mit hängender Zigarette und
glänzender Nase und dem Wink: ›Ihr und ich sitzen im
gleichen Boot.‹

Gestern stießen wir ihn aus, fast gewaltsam,
soll er doch der Kirche zur Last fallen oder gar Hungers
sterben;
diesbezüglich fühlten wir alle kein Mitleid.

Dennoch gibt es einen Dämpfer auf unseren berechtigten
Jubel:
Jetzt nämlich, da der kleine Ankläger weg ist,
werden wir uns nie seinen Anklagen stellen können.

Wenn auch manche Leute eine Wut auf Dylan hatten, rief doch keiner die Polizei. Im großen und ganzen war man mit ihm geduldig. Ich kann mich nicht erinnern, daß irgendeiner ihn angeschrien hätte (allerdings konnten sie ja immer erst feststellen, daß er ihre Hemden gestohlen hatte, nachdem er gegangen war!). Es war alles sehr befremdlich an einem Menschen, der aus einem Waliser Pfarrhausmilieu stammte. Manchmal schien er zu glauben, daß er die Pflicht hätte, die Reichen von ihren Hemden und Kleidern zu befreien; jeder, der reich war, war Freiwild; ich hatte außerdem genauso große Vorbehalte gegen die Reichen. Die meisten reichen Leute sind so blasiert und knickerig: ihre Häuser sind kalt, sie strahlen keine Wärme aus. Es muß Verzweiflung gewesen sein, die Dylan dazu trieb, denn er tat es, um trinken zu können. Er dachte gewiß, daß die falschen Leute Besitz und Reichtum hätten (da waren wir einer Meinung), doch etwas wirklich Rebellisches hatte er nicht in seinem Wesen. Ich war die Rebellische. Dylan nahm einfach nur, von dem er glaubte, daß es ihm zustand.

Sein Trinken in den Pubs wurde hemmungslos. Er ging abends immer mit einer Chrysantheme im Revers aus und gab vor, er sei eine Königin. Er kostümierte sich mit phantastischen Kleidern und behauptete, ›ein Schauspieler der BBC‹ zu sein. Er erbot sich, die Verschlüsse von Bierflaschen abzubeißen, wenn man ihm danach das Bier überließe. Einige seiner Pub-Spiele waren unglaublich kindisch, wenn nicht gar peinlich. Eines hieß ›Katzen und Hunde‹: er ließ sich auf alle Viere nieder und kroch in der Bar umher, biß andere Leute in die Knöchel und heulte wie ein Hund (was ich überhaupt nicht mehr komisch fand). Er schüttete Getränke in die Taschen anderer Leute; und einmal erfuhr ich, daß er seine Hose aufgeknöpft und einem Mädchen seinen Penis angeboten hätte (allerdings sah ich selbst ihn nie so etwas tun; in meiner Gegenwart hätte er sich nie so benommen). Dylan besaß auch ein ungeheures Repertoire von obszönen Liedern, schmutzigen Limericks und schlüpfrigen Geschichten, die er vortrug, wenn er eine willige Zuhörerschaft hatte. Die meisten sind für immer untergegangen, weil sich an so etwas niemand am nächsten Tag erinnert, doch Rayner Heppenstall hat eines behalten:

Da war ein junger Stenz, genannt Gott,
Der vögelte eine Jungfrau in Not.
Dieser unschickliche Schlenker
Produzierte Christ, unseren Lenker.
Der später am Kreuz hing, tot.

Dylan hatte sich einen Ruf als Hanswurst der Pubs erworben und mußte ihn um jeden Preis aufrechterhalten. Ich fand immer, daß er zu weit ging. Er beherrschte jedes Gespräch, und alle hatten Schwierigkeiten, ein Wort einzuwerfen. Manchmal hörte er überhaupt nicht mehr auf zu reden, trank ununterbrochen und wurde quälend langatmig. Er tingelte zum Teil für seine Zeche, obwohl er dies nie eingestanden hätte, denn solange er seine Vorstellung gab, bezahlten die Leute seine Getränke.

Merkwürdig daran war, daß sich Dylan nie auf diese Weise zu Hause in Laugharne oder in Gegenwart seiner engsten Freunde benahm. Er schien aus sich zwei Persönlichkeiten gemacht zu haben und ließ beide völlig getrennte Leben führen – jene, die die eine kannten, wußten nichts von der Existenz der anderen und umgekehrt. Bis zum Ende seines Lebens arbeitete er nach der strengen Routine, an die er sich immer geklammert hatte: vormittags bummelte er umher, las Briefe oder löste das Kreuzworträtsel in der *Times* und ließ dann einen gemütlichen Schluck mit Ivy folgen. Die Nachmittage widmete er der Arbeit. Nur abends tauchte der andere Dylan auf – und das hauptsächlich, wenn er in London oder Amerika war.

Damals, zu Anfang des Krieges, beschloß Dylan, seine Notizbücher, in die er viele seiner frühen Gedichte geschrieben und aus denen er beständig während der späten dreißiger Jahre geschöpft hatte, indem er einige Gedichte überarbeitete, zu verkaufen. Der Londoner Buchhändler Bertram Rota kaufte die vier Notizbücher mit Gedichten, ein Notizbuch mit Prosa und die Arbeitsbögen von ›Ballade vom langbeinigen Köder‹ für £ 41.10s und verkaufte sie an die Lockwood Library der State University of New York in Buffalo. Dylans Biographen und Kritiker haben bis jetzt vermutet, daß seine Geldsituation so hoffnungslos war, daß er sie, um trinken zu können, verkaufte; aber so war es keineswegs. In Wirklichkeit – und hier werden die beiden Dylans von jenen durcheinandergebracht, die nicht wissen, wie er sein Leben lebte – beschloß der ruhige, vernünftige und dichtende Dylan, daß er nicht mehr auf sie zurückgreifen wolle.

Damals war er nicht in Geldnot – er hatte die Stellung bei Donald Taylor erhalten, was ein regelmäßiges Einkommen bedeutete. Er dachte jetzt über seine schriftstellerische Arbeit vor dem Krieg nach und besprach sie mit mir. ›Die Landkarte der Liebe‹ war ein Mißerfolg gewesen. Er wußte, daß ich diese verschrobenen Kurzgeschichten nicht mochte und auch von einigen Gedichten nicht begeistert war, deren Stil ich übertrieben fand: er gab dafür hauptsächlich seinen Notizbüchern die Schuld. Er meinte, daß er, als wir in ›Sea View‹ wohnten, viel zu viel auf sie zurückgegriffen hätte.

»Ich habe den Stoff in den Notizbüchern ganz schön ausgeschöpft; jetzt gibt es nichts mehr, was ich davon verwenden möchte«, sagte er mir und gab zu, daß er viel zu sehr in Kindheitserinnerungen und Phantasien eingetaucht gewesen sei. Der trinkende Dylan hätte diese Notizbücher wahrscheinlich vertrunken (und ich wäre nicht überrascht gewesen, wenn er es tatsächlich getan hätte), doch es war der schöpferische Dylan, der sich entschloß, sie zu verkaufen. Allerdings geschah es während des frühen Kriegsstadiums, als die Aussichten trostlos waren, was seine Einstellung zu seiner Lyrik beeinflußt haben mag.

Wir lebten damals in der Manresa Road und in dieser Zeit kam meine Tochter Aeron (oder Aeronwy, so der Taufname) während eines gewaltigen Luftangriffs zur Welt. Ich war für die Niederkunft ins Mary Abbotts Hospital gegangen und erinnere mich an den entsetzlichen Lärm am Himmel, der sich unmittelbar über dem Kreißsaal abzuspielen schien. Eigenartigerweise war es fast beruhigend, den Gedanken zu haben, daß sich dort draußen etwas Schlimmeres abspielte als eine Kindsgeburt. Bei jeder ungeheuren Detonation hatte ich das Gefühl, als ob das Baby aus mir herausexplodiere. Ich befand mich wirklich jenseits aller Furcht vor dem Luftangriff. Die Geburt war, wie vorauszusehen, scheußlich, doch nicht mit dem Entsetzen der ersten vergleichbar.

Dylan wurde wieder nirgends gesichtet. Er besuchte mich im Krankenhaus erst ungefähr eine Woche, nachdem das Baby zur Welt gekommen war. Es war für mich sehr peinlich, weil er den Mütterbesuchstag verpaßte, an dem mehr ein Aufzug der Väter stattfand, als daß die Babys zur Schau gestellt wurden, weil alle Frauen neugierig darauf waren, welche Männer die anderen Mütter geheiratet hatten. Ich war die einzige Frau dort, die keinen Mann vorführen konnte.

Ich war darüber sehr unglücklich. Als Dylan dann schließlich eine Woche später erschien, kam er hereingeschlurft und trug einen alten Morgenrock, der offensichtlich nicht sein eigener war, und Schlafzimmerpantoffeln: er war unrasiert, und seine

Haare waren zerwühlt; er sah völlig verwahrlost aus. Dylan hatte eine höllische Woche voller Ausschweifungen durchgemacht, während ich in den Wehen lag. Ich warf nur einen Blick auf ihn und hoffte, er würde mich nicht erkennen, doch er kam schnurgerade auf mein Bett zu. Ich kann mich an meine Worte nicht mehr erinnern, aber bestimmt habe ich ihn ausgeschimpft und ihn gefragt, wo in aller Welt er gesteckt habe. Er schien keinen großen Anteil daran zu nehmen, weder an mir noch an dem Baby.

Dylan holte mich nicht ab, als ich aus dem Krankenhaus entlassen wurde, also bestellte ich ein Taxi und ließ mich in die Manresa Road fahren. Es war wahrhaftig ein ziemlich heruntergekommenes Haus mit einem widerlichen Geruch, der von dreißig verkommenen Siamkatzen stammte, die die Frau in der Wohnung neben der unseren besaß. Wir hatten nur ein Zimmer, mit einem Bett in einer Ecke und einem runden Tisch (der das Zimmer auf der Fotografie von Bill Brandt viel größer erscheinen läßt als es wirklich war), einem sehr primitiven Herd hinter einem Vorhang und einer Badewanne, die von einem Holzbrett bedeckt war.

Ich trat mit Aeron auf dem Arm ins Zimmer, und es gab keinen Platz, wo ich sie hätte hinlegen können. Nie zuvor hatte ich einen Ort in einem solch verheerenden Zustand gesehen. Aeron war in weiße Babysachen eingewickelt und so hübsch, daß ich in all dem Schmutz nicht wußte, wohin mit ihr. Dylan hatte, während ich im Krankenhaus war, kein einziges Mal abgespült. Überall standen schmutziges Geschirr und leere Bierflaschen herum, Zigarettenkippen waren über den Teppich verstreut, alte Zeitungen hierhin und dorthin geworfen; ich mußte nur einen Blick auf unser zerwühltes Bett werfen, um zu wissen, daß Dylan, während ich im Krankenhaus war, eine andere Frau mit nach Hause genommen hatte.

Ich fühlte mich nach der Geburt des Babys noch schwach und elend und empfand diese Heimkehr als Tortur. Ich hätte mich nicht schlechter fühlen können. Als er später am Abend zu Hause eintraf, kam er, wie alle feigen Menschen, in Begleitung seiner Kumpane, Constantine und Theodora FitzGibbon. Sie waren offensichtlich unten im Pub gewesen und hatten sich Mut angetrunken, um mir entgegentreten zu können. Es war alles sehr peinlich, weil ich meine Flüche nicht in Ruhe loswerden konnte, und das wußte Dylan. Ich mußte zu ihnen einigermaßen höflich sein, auch weil sie so verlegen herumsaßen. Es war eine jämmerliche Situation und keiner konnte zu ihrer Linderung viel beitragen. Ich fand keine Worte und war den Tränen nahe.

Selbst wenn ich heute daran denke, fühle ich mich elend. Doch bin ich so veranlagt, daß ich über solche Dinge irgendwie hinwegkomme. Am nächsten Tag riß ich mich zusammen. Ich bin eine Kämpferin. Ich nehme eine Situation, in die ich gerate, nicht einfach hin. Ich überwand mich und begann das Zimmer zu reinigen.

Am Ende fanden wir wieder zueinander. Es wurde Frieden geschlossen, aber dieses Mal dauerte es länger als früher, bis unsere Liebesbeziehung wiederhergestellt war. Wir hatten schon viele heftige Auseinandersetzungen gehabt, doch diese ging tiefer. Ich hatte mich sowohl während meiner Zeit im Krankenhaus als auch bei meiner Heimkehr mißachtet gefühlt. Ich weiß nicht, wie ich damit fertig wurde, doch welche andere Wahl hätte ich gehabt? Heimkehren zu meiner Mutter? Das wäre möglich gewesen, doch ich hing noch sehr an Dylan – wenn der Mann, mit dem du zusammenlebst, der Vater deiner Kinder ist, hat er viel mehr Macht über dich. Wenn es auch nur symbolisch ist, so ist es ein sehr starkes Band. Ich habe manchmal daran gedacht, Dylan zu verlassen, vor allem, wenn er drei Wochen und länger fern von mir war, und ich mir dann sagte: »Guter Gott! Wenn ich das Geld hätte, würde ich mich sofort in ein sehr teures Hotel einquartieren, so daß er mich nicht finden könnte, und ich für ihn verschwunden wäre.«

In der Zeit nach der Geburt war es wohl Aeron, die mich davon abhielt, ihn zu verlassen, weil ich mich um sie kümmern mußte. Meine Gefühle für Aeron unterschieden sich völlig von denen, die ich für Llewelyn empfunden hatte. Ich wunderte mich, wie hübsch sie war und daß ein kleines Baby so weiblich sein konnte, genau wie eine kleine Frau, ganz engelgleich und damals schon mit so hübsch gelocktem Haar. Wenn ich sie badete, blickte ich sie mit Staunen an. Ich trage diesen starken Eindruck von Aeron immer noch bei mir. Es fällt mir schwer, über meine Kinder zu sprechen, weil ich sie trotz aller Zärtlichkeit (die echt war) an den Abenden allein ließ, um mit Dylan trinken zu gehen. Es war eine jahrelange Angewohnheit, wie eine starke Tasse Tee nach dem morgendlichen Aufstehen. Wäre ich nicht mit Dylan in den Pub gegangen, wäre ich mir, alleingelassen, wie eine Närrin vorgekommen. Trotzdem: Sie waren meine Kinder und meine Aufgabe. Die meisten guten Mütter wären wahrscheinlich während der Luftangriffe bei ihren Kindern zu Hause geblieben. Ich ließ Aeron allein in der Wohnung mit dem Glasdach, um hinunter in den Pub zu gehen. Gegen sieben Uhr verließ ich immer das Haus und kehrte ungefähr um zehn Uhr zurück. Ich erinnere mich, daß ich einmal meine holländische Nachbarin, die die Katzen besaß, mit Aeron im Arm vorfand. Sie meinte es gut; aber da stand diese schmutzige Frau mit meinem Kind im Arm. Ich verabscheute mich, weil ich daran Schuld trug.

Damals war ich nicht so überaus empfindlich gegenüber meiner Umgebung, wie ich es jetzt bin. Heute würde ich nie und nimmer eine Toilette mit solchen Leuten teilen, wie wir es mußten. Alles dort war verwahrlost, doch Aeron hielt ich sauber. Darin war ich sehr penibel. Ich erinnere mich an die Berge von Windeln, die damals mit der Hand gewaschen werden mußten. Ich hängte sie in dem ausgebombten Gebäude gegenüber zum Trocknen auf.

Meine einzigen glücklichen Erinnerungen während der Kriegszeit beziehen sich auf Aeron. Sie gab mir ein Gefühl des Staunens. Das hielt an, bis sie neun oder zehn Jahre alt war. Danach entwickelte sie sich zu einem kleinen Satan und wandte sich gegen mich, wie alle Töchter. Aeron sagt jetzt, es sei ihr bewußt, daß ich sie bis zu diesem Zeitpunkt angebetet habe, »doch danach hast du plötzlich damit aufgehört« – und das ist wahr. Ich habe sie verwöhnt. Stundenlang konnte ich ihr die Haare bürsten. Aeron hat einen starken Charakter; sie ist auch jetzt nicht leicht zu behandeln; sie kann ausgesprochen aggressiv werden (wie ich ja früher auch). Sie sah immer Dylan sehr ähnlich, war jedoch viel hübscher. Später, als sie sehr ungezogen und dickköpfig wurde, erkannte ich, daß es hauptsächlich mein Fehler war, weil ich sie verwöhnt hatte. Ich mußte sie eine Zeitlang von der Schule mit dem Zug abholen. Sie benahm sich so abscheulich, daß ich meine Geduld verlor und sie schlug. Die anderen Fahrgäste waren entsetzt. »Das können Sie doch einem Kind nicht antun«, sagten sie, und ich antwortete: »Sie würden es, wenn sie so eines hätten.« Selbst Dylan, der keiner Fliege etwas zu Leide getan hätte, wurde von ihr einmal in Wut gebracht. (Das war noch so eine Eigenschaft von Dylan; obwohl er sanft war, konnte er doch recht kampflustig werden, und er sprang mir zu meiner Verteidigung bei, wenn er den Eindruck hatte, daß jemand etwas gesagt hätte, das mich kränken würde, obwohl ich nicht leicht zu kränken war. Diese Vorfälle begannen immer mit kleinen und überflüssigen Dingen. Meistens bemerkte er gar nicht, wenn jemand mir, sagen wir, einen Hieb versetzte.)

Dann schlug Donald Taylor vor, daß ich mit Aeron wegen der Luftangriffe und V-Waffen London verlassen solle. Er sagte zu Dylan: »Warum bringst du deine Frau und dein Kind nicht zu mir?« Natürlich stürzten wir uns auf dieses Angebot. Wir wohnten einige Monate in seinem Haus in der Nähe von Beaconsfield, und später im Krieg verbrachten wir einige Monate in Bosham in Sussex. Bosham war auf höchst konventionelle Weise ein recht hübscher kleiner Ort; typisch englisch mit Wasser und Segelbooten und einem ländlichen Chi-chi-Pub. Wir wohnten dort drei Monate lang in einem kleinen Landhaus mit einem abstoßenden Plumpsklo. Die meiste Zeit jedoch verbrachten wir bei Dylans Eltern in Blaen Cwm oder mit Vera Killick in Talsarn.

Dylans Eltern waren nach Blaen Cwm gezogen, weil sie dort billig leben konnten und auch viel sicherer waren, da die Deutschen jetzt regelmäßig die Hafenanlage von Swansea bombardierten. Granny Thomas' Schwester Dosie und ihr Ehemann Reverend David Rees hatten dort gewohnt, aber sie waren beide gestorben, so daß D.J. und Florence in eine der Doppelhaushälften ziehen konnten. Dieses Vorhaben war für den armen alten D.J. entsetzlich. Er wurde alt und hatte das Gefühl, daß es mit ihm bergab ging. »Ach Gott, hier kommt wieder dieses Weibsbild«, sagte er, wenn sich Aunt Polly vom Nebenhaus her näherte, in dem sie mit ihrem Bruder Bob lebte. Die beiden benachbarten Häuser waren beide winzig, eng und düster. Dylan hatte an ihnen immer etwas auszusetzen (obwohl er dort ›Fern Hill‹ begann). Wir hatten ein winzig kleines Zimmer unterm Dach und das einzig Hübsche an ihm war, daß man den Bach vorbeiplätschern hörte. Uncle Bob sahen wir fast nie. Aunt Polly war ein schrecklicher Quälgeist, die immer Fragen stellte und schwatzte. Sie war eine sehr kleine schrumplige Frau und pflegte ihre Tage mit dem Durchblättern der *Vogue* zu verbringen und sich selbst in Samtgewändern vorzustellen, was eine geradezu groteske Vorstellung war. Beide waren schlichte Landbewohner, und Dylan hatte für sie eine verschwommene Zuneigung. Ich hatte mit ihnen überhaupt nichts gemeinsam, und es kam vor, daß sie uns beide rasend machten.

Dylan war sehr betroffen, als D.J. alt wurde und dem Tod entgegenging, weil er während Dylans Jugend und Schulzeit ein so hervorragender Mann gewesen war. D.J. hatte zu viel gelitten. Cwmdonkin Drive war in seinen Augen schon ein Niedergang; dann war Bishopston ein weiterer Abstieg und mit Blaen Cwm ging's noch tiefer. Immer wieder verfluchte er diesen Ort. Er war ein unerschütterlicher Atheist. In seinem Leben sah er nichts, was die Existenz Gottes bewies. (Dylan hatte seinen eigenen einfachen Glauben, doch es war keine rechtgläubige Religiosität. Er ging selten in die Kirche, bestand aber darauf, daß alle seine Kinder getauft würden. Das war ihm wichtig, selbst wenn er nicht das Bedürfnis nach einem regelmäßigen Kontakt mit der Kirche hatte.)

Unsere Besuche in Talsarn begannen, als Dylan Ver Killick wieder traf, eine alte Freundin aus der Zeit in Swansea. Sie hatte glattes blondes Haar und war sehr hübsch, und beide trafen sich wieder, als sie als Kellnerin in einem Restaurant in Chelsea arbeitete. Sie war sehr emanzipiert und hielt es mit der Chelsea Clique. Sie hatte in Talsarn diesen Familienbesitz, wohin sie uns zum Bleiben einlud, um den schlimmsten Bombardierungen zu entgehen. Manchmal fuhr ich allein mit Aeron dorthin und Dylan stieß nur gelegentlich zu uns. Das Haus lag im Tal des Flusses Aeron, wir hatten sie nach ihm benannt, weil ich sie dort empfangen habe.

Manchmal kehrte Dylan nach London zurück und sagte, daß er am nächsten Wochenende wiederkäme und erschien dann zwei oder drei Wochen nicht, immer mit irgendeiner Ausrede – daß er einen Ablieferungstermin einhalten oder Geld verdienen müsse. Ich glaube, daß er zu der Zeit mehr oder weniger regelmäßig begann, mit anderen Frauen loszuziehen und schwerer trank als je zuvor, obwohl ich es damals noch nicht so recht gewahr wurde. Damals veränderte sich seine äußere Erscheinung; er wurde fett und schlaff und gegen Ende des Krieges sah er sehr verkommen aus. Ich brauchte ziemlich viel Zeit, bis ich das mit den Frauen merkte. Ich konnte zwar sehen, in welchem Zustand er war, aber ich dachte mir, er würde sich wieder erholen, sobald wir ein gemeinsames Zuhause hätten. Es peinigte und quälte ihn, daß er Geld verdienen mußte. Ich glaube, er brauchte Frauen einfach, um sein Selbstgefühl zu heben. Ich habe ihn nie für einen echten Weiberhelden gehalten.

In London hatte Dylan an dem Filmstoff für ›Der Doktor und die Teufel‹ gearbeitet. Aus irgendwelchen Gründen konnte er aber dort nie die Ruhe finden, um zu dichten: es gab zu viele Ablenkungen. So lange er in Gesellschaft war, war er mit anderen Menschen und konnte nichts für sich tun, doch sobald er sich von London entfernte, anfänglich nach Talsarn und Blaen Cwm und dann nach New Quay, begann er wieder sein eigentliches Schreiben mit aufgestauter, getriebener Kraft; es gab so viel, was er sagen wollte. Während unserer Zeit in London hat er keine Gedichte geschrieben. Die Gedichte, die er danach schrieb, müssen in ihm verschlossen gewesen sein, während er die vielen Drehbücher für Donald Taylor verfaßte.

Dylan war nie richtig glücklich, wenn er mit Drehbüchern oder später mit Rundfunkarbeiten beschäftigt war, weil er es immer als Mühsal empfand. Er wußte, daß Dichten seine Sache war, daß es das war, was er tun mußte, und so brachte es ihm natürlich mehr Befriedigung. Ich würde Dichten nicht als seine glücklichste Beschäftigung beschreiben, weil ›glücklich‹ ein Wort ist, das ich nicht gerne häufig in Zusammenhang mit Dylan benutze. (Ich scheue dieses Wort überhaupt ziemlich, weil ich nicht glaube, daß Glücklichsein für sich allein existiert: ich hüte mich vor Leuten, die sagen, daß sie glücklich oder noch nie in ihrem Leben so glücklich gewesen seien: es ist so wie mit der Liebe – entweder gibt es Glücklichsein überhaupt nicht, wenn aber doch, merkt man es erst später, nachdem es sich ereignet hat. Ich reagiere immer aus der Rückschau.)

Unser Umzug nach New Quay kam durch die Freundschaft zwischen Dylan und Vera, die lange zurückreichte. Er hatte sie in Swansea, bevor sie heiratete und noch Phillips hieß, gekannt. Sie mochten sich, und ich mochte sie auch: ich habe nie eine Affaire vermutet.

Dylan beschrieb sie als ›ein Mädchen, das von Kakao und von Büchern über Messinggeräte aus dem dritten Jahrhundert lebt‹. Wir hatten gehofft, wieder nach Laugharne zurückkehren zu können, und während wir in Blaen Cwm wohnten (das Laugharne gegenüber auf der anderen Seite des Flusses liegt), versuchten wir dort ein Häuschen zu mieten, konnten aber keines finden. Veras Familie besaß ein Haus in New Quay hoch oben auf den Klippen, und wir mieteten den Bungalow nebenan. Es war eigentlich kein Bungalow, sondern eher eine Holzhütte mit papierdünnen Asbestwänden, Beleuchtung durch Propangas und mit einem Paraffinherd. Es gab zwei Schlafzimmer. Das Häuschen war auf schäbige Weise primitiv, und obwohl es errichtet war, daß es im englischen Sinn nett wirkte, war es überhaupt nicht gut gebaut.

Unser Bungalow hieß ›Majoda‹ und wir mieteten ihn für ein Jahr. New Quay war wunderschön, doch es hatte nicht die Vertrautheit von Laugharne und lange Zeit fühlte ich mich einsam. Dylan fuhr immer wieder nach London, wo er bei Bill und Helen McAlpine wohnte, die zu unseren engsten Freunden zählten. Ich hatte nur Vera, die nebenan mit ihrem Mann einzog, den wir ›Drunken Waistcoat‹ nannten, weil er immer so elegant aussah und seinen Drink liebte.

Einmal kam meine Mutter und besuchte uns, was ich von ihr mutig fand, denn sie wußte, was für Leute wir waren: wir nannten es ›künstlerisch‹. Gleich unterhalb von uns brauste der Ozean. Ich hatte herrliche Zeiten dort unten in den Wellen, und eines Tages wollte sie auch zum Schwimmen gehen. Ich bin wirklich der selbstsüchtigste Mensch auf der Welt, weil ich gar nicht auf den Gedanken kam, die arme Frau zu begleiten. Sie hätte leicht ertrinken können.

Dylan sagte mir nie, wann er wieder abreisen würde: er entfernte sich einfach unter einem immer sehr einleuchtenden Vorwand. Es war wegen des Geldverdienens, er müsse einen Verleger oder Herausgeber sprechen, doch irgendwie wurde alles Geld vertrunken – er kam stets bankrott zurück, auch gesundheitlich. Es heißt, daß Dylan mit sechzehn Jahren einen Lungenblutsturz gehabt habe und auf einen Bauernhof in West-wales geschickt wurde, wo ihn seine Mutter gesund pflegte; und er behauptete, man habe ihm einmal gesagt, daß er nur mehr vier Jahre leben würde. Sein Vater meinte, daß Dylan keine vierzig Jahre alt werden würde. Sein Vater sollte recht behalten. Ich hörte das auch von Dylan, doch gewöhnlich nur, wenn er an einem Hangover litt.

Dylan fand die Vorstellung, ein hohes Alter zu erreichen, entsetzlich, und darin hatte er auch recht: es ist entsetzlich. Ich sagte ihm, daß wir beide Vorkehrungen treffen sollten, vor unserem vierzigsten Lebensjahr abzutreten, daß ich selber nicht älter und häßlich werden sollte, doch stellte sich heraus, daß ich nicht leicht umzubringen war, weil ich eine so gute Gesundheit besaß. Ich konnte bei der Hypochondrie, in der Dylan schwelgte, nicht mitmachen; ich hatte zu viele andere Dinge zu tun. Dylan war im Grunde unanständig gesund; seine Behauptungen, krank zu sein, waren nur Versuche, Mitleid zu erwekken, worauf er es immer abgesehen hatte.

In das merkwürdigste Ereignis in New Quay waren Vera und ›Drunken Waistcoat‹ mit verwickelt. Diese Geschichte ist schon öfter erzählt worden: es handelt sich um die Schüsse, die bei Majoda fielen, und es endete damit, daß ›Drunken Waistcoat‹

wegen versuchten Mordes angeklagt wurde, und Dylan vor Gericht als Zeuge aussagen mußte. Das war alles sehr merkwürdig.

Dylan hatte sich mit seinem Drehbuch für ›Der Doktor und die Teufel‹, das Donald Taylor für Gryphon Films in Auftrag gegeben hatte, verspätet, und Donald war sehr darauf versessen, den Film in Produktion zu geben. Um Dylan zu helfen, schickte Donald eine in Rußland geborene Sekretärin, die bei Gryphon arbeitete und mit der Dylan befreundet war; sie hatte ihn oft bemuttert und ihm bei seiner Schreibmaschinenarbeit geholfen.

Eines Abends, nachdem Dylan den ganzen Tag an dem Drehbuch gearbeitet hatte, gingen wir hinunter zum ›Black Lion‹, dem Pub, den wir täglich in New Quay aufsuchten. Vera und ihr Mann hatten sich dort ebenfalls eingefunden, und noch etliche andere Leute befanden sich bei der Gesellschaft an der Bar. Es wurde viel getrunken und bei irgendeinem Anlaß machte die russische Sekretärin ein paar Bemerkungen, die ›Drunken Waistcoat‹ ärgerten und reizten. Er wurde sehr taktlos und gab einige äußerst törichte Kommentare über ihr Judentum ab, und das 1944 – einem scheußlichen Zeitpunkt. Sie fuhr ihm mit den Fingernägeln ins Gesicht und er schlug zurück, worauf ihn Dylan und die anderen anwesenden Männer aus dem Pub warfen. Doch keiner von ihnen wußte, daß ›Drunken Waistcoat‹ erst kürzlich von einem sehr riskanten Einsatz als Kommandooffizier zurückgekehrt und mehr als nur ein bißchen kriegsmüde war. Dazu kam: er hatte einige von seinen Waffen mitgebracht, darunter ein LMG und mehrere Handgranaten.

Außerdem hegte ›Drunken Waistcoat‹ auch noch einen anderen Groll: er war davon überzeugt, daß seine Frau während seiner Abwesenheit mit uns in einer *ménage-à-trois* (was eine lächerliche Vorstellung war) gelebt habe, und daß wir zu viel von ihrem Geld vertrunken hätten (was eher der Wahrheit entsprach). Wie dem auch sei, er begab sich in einen anderen Pub und brütete vor sich hin, während wir weiter soffen.

Wir kehrten nach Majoda mit unserer Freundin Mary Keene zurück, die mit ihrem Baby bei uns wohnte (sie war die Frau von Ralph oder ›Bunny‹ Keene, doch damals lebte sie mit dem Maler

Matthew Smith zusammen), und ließen uns mit einigen Bierflaschen, die Dylan aus dem Pub mitgenommen hatte, vor dem
Kaminfeuer nieder. Plötzlich hörten wir von draußen Rufe,
dann erfolgte eine heftige Erschütterung und ein Kugelhagel
durchsiebte die papierdünnen Wände. Mary und ich stürzten in
das Zimmer nebenan, um nach den Kindern zu sehen (sie
schliefen fest), und Sekunden später wurde die Haustür eingetre-
ten und ›Drunken Waistcoat‹ stürzte mit seinem LMG unter
dem Arm herein.

Irgendwie schaffte es Dylan – der bei dieser Gelegenheit
ungewöhnlich ruhig war – ihm das Gewehr abzunehmen,
worauf ›Drunken Waistcoat‹ eine Handgranate hervorzog und
drohte, uns alle zu zerfetzen, wenn er nicht sofort sein Gewehr
zurückbekäme. Als Dylan später bei der Gerichtsverhandlung
gefragt wurde, was er daraufhin getan habe, antwortete er:
»Natürlich – ich händigte es ihm wieder aus.«

Die Gerichtsverhandlung hätte unterbleiben können. Die
Temperamente hatten sich bald abgekühlt, Friede war geschlossen worden. Wir ließen uns gerade alle wieder nieder, als die
Polizei plötzlich eintraf (einer der Nachbarn hatte die Schüsse
gehört und 999 gewählt). Danach kam es natürlich zu einer
gründlichen Untersuchung und ›Drunken Waistcoat‹ wurde des
versuchten Mordes angeklagt. Wir mußten alle als Zeugen vor
Gericht erscheinen. Das war eines dieser Wahnsinnsereignisse,
die in Kriegszeiten vorkommen; der arme alte ›Drunken Waistcoat‹ war offensichtlich durch das, was er durchgemacht hatte, in
einer schlechten Verfassung gewesen, und keiner von uns belastete ihn mehr als nötig. Jeder machte nur eine vage Aussage. Ich
sagte, daß er mir sehr reizbar und unbeherrscht vorgekommen
wäre. Schließlich wurde er für nicht schuldig befunden, mit der
Begründung, daß die Provokation so gewesen sei, daß sie ihn
vorübergehend seiner Vernunft beraubt habe.

Der Vorfall bedrückte Dylan, dem jede Art von Gewalt
mißfiel. Während des Geschehens war er ruhig gewesen, doch
später wurde ihm klar, daß wir alle hätten getötet werden
können, und unsere Freundschaft mit Vera verlief danach im
Sande.

Dylan wollte New Quay nach diesen Schüssen unbedingt verlassen, doch rückblickend ist jetzt leicht zu erkennen, daß jene zwölf Monate eine der wichtigsten Schaffensperioden seines Lebens waren. Er hatte in Blaen Cwm wieder mit dem Schreiben begonnen, und als wir dann Majoda bewohnten, mietete Dylan in der Nähe ein Zimmer, in dem er arbeitete und zwar an ›Der Doktor und die Teufel‹, seiner Rundfunksendung ›Quite Early One Morning‹ (Ganz früh eines Morgens), dem Drehbuch für ›Twenty Years A'Growing‹ und an einigen seiner schönsten Gedichte – *Fern Hill* und *Poem in October* (Gedicht im Oktober) (beide hatte er in Blaen Cwm begonnen), *This Side of Truth* (Diese Seite der Wahrheit), *Vision and Prayer* (Gesicht und Gebet), *A Winter's Tale* (Eines Winters Märchen), *A refusal to Mourn the Death, by Fire, of a Child in London* (Weigerung, den Flammentod eines Kindes in London zu betrauern), *The Conversation of Prayer* (Zwiegespräch des Gebets) und *In My Craft or Sullen Art* (Mein Handwerk meine trübe Kunst).

New Quay bot genau den Hintergrund, den er brauchte, das Meer vor Augen, wie später auch in Laugharne, und einen Pub, in dem er sich abends heimisch fühlte. Dylan benötigte diese Kombination von Umständen, um gut arbeiten zu können: je weiter wir von London entfernt waren und je rauher die Landschaft, desto besser war es für ihn. In London gab es zu viele Ablenkungen, nicht nur, was das Trinken anbelangt, sondern auch, was die Geselligkeit betraf. Der intellektuelle Tratsch war so wichtig wie das Zechen und Geschichtenerzählen. Wenn Dylan nach New Quay und später nach Laugharne zurückkehrte, hörte er mit dem Trinken nicht auf, doch war es das übliche Trinken und die alltägliche Unterhaltung, seine Gedanken aber galten seinem Schreiben. Seltsam war, daß er immer am besten schrieb, wenn er keine intellektuellen Anregungen erhielt: er war immer am besten, wenn er allein aus sich selbst schöpfte.

Eines der Gedichte, die er in New Quay schrieb, *This Side of Truth*, verfaßte er für Llewelyn. Es ist kein sehr klares Gedicht, und ich war ein wenig erstaunt, daß er es schrieb, dennoch freute ich mich darüber. Dylan war wohl enttäuscht, daß Llewelyn so wenig von einem richtigen Jungen an sich hatte. Er brütete immer vor sich hin und war in sich gekehrt, empfindsam und verletzbar. Dylan wollte einen freimütigen Jungen, der Fußball spielte (wie Colm, unser drittes Kind, es war). Ich war immer davon überzeugt, daß Llewelyn einen hervorragenden Verstand hat, doch er ist in seinem Leben sehr verletzt worden, auch durch die Art, wie er aufwuchs. Als er kürzlich bei uns in Sizilien war, hielt ich absichtlich seinen Arm fest und berührte ihn – wie die Italiener es häufig machen. Anfänglich schrak er zurück und erschauerte, doch dann gewöhnte er sich daran und mochte es. Unsere Beziehung ist heute sehr viel besser als früher.

Ich kann mich nicht erinnern, was Dylan veranlaßte, dieses Gedicht zu schreiben, obwohl ich mir vorstellen kann, daß es aus einem gewissen Schuldgefühl heraus geschah, weil Llewelyn keine freundliche Behandlung erfahren hatte. Dylan muß sich dessen bewußt gewesen sein, denn als wir Llewelyn nach all jenen Jahren bei meiner Mutter in Blashfort wiedersahen, machte er einen sehr verlorenen Eindruck. Er paßte in keine der Altersgruppen unserer beiden anderen Kinder. Nur langsam gewöhnte er sich daran, wieder ganz bei uns zu sein.

Wenn ich jene Gedichte, die Dylan für ›Deaths and Entrances‹ (1946) zusammenstellte, jetzt lese, merke ich, daß er einen Reifeprozeß durchmachte und sich geistig weiterentwickelte. Ich mochte *Fern Hill* und *Poem in October* sehr. Er vereinfachte. Das war wohl ein Teil seines Werdens, jetzt, nachdem er die Notizbücher und ›The Map of Love‹ hinter sich gelassen hatte. Diese neue Reife war nur in seinem Werk spürbar, in dem anderen verborgenen Dylan; als Mann oder in seinen Gewohnheiten veränderte er sich nicht sehr. Ich glaube, ihm wurde klar, daß er sein Leben verpfuscht hatte, daß es nichts gab, wovon er zehren konnte; nichts, was als nächstes anzupacken sei oder woraufhin zu leben es sich lohnt; auch keine Mittel, um seine Familie zu ernähren. Im Hinterkopf dachte er immer an den Tod und die Möglichkeit eines Selbstmords und daß er nicht älter als vierzig werden wolle, was er nunmehr immer häufiger erwähnte, nüchtern oder betrunken, sogar wenn er die heiteren Gedichte schrieb. Er fühlte, daß er dazu verurteilt wäre, früh zu sterben. Er sagte auch, daß er das wolle. Wie ich, wollte auch er nicht alt und häßlich werden, und er merkte, daß er auf dem Weg dorthin war – schlaff und fett, mit einem Bierbauch. Er hatte sich körperlich völlig gehen lassen.

Während der eine Dylan jetzt besser und heiterer arbeitete, war der andere so unzuverlässig wie immer. Es war die Zeit, in der er Vernon äußerst grausam behandelte, was nicht zu verstehen war, denn der schreibende Dylan kommunizierte noch mit ihm. Sie waren die besten Feunde gewesen, und wenn wir finanziell in gräßlicher Klemmer steckten, hatte Vernon uns immer ausgeholfen. So weit ich weiß, hat Vernon Dylan nie abgewimmelt. Gleichzeitig war es eine tiefe Schriftstellerfreundschaft, in der sich beide gegenseitig Rat holten, obwohl, wie ich schon erklärte, Vernon die Beziehung mehr bedeutete als Dylan. Vernon war während des ganzen Krieges mit uns in Verbindung geblieben und hatte uns in der Manresa Road besucht. Dann versäumte es Dylan, auf Vernons Hochzeit zu erscheinen, wo er doch der Brautführer sein sollte. Das war nun wirklich unverzeihlich. Vernon war sehr gekränkt, wozu er auch allen Grund hatte.

Obwohl Dylan später behauptete, den Namen der Kirche vergessen zu haben und mehrere Pannen bei der Eisenbahn erlebt zu haben, daß er durch London mit einem Taxi geirrt sei und dann versäumt habe, seinen Entschuldigungsbrief einzustecken, vermute ich als Wahrheit, daß er in einem Londoner Pub stand, auf die Uhr schaute – und weitertrank. Das geschah meistens, wenn er zu trinken begann: alles andere ging über Bord, und er redete sich heraus, indem er sagte, es sei ›jetzt dafür zu spät‹ oder er sei ›nicht richtig gekleidet‹.

Vernon und Gwen Watkins waren beide sehr verärgert. Sie mochte Dylan sowieso nicht sehr, was von ihr nur verständlich war – er war nicht sehr liebenswert. Dylan pflegte die Menschen skrupellos zu bezaubern; er umgarnte sie einfach zu seinem eigenen Nutzen. Ich mißtraue dem Charme um des Charmes willen; ich sagte häufiger zu ihm, daß ich seinen erheuchelten Charme, den er ständig entfalte, satt habe: es wäre nicht so schlimm gewesen, wenn er Unterschiede gemacht hätte, aber ich sah, daß er andere Menschen genau wie mich behandelte. Wenn man eine solche Eigenschaft besitzt, darf man nicht erwarten, daß sich jeder davon einfangen läßt. Er braucht von irgend jemandem eine ordentliche Lektion: er wurde ja immer verwöhnter. Er war von seiner Mutter verwöhnt worden und dann von mir und später wurde er es durch Amerika. Gwen Watkins erzählte hinterher, daß der Entschuldigungsbrief, den er Vernon schickte, ziemlich sicher ›frisiert‹ gewesen sei, mit künstlichen Knitterfalten und angeschmutzt, so als ob er tagelang in seiner Tasche gesteckt habe. Er sollte höchstwahrscheinlich etwas vortäuschen. Dylan gestand mir dann auch, daß er unentschuldbar gehandelt habe und sich schäme.

Er war damals in London und ich unten in New Quay, also konnte ich ihn nicht selber zu der Hochzeit hinschaffen. Das gehörte zu der schlechten Seite seines Charakters – ein grausamer Zug. Es war dasselbe Verhalten wie sein Versäumen der Krankenhausbesuche, um seine Babys anzuschauen, und wie später, als er mich mit den Abtreibungen alleinließ: Er war nie da, wenn er wirklich gebraucht wurde.

Zu seiner Entlastung, daß er während der Abtreibungen nicht bei mir blieb, kann man sagen, daß es sehr vielen Männern schwer fällt, sich dem zu stellen, doch mir fällt es schwer, sein Nichterscheinen, nachdem sie geschehen waren, zu entschuldigen. Es gab offensichtlich etwas in Dylan, das mit den Forderungen des Lebens nicht zurecht kam – nicht nur mit den unersprießlichen Seiten, sondern auch nicht mit der Loyalität seiner Frau gegenüber, die Babys bekam, nicht mit Todesfällen in der Familie oder mit Liebenswürdigkeit gegenüber Freunden. An mir schien immer die Schmutzarbeit hängen zu bleiben, weil er Unerfreulichkeiten nicht ertragen konnte. Das ist eine ganz gewöhnliche Eigenschaft von Menschen, doch ist sie eigenartig bei einem Dichter, dessen schönstes Werk sich mit Leben, Geburt und Tod befaßt.

Wenn man sich überlegt, daß Dylan in einigen seiner Gedichte, wie *Light Breaks Where No Sun Shines* – das eindeutig vom Liebesakt, vom Zeugen und Empfangen eines Kindes handelt – und in seinen Gedichten an Llewelyn diese großen poetischen Themen in einer Weise anging, die nur wenige Dichter versucht haben, ist die andere Seite seiner Persönlichkeit nur schwer zu verstehen. Wie ich schon zuvor sagte: es war so, als wären aus ihm zwei Menschen geworden. Der eine Dylan wurde mehr und mehr verantwortungslos, während dem anderen Dylan beständig dichterische Kräfte zuwuchsen. Es ist mir klar, daß dies durchaus nicht schlüssig ist, doch ich kann es nicht voll und ganz erklären, obwohl ich mit Dylan zusammenlebte und ihn besser als jeder andere kannte. Zwischen einem wirklich schöpferischen Menschen und einem normalen Menschen besteht eine tiefe Kluft. Der ganz und gar schöpferische Mensch hat zu seinem übrigen Leben kein richtiges Verhältnis. Dylan war wahrscheinlich ein Genie, in seiner Persönlichkeit unausgewogen: er war einer der Erwählten und deshalb waren ihm seiner Meinung nach gewisse Privilegien gestattet.

7

Die Wende in Dylans Schriftsteller-Laufbahn trat mit der Veröffentlichung von *Deaths and Entrances* im Jahr 1946 ein. Dieser kleine Gedichtband, dessen Format so war, daß er in jede Jacken- oder Handtasche paßte, beinhaltete die schöne Folge von Gedichten, die in Blaen Cwm und New Quay entstanden waren: Sie fanden sogleich in der Öffentlichkeit Beifall. Von diesem Moment an bis zum Ende seines Lebens wurde aus Dylan eine Person des öffentlichen Lebens. Er arbeitete regelmäßig als Schriftsteller, als Rezitator und Sprecher für die BBC; alles, was er jetzt auf diesem Gebiet seines Lebens in Angriff nahm, zeugte von einer sicheren Hand. Aber für ihn als Mann bot sein Leben ein einziges Chaos.

Inzwischen waren wir fast neun Jahre verheiratet und hatten immer noch kein eigenes Zuhause. Wir besaßen bemerkenswert wenig: In der Manresa Road hatte uns als einziges ein großes französisches Bett, der runde Tisch und eine hölzerne Wiege gehört – wir mußten es zurücklassen, als wir nach New Quay zogen, denn ein Möbeltransporter hätte sich nicht gelohnt. Abgesehen von diesen Sachen hatten wir nur ein paar Kleider und ein paar Babysachen, die wir in einem Koffer mitnahmen.

Kleider waren mir immer sehr wichtig, doch besaß ich nie viele. Wenn ich konnte, trug ich immer helle und farbenfrohe. Helen McAlpine war sehr geschickt mit Nadel und Nähmaschine und schneiderte mir viele reizende Kleider aus schönen Stoffen. Auch kaufte sie mir hübsche, dazu passende Schuhe. Sie war sehr großzügig. Die McAlpines lebten damals in Richmond. Helen war an einen sehr alten Mann, einen Millionär, verheiratet worden, und als er starb, heiratete sie Bill. Wir wohnten gelegentlich in ihrem großartigen Haus am Fluß: Beide waren sehr enge Freunde von uns – ich denke, unsere besten.

Ein anderes schönes Kleid kaufte ich mir selbst. Ich sah es zufällig in einem Fenster eines Geschäftes für Theaterzubehör, und kaum hatte ich es erblickt, mußte ich es haben; ich wußte, daß es mir umwerfend gut stehen würde. Ich erkundigte mich nach dem Preis, und er war, für meine Verhältnisse, ungeheuer hoch – £ 5. Ich konnte das Geld dennoch zusammenkratzen und kaufte das Kleid. Der Stoff war gemustert mit Weintrauben, Vögeln und Gott weiß was noch allem. Ich trug es einmal in Dylans Gesellschaft im Café Royal, wo jeder meinte, es wirke an mir überwältigend, doch immer wieder bekam ich von Dylan etwas über die £ 5 zu hören. Er war entsetzt, daß eine Frau so viel für ein Kleid ausgeben konnte. Die dazu passenden Schuhe und die passende Handtasche konnte ich mir natürlich nicht leisten, und wenn ich dieses Kleid trug, mußte ich in schwarzen Straßenschuhen herumlaufen, weil ich keine anderen besaß. Zum Trinken aber hatten wir immer Geld; darauf haben wir nie verzichtet.

Wir fuhren mit den McAlpines später, im Jahr 1946, nach Irland, was einer der größten Fehler war, den wir je begingen. Dylan war von *Picture Post* dorthin entsandt worden, damit er einen Artikel über die jährliche Puck Fair in Kerry schreibe. Diese Messe dauerte vier Tage und Nächte, ohne daß die Pubs schlossen, ein einziges Verhängnis! Bill und Dylan schworen sich als große Kumpel, die ganzen Festtage an der Bar zu verbringen, Tag und Nacht trinkend, bis alles vorüber wäre. Dylan war immer darauf erpicht, seine Meisterschaft und sein Durchhaltevermögen als Trinker zu demonstrieren: In dieser Beziehung gab er immer an. (Er gewann einmal ein Wetttrinken in Brown's Hotel, bei dem er rund zwanzig Pints Bier hinunterschüttete, eines nach dem anderen.)

In Irland nun pflanzten sie sich vor der Bar auf und begannen mit Guinness: Es war nur Guinness, Guinness vom Faß. Wir Frauen verließen sie und kehrten hin und wieder zurück, um zu sehen, wie sie ›vorankamen‹. Wir waren auch Trinker, doch wir hätten nicht die Langeweile ertragen, dort die ganze Zeit herumzustehen.

Anfänglich schwatzten sie während des Trinkens miteinander, doch zum Ende hin hatten sie wohl ihre Sprache gänzlich verloren. Trotzdem tranken sie weiter, bis sie nur noch an der

Bar hingen. Und immer noch schütteten sie das Zeug in sich hinein. Mir kam das makaber und entsetzlich vor. Wir konnten sie nicht zur Vernunft bringen und gaben es schließlich auf. Sie hielten wohl an die zwei Tage und zwei Nächte durch, und am Ende konnten sie überhaupt nicht mehr sprechen und brachen einfach zusammen. Man warf sie mit ihren Fahrrädern auf einen Lastwagen und fuhr sie zu unseren Unterkünften. Sie befanden sich in einem höllischen Zustand, waren total erledigt. Wie kann man nur so kindisch sein? Sie trieften von diesem schrecklich schweren schwarzen Guinness vom Faß. Beide wurden ins Bett gesteckt, wo sie ungefähr eine Woche lang blieben, scheußlich krank.

Helen und ich schauten uns inzwischen um, trafen andere Leute und hatten unseren Spaß. Wir tanzten und waren sehr leichtsinnig, zogen unsere besten Kleider an und flirteten mit den hübschen irischen Jungs. Wir sangen, tanzten und flirteten – nichts weiter.

Inzwischen war eine neue Person in unser Leben getreten – Margaret Taylor, die Frau des Historikers A. J. P. Taylor. Dylan hatte beide schon vor dem Krieg gekannt, doch jetzt wurde sie, sehr zum Ärger des armen alten Alan Taylor, der außer sich vor Wut war, unsere Gönnerin.

Nachdem wir New Quay verlassen hatten, verbrachten wir einige Monate in Blaen Cwm bei Dylans Eltern. Danach lebten wir bei Nicolette und ihrem Mann am Markham Square in Chelsea, bevor wir nach Oxford gingen, wo wir Weihnachten 1945 mit den Taylors verbrachten. Dylan hatte schon 1935, als Alan Moderne Geschichte an der Universität von Manchester lehrte, bei ihnen in ihrem Landhaus im Peak District gewohnt, und betrachtete Margaret als seine alte Freundin, wenn wir auch beide nie eine Zuneigung zu Alan faßten. Ich fand ihn schrecklich: sehr überheblich und knauserig dazu. Es gab auch Zeiten, in denen ich Margaret verabscheute, aber wenn ich jetzt zurückblicke, wird mir klar, daß sie sehr großzügig war und mutig gegen Alans Moralpredigten anging. Sie hielt Dylan für ein Genie, doch ich mochte nicht hören, wenn sie das sagte; ich wollte die einzige sein, wollte ihn nicht teilen. Nach ihrem Tod, gewann ich sie in der Erinnerung lieber; ich habe erkannt, daß sie sehr viel für uns getan hat, doch während sie es tat, konnte sie uns bis aufs Blut reizen und es fiel schwer, sich angemessen zu bedanken. Sie trieb Dylan fast bis zum Wahnsinn – sie war auch eine von jenen weiblichen Möchtegern-Intellektuellen.

An jenem Weihnachten fuhren wir zu ihnen mit einer Jammergeschichte auf Lager: wir hätten kein Geld und keine Wohnung. Das traf zu; wir hatten seit über fünf Jahren kein richtiges eigenes Zuhause gehabt, und Llewelyn befand sich seit August 1941 bei meiner Mutter. Maggs Taylor war bezaubernd und hilfreich. Sie war eine besessene Organisatorin, und auf der Stelle wollte sie unser Leben wieder in die richtige Bahn lenken und sich aller praktischen Einzelheiten annehmen. Sie ließ Aeron mit im Zimmer ihrer kleinen Töchter schlafen und überließ uns das Sommerhaus in ihrem Garten am Flußufer. Wir nahmen alle unsere Mahlzeiten bei ihnen ein; sie war eine begeisterte Köchin, doch die Mahlzeiten waren schlimm – denn sie verfügte über keinerlei Kochkenntnisse.

Maggs war bestimmt keine geistlose Frau, eine schöpferische Künstlerin war sie aber auch nicht, obwohl sie Dylan immer nach seiner Meinung über ihre Schriftstellerei fragte, und er ihr zu dankbar war, um Kritik zu üben. Sie kam morgens herüber und klopfte an die Tür, wenn wir noch halb betäubt umarmt im Bett lagen. Ganz gleich, in welcher Verfassung wir waren, sie schien es nicht zu bemerken und begann Pläne für den Tag zu schmieden. Sie versuchte, jeden Tag für uns im voraus festzulegen, richtete es ein, daß Dylan in Oxford wichtige Leute traf und redete davon, daß sie uns ein Haus kaufen würde.

Alan Taylor kann auf dem Papier amüsant sein, doch es war kein Vergnügen, mit ihm zusammenzuleben. Er hatte immer ein Faß Bier in seinem Haus in Oxford und versuchte Dylan bei den Mahlzeiten nur ein halbes Pint zuzumessen. Er haßte wohl unseren Anblick gleich von Anfang an, weil wir von Margaret Geld annahmen. Wir sahen zwischen ihnen nicht das kleinste Zeichen von Zuneigung; er war kein zärtlicher Mann. Seine Kinder liebte er ganz offensichtlich, doch er ging streng mit ihnen um; er war kühl und unnahbar und verurteilte Besuche im

Pub entschieden. Tatsächlich schien er fast alles zu mißbilligen, einschließlich des Trinkens, obwohl er die ausgesuchten Flaschen für seine eigenen Käsesorten, die wir nicht anrühren durften, beiseite stehen hatte. Alan pflegte am Universitätsleben teilzunehmen, wozu Dylan sich nie versucht sah. Von außen gesehen, schien dieses Leben recht faszinierend zu sein, wie in einem Kloster – das mustergültige Leben für einen Mann. Ich denke, daß Alan auf Dylan eifersüchtig war, aber ich glaube nicht, daß Margaret jemals mit Dylan geschlafen hat. Das fragte ich mich immer (und auch ihn), doch jedes Mal, wenn ich es zur Sprache brachte, schüttelte er sich.

Einige Zeit später fand ich einen Brief, den sie an Dylan geschrieben hatte und in dem sie meinte ›mit Dir zu schlafen muß sein, als schliefe man mit einem Gott‹. Das machte mir deutlich, daß sie damit nicht weit gekommen waren. Sie muß eine merkwürdige Vorstellung von Göttern gehabt haben. Für mich war Dylan nie der große römische Liebhaber. Er pflegte die Frauen herumzukriegen, indem er die Rolle des kleinen Jungen spielte. Bei seiner geringen Körpergröße und mit all dem Alkohol in ihm drin konnte ich etwas Gottähnliches einfach nicht sehen. Da es ihr bewußt geworden sein muß, daß ich den Brief gesehen hatte, sandte mir Maggs zu meiner Besänftigung einen wunderschönen Taillenunterrock aus purpurrotem Taft, der beim Gehen raschelte. Solchen frivolen Sachen war ich verfallen, aber ich war über sie wegen ihres Angebots an Dylan, mit ihm ins Bett zu gehen, so zornig, daß ich mir die Mühe machte und den Unterrock mit der Schere in winzig kleine Stücke zerschnitt, sie in ein Paket packte und wieder an sie zurücksandte. Ich muß gestehen, daß ich es hinterher bedauerte, denn es war ein verführerischer Unterrock. Sie verlor darüber nie ein Wort.

Wir wohnten achtzehn Monate im Sommerhaus der Taylors und während der Zeit lebte Llewelyn bei uns. Maggs hatte für ihn einen Platz in der Magdalen College School gefunden. Dylan begann regelmäßig nach London zu fahren, wo er nach dem Erfolg von ›Deaths and Entrances‹ fast ständig beim BBC gefragt war, als Erzähler in Sendungen, als Verfasser von Texten und in

Sprechrollen in Hörspielen. Wieder mußten seine Gedichte hinter seine anderen schriftstellerischen Verpflichtungen zurücktreten – worüber Dylan immer unglücklich war. Obwohl seine Arbeit für Strand und Gryphon Films, als die Gesellschaften pleite waren, ein Ende gefunden hatte, hoffte er, noch ein größeres Drehbuch zu schreiben.

Während der Jahre unmittelbar nach dem Krieg sagte Dylan immer, daß es die Lösung unserer Probleme sein würde, wenn wir in eines jener Länder auswanderten, in denen, seiner Meinung nach, Schriftsteller höher geschätzt würden. Wir führten lange Diskussionen darüber, ob wir nach San Francisco oder, wie Robert Graves, nach Mallorca gehen sollten; irgendwohin ans Meer, wo es warm und sonnig wäre. Als wir es schließlich taten, stellte sich bald heraus, daß Dylan diese Gegenden überhaupt nicht mochte und Heimweh nach den nebligen altgewohnten Hochmooren bekam.

Dylan bewarb sich um ein Stipendium der Society of Authors Travelling. Edith Sitwell und John Lehmann gehörten zu dem Ausschuß, der ihm eine Beihilfe von £ 150 zuerkannte, mit der dringenden Empfehlung, es für eine Italienreise zu verwenden. So kamen wir im April 1947 mit Llewelyn und Aeron dorthin. Meine Schwester Brigid begleitete uns mit ihren beiden Kindern, damit ich etwas Gesellschaft hätte, während Dylan arbeitete.

Es war das erste Mal, daß Dylan auf der Suche nach Inspiration verreiste, doch viel hatte er nicht davon. Er reagierte auf diese neue Erfahrung wie alle Engländer im Ausland, – überall erwartete er, daß es genau so wie zu Hause sein müsse. Zuerst reisten wir mit dem Zug an die italienische Riviera und wohnten in einem recht hübschen Hotel in Positano. Dann zogen wir um nach Scandicci in den Bergen oberhalb von Florenz, wo wir zwei Monate in einer großartigen Villa lebten. Sie war wunderschön, mit einer eigenen *piscina* und einer kleinen Frau, die delikate Mahlzeiten für uns zubereitete. Doch Dylan war nicht glücklich: er mochte die Sonne nicht; er mochte Florenz nicht, und er mochte die Italiener nicht.

Jeden Morgen fuhr er mit Pferd und Kutsche ins nächste Dorf und bestieg die Straßenbahn nach Florenz hinunter, wo er

131

stundenlang im Giubbe Rosse saß, Bier trank und gelegentlich einen der florentinischen Intellektuellen traf. Ich fürchte, daß er sich nicht viel von den Sehenswürdigkeiten anschaute; eigentlich hat er Florenz gar nicht wirklich wahrgenommen; er besaß nicht viel Sinn für augenfällige Schönheit und hatte nie besondere Lust an Besichtigungen. Ich übrigens auch nicht; wenn ich zwischen Dingen lebe, von denen ich weiß, daß sie schön sind, sprechen sie mich an, doch gehe ich nicht gern absichtlich in eine Galerie, um mir Gemälde anzuschauen; nachdem ich einige betrachtet habe, schalte ich ab und nehme nichts mehr auf. Ich habe nie erlebt, daß Dylan durch eine Gemäldegalerie, durch ein Schloß oder ein Museum ging; das war nicht seine Sache. Allein Wörter fesselten seine Phantasie.

Als wir in Positano wohnten, gab es für Dylan ein Zimmer im Hotel, in dem er jeden Nachmittag arbeiten konnte, während Brigid und ich mit den Kindern zum Baden hinunter ans Meer gingen: die Hitze nahm ihn jedoch so sehr mit, daß er kaum schreiben konnte. Es wurde für ihn leichter, als wir nach Scandicci zogen, weil er, obwohl auch dort große Hitze herrschte, ein kleines Bauernhäuschen nahe unserem Haus fand, in dem er während der Nachmittage arbeiten konnte und es drinnen kühler war als draußen. Dort schrieb er *In Country Sleep*.

Einige der florentinischen Schriftsteller und Künstler kamen, um uns zu besuchen, doch war es durch die Sprachschwierigkeiten immer eine mühsame Angelegenheit; sie konnten nicht Englisch sprechen und er nicht Italienisch, und das einzige, was sie unternehmen konnten, war miteinander zu trinken, wobei Dylan versuchte, sie zu unterhalten, indem er Kopfstand machte, seine Pub-Possen vorführte und dann vollbekleidet ins Schwimmbecken stolperte (das hat er nicht nur einmal gemacht), was nicht immer die von ihm beabsichtigte Wirkung erzielte. Wo immer Dylan hinging, brachte er Bierflaschen in den Anzugtaschen mit, weil er behauptete, daß die Italiener nie Getränke anböten, was ihm überhaupt nicht gefiel. Wir erlebten einen sehr peinlichen Abend, als wir zum Abendessen bei Montale eingeladen waren, einem sehr berühmten italienischen

Dichter: Dylan traf halb betrunken ein, die Taschen wie gewöhnlich vollgestopft; schließlich stellte er die Flaschen auf den Tisch und begann zu trinken. Unsere Gastgeber waren entsetzt. Montale war sehr steif und konventionell und seine Frau noch viel mehr. Sie lebten in einem sehr adretten kleinen Haus und hatten Mädchen, die beim Essen bedienten. Gleich nach der Mahlzeit wurde der Ehefrau auf einem silbernen Tablett der Lippenstift gebracht. Dylan beobachtete dies ohne zu lachen; er hatte inzwischen fast sein ganzes Bier ausgetrunken und war dafür viel zu erledigt.

Die Zeit verging, es war alles ziemlich kärglich. Llewelyn war unglücklich, weil er niemanden hatte, mit dem er spielen konnte, und Dylan war dort draußen völlig verloren, bis er eines Tages, als er am Radio herumspielte, entdeckte, daß er John Arlotts Reportagen über die Ausscheidungsspiele der Saison England gegen Australien empfangen konnte. Daraufhin verschwand er den ganzen Tag im Bauernhäuschen, ganz dem Rundfunk hingegeben.

Dylan war in Italien nicht sehr nett zu mir. Er war wahrscheinlich ein wenig eifersüchtig, weil er kein Italienisch sprach, und ich gerade so viel konnte, um mich verständlich zu machen; und alle Männer beobachteten mich. Manche kniffen mich in den Hintern, wie Italiener es halt tun. Ich hatte keine eigentliche Affaire, doch wurde ich ständig bedrängt, und ich glaube, er war eifersüchtig auf die Aufmerksamkeit, die ich erregte.

Wir beide fühlten uns auf der Insel Elba, auf der wir zwei Wochen im August verbrachten, wohler; die Menschen dort waren viel unbekümmerter und freundlicher. Es war siedend heiß, und wir pflegten in der sengenden Sonne hinunter ans Meer zu gehen, wo Dylan sich verhältnismäßig glücklich mit dem Hut auf dem Kopf in ein Felsenbecken setzte, in dem das Wasser ihm bis zur Hüfte reichte, und den *New Statesman* las, den er sich von London per Luftpost schicken ließ – ganz der Engländer im Ausland. Die Bergarbeiter dort sahen unglaublich gut aus. Ich war von ihnen hingerissen. Körperlich attraktive Männer hatten mich immer gefesselt und diese dort waren einfach toll. Einer wurde mein Liebhaber; er war lieb und nett, kein bißchen gewaltsam oder launisch. Später, als ich nach Dylans Tod wieder auf Elba gewesen war, schrieb er mir und bat mich zurückzukehren, aber ich tat es nie. Es hat keinen Zweck zu versuchen, solche Affairen weiterzuführen; man hat sie und damit hat's sich.

Während wir in Italien waren, erhielten wir einen Brief von Margaret Taylor, in dem sie uns mitteilte, daß sie für uns ein Zuhause gefunden habe, und nach unserer Rückkehr zogen wir als Familie nach sieben Jahren in unser erstes richtiges Heim. Das war Manor House in South Leigh in Oxfordshire. Margaret hatte es in ihrer gewohnten energischen Art schon teilweise eingerichtet, bevor wir einzogen.

Ich glaube, daß Margaret Taylor hauptsächlich in Dylan vernarrt war, weil er ein Dichter war; sein Ruhm und seine Begabung zogen sie an. Sogar bevor ich jenen Brief fand, spürte ich, daß sie sexuell hinter ihm her war, obwohl sie als Typ keinen solchen Eindruck machte und Dylan nichts an ihr lag. Es war eine sehr eigentümliche Beziehung, doch primär hielt sie ihn für ein Genie, und deshalb mußte sie sich selbst in sein Bett einladen.

Als wir in South Leigh wohnten, eröffnete sie Dylan einmal ausführliche Pläne für ihre gemeinsame Flucht und ließ ihn wissen, daß sie mit ihrem Koffer auf dem Bahnsteig von Paddington Station auf ihn warten würde. Wir haben uns häufig gefragt, ob sie wohl dort auch erschienen ist – denn er kam nicht. Dylan fand das sehr komisch, daß die Ehefrau von A.J.P. Taylor, den er nicht leiden konnte, ganz schön verrückt nach ihm war.

Bald nachdem wir in South Leigh wohnten, brachte sie uns aus Oxford einen Zigeunerwagen, in dem Dylan, von den Kindern ungestört, arbeiten könnte; der Wagen hielt die Kinder ab, jedoch nicht sie. Während es mir nicht im Traum eingefallen wäre, Dylan bei der Arbeit zu stören, kam sie jeden Tag nach South Leigh und ging geradewegs zum Wohnwagen. Das war erbarmungslos und machte Dylan wahnsinnig. Er hätte sie rausschmeißen sollen, doch er ließ es sich gefallen, weil sie jetzt seine Gönnerin war. Dylan konnte über Leute herfallen und manchmal sehr unangenehm werden, aber nie Margaret gegenüber, obwohl das, was er am wenigsten zu hören wünschte, ihre

Ansichten über Dichtung waren. Ich weiß nicht, warum auch ich mit ihr nicht gröber umging.

Dylan war sehr fleißig und hatte feste Arbeitsstunden. Seit Strand Films 1945 geschlossen worden war, hatte er mit Dan Birt, dem Direktor von British National Pictures, einige Drehbücher geschrieben (an zwei Filmen arbeiteten sie zusammen, ›Three Weird Sisters‹ und ›No Room at the Inn‹). Dann erlebte Dylan einen weiteren großen Durchbruch, als ihn Ralph Keene, sein Freund bei Strand, an den Filmproduzenten Sidney Box bei Gainsborough empfahl, das damals eine der größten Filmgesellschaften war (sie produzierten den Film ›Good Time Girl‹ mit Diana Dors unter Benutzung eines Drehbuchs, an dem Dylan ursprünglich für Strand gearbeitet hatte). Sidney Box beauftragte Dylan, drei Drehbücher zu schreiben; für jedes sollte er £ 1000 erhalten, was damals sehr viel Geld war. Das Geld sollte in regelmäßigen Raten gezahlt werden, was für uns wieder ein festes Grundeinkommen bedeutete, abgesehen von dem Honorar für die Arbeit, die Dylan jetzt für den BBC leistete.

Unsere finanziellen Probleme schienen für eine Weile gelöst zu sein, und wir lebten uns in South Leigh in ein annähernd unkompliziertes Leben ein. Harry und Cordelia Locke, gute Freunde von uns, besaßen in dem Dorf ein Landhaus, und unsere alten Freunde Bill und Helen McAlpine zogen auch nach South Leigh. Wir trafen uns gewöhnlich an den Abenden und Wochenenden im Pub. Harry war der richtige Pub-Freund, der immer lustige Geschichten erzählte und – als Schauspieler in Varietés – sie gut erzählte. Er hatte eine Nummer, in der er vorgab, eine fremde Sprache zu beherrschen, die er aber gar nicht kannte, und das hielt er stundenlang durch. (Unsere Freundschaft mit ihnen bestand seit vielen Jahren; Dylan kannte Harry schon, bevor wir uns trafen, und Cordelia war während ihrer Zeit im Slade mit meiner Schwester Nicolette befreundet, also kannte ich sie schon, bevor sie Harry heiratete.)

Unsere eigentliche Unterkunft, das Manor House, war verdammt scheußlich, nirgendwo auch nur annähernd so großartig wie seine Beschreibung. Es hatte eine graue Fassade und ziemlich große Zimmer auf beiden Seiten der Haustür. Es gab kein

Badezimmer und wir hatten ein Außenabort mit einem von den scheußlichen Blecheimern, die regelmäßig geleert werden mußten. In der Nähe gab es ein Lager mit deutschen Kriegsgefangenen. Obwohl der Krieg vorüber war, hatte man sie noch nicht entlassen, und sie wurden uns gewöhnlich zugewiesen, um das Ding zu leeren und alle anderen niederen Arbeiten zu verrichten. Wir versuchten, sie so gut wie möglich zu behandeln, und ich bereitete ihnen immer eine große Menge Margarinebrote und Tee. Ich fühlte mich vor ihnen sehr befangen. Ich wollte ihnen zeigen, daß ich gegen sie als Menschen überhaupt nichts hätte, weil ich nie Einzelpersonen mit dem Krieg in Zusammenhang gebracht habe, auch nicht, als die Deutschen gegen uns kämpften, weil sie wahrscheinlich dazu gezwungen wurden. Sie arbeiteten auch im Garten, schnitten die Hecken und hackten Holz, was uns das Leben sehr erleichterte. Vermutlich hatte das die Frau im Pub für uns organisiert; auf diese Weise wurden manche Arbeiten für uns erledigt. Sie taten mir einfach leid; sie konnten kein Englisch und wir kein Deutsch, und sie wirkten so unterjocht; verzagt vermutlich; und schweigend aßen sie, was man ihnen vorsetzte.

Das Haus selber war farblos und unerfreulich; es besaß keinen Stromanschluß, wurde von Öllampen beleuchtet und hatte in der Küche einen riesigen alten schwarzen Herd, was wiederum Irish Stew bedeutete – es schien bei mir immer auf dieses Gericht hinauszulaufen. Selbst mit unserem Drucktopf kam ich nicht zurecht, er war immer knapp vorm Explodieren, also kehrte ich zum Irish Stew zurück. Die Umgebung war trostlos, mit ihren Ulmen und öden Feldern; die englische Landschaft kann sehr schwermütig sein. (Ich werde nie den morgendlichen Blick aus dem Haus meiner Mutter in Blashford vergessen. Man öffnete die Vorhänge und sah Nebel. Ulmen verbinde ich mit Traurigkeit und Nebel und jenen Feldern vor unserem Haus.)

Unsere Ehe war zu der Zeit nicht so belastet, und doch waren Dylan und ich nicht besonders glücklich. Für mich war das Dorf am schwersten zu ertragen. Manchmal fuhren wir mit unseren Fahrrädern nach Witney, der nächsten Stadt: Dort gab es einen kleinen Markt, doch nicht zu vergleichen mit dem in Carmarthen. An manchen Abenden bestiegen wir den Zug nach Oxford und zogen durch die Pubs. Wenn Dylan versprochen hatte, daß er mit dem Abendzug heimkäme, trafen wir Harry und Cordelia zu einem Drink. Die einzige wirkliche Strapaze war Maggs Taylor. Sie machte mich rasend, weil ich und die Kinder ihr völlig schnuppe waren. Einmal habe ich den Wohnwagen mit dem darin sitzenden Dylan umgekippt. Daraufhin ließ sie ihn von dem Feld beim Haus entfernen und in einen Obstgarten nahe dem Postamt mitten im Dorf stellen. Diese Zustände wurden noch schlimmer, als Dylans Eltern zu uns zogen. (Seine Mutter hatte sich das Bein gebrochen, hatte in Carmarthen im Krankenhaus gelegen, und sein Vater war allmählich zu gebrechlich, um für sich allein zu sorgen, geschweige denn für Granny Thomas.)

Dylans Schwester Nancy war einige Tage nach Blaen Cwm gefahren, um die beiden zu versorgen, und sie meinte, daß ihr Häuschen in Brixham – wo sie mit ihrem zweiten Man Gordon Summersby lebte – zu klein sei, um die Eltern aufzunehmen, und außerdem hatten sie und Gordon vor, ins Ausland zu gehen. Eines Tages bestellte Dylan einen Krankenwagen und traf alle Vorbereitungen für den Umzug seiner Eltern nach South Leigh, ohne mich überhaupt zu fragen; sie kamen einfach. Ich fand das sehr unüberlegt von Dylan; schäbig und egoistisch, wo ich mich doch schon um die Kinder kümmern mußte. Er hätte eine Pflegerin für ihr eigenes Zuhause suchen müssen, aber vermutlich konnte er eine Pflegerin nicht bezahlen oder wollte es nicht. Dylan verreiste auch weiterhin – sein Leben änderte sich nie – und er schien mich nach dem Eintreffen seiner Eltern mehr als vorher zu Hause allein zu lassen, immer mit der alten Ausrede, daß er es nur täte, um Geld für uns zu verdienen. Er war auch mit der Miete an Margaret Taylor im Rückstand, obwohl das seine Beziehung zu ihr nicht sehr zu berühren schien; sie kam auch weiterhin zu uns nach South Leigh, und ich wurde immer unglücklicher, besonders durch die Pflege seiner kränklichen Eltern.

Es wurde etwas leichter, als wir Mary, eine Frau aus dem Dorf, fanden, die mir bei der Hausarbeit half. Sie war ein

Wunder, immer fröhlich, immer lachend und die beste Hilfskraft, die ich je hatte. Ich liebte sie und weiß nicht, was ich ohne sie getan hätte. Sie eignete sich auch vorzüglich fürs Schwatzen mit Granny Thomas. Ich wäre mit allem fertig geworden, wenn Dylan offen gewesen wäre, doch er konnte sich den vielen häuslichen Nöten nicht stellen: Wieder verschwand er einfach; und ich hatte dann niemanden, mit dem ich sprechen konnte, was alles noch schlimmer machte.

Manchmal ging er am Vormittag fort, um zu arbeiten und kam abends nicht wieder zurück, und wenn er schließlich nach Hause kam, tobte ich. Ich fühlte mich völlig hilflos, an diesem trostlosen Ort mit seinen Kindern und seinen Eltern in die Falle geraten und ohne Geld, um selber weggehen zu können. Manchmal dachte ich daran, nach Hause zu meiner Mutter zurückzukehren, doch fragte ich mich, ob das nicht noch schlimmer sein würde. Es ist kein Vergnügen, zu den Eltern zurückzukehren, wenn man versagt hat. Jetzt glaube ich, daß Dylan sich mir mehr und mehr entfremdet hat, weil es für ihn kein häusliches Wohlbefinden gab, wenn er heimkam, doch ich zog das damals nicht in Betracht.

Granny Thomas wandte die walisische List an, sich so zu stellen, als ob sie nicht wisse, daß Dylan trank, oder wenigstens nicht in welchem Ausmaß. Wenn er betrunken nach Hause kam, entschuldigte sie ihn vor sich selber, selbst wenn er eine Geschichte auftischte, die man unmöglich glauben konnte. Er zog für seine Mutter die Nummer des kleinen verlorenen Sohns ab. Sie war mit ihrem gebrochenen Bein fest ans Bett gebunden, war immer vergnügt und lachte, und ich mußte sie eifrig pflegen. Granny Thomas hatte nicht viel Geld, also was sollte sie tun? Alles, was sie besaßen, war D. J.'s kleine Pension: Es war für die beiden ein armseliger Betrag.

Zurückblickend, fühle ich rechtes Mitleid mit mir, doch damals bemitleidete ich mich wohl nicht so: Ich war ungeheuer stolz und eigenwillig – ich nannte es innere Kraftreserven. Ich war stark, und außerdem mußte ich ja damit fertig werden; ich hatte keine Wahl. Ich besaß keine Fertigkeiten; mir war nie etwas beigebracht worden; und ich lebte nicht in der Gesellschaft, in der ich mir einen reichen und angesehenen Liebhaber nehmen konnte. Ich wurde allmählich verbittert.

Der alte D.J. war unglücklicher als je zuvor. Er war immer ziemlich bissig gewesen, doch mit all den Umzügen, die er seit seinem Ruhestand durchgemacht hatte, von Cwmdonkin Drive bis nach South Leigh, muß sich der arme Kerl wie auf einem ständigen Weg nach bergab vorgekommen sein. Er hatte alle seine Bücher zurückgelassen: Er konnte sich mit niemandem unterhalten und erhielt keine Ermutigung – nichts, was das Leben erträglich macht. Er trollte sich gelegentlich in den Pub, immer noch bemüht, so weit wie möglich von uns weg zu sein, als ob er das Schlimmste erwartete. Wenn Dylan betrunken nach Hause kam oder wieder seinen Kniff anwandte und einfach verschwand, sagte D.J. kein Wort. D.J. war wohl ein moralischer Feigling – ein sehr eingeschüchterter Mann. Granny Thomas las Dylan manchmal die Leviten, obwohl sie nicht wirklich in der Lage war, ihn an etwas zu hindern, das er sich vorgenommen hatte. Ihre Predigten fielen immer sehr milde aus. Sie warnte ihn eigentlich nur vor dem Trinken. Ich glaube, von seinen Frauengeschichten wußte sie nichts, jedenfalls damals.

Als meine Mutter zu uns kam, konnte ich mit ihr auch nicht sprechen; wir redeten nie über vertrauliche Dinge. Ich konnte jetzt spüren, daß sie von Dylan nicht sehr beeindruckt war, sie hatte von Männern sowieso eine sehr geringe Meinung, nach der Art und Weise wie Francis sie behandelt hatte. Der einzige Mensch, an den ich mich wenden konnte, war Brigid, aber ihr ging es nicht besser als mir, weil sie als einzige Tochter im Haus mit meiner Mutter allein zurückgeblieben war – also gab es eigentlich niemanden. Auch führte es zu nichts, wenn ich versuchte, unser Leben oder unsere Zukunft zu planen, weil wir beide viel zu sehr unter dem Einfluß des Alkohols standen, um über derartige Dinge folgerichtig denken zu können.

Wir hatten Krach miteinander, aber in South Leigh war es schwierig, den Kampf richtig auszutragen, weil es kein Privatleben gab. Wir zankten uns nie im Beisein der Eltern, obwohl sie uns gewiß gehört haben. Das mußte auf Llewelyn einen schlechten Eindruck machen, denn er war der älteste und verstand am ehesten, was los war.

Zu diesen Schwierigkeiten kam hinzu, daß Dylans Schulden stiegen. Das Finanzamt hatte entdeckt, daß er noch nie in seinem Leben eine Steuererklärung abgegeben hatte. Er sprach, wenn er mit seinen Freunden zusammen war oder trank, nie über derartige Schwierigkeiten, aber jeden Morgen war er niedergeschlagen. Ich glaube, daß das der Alkohol bewirkt – morgens fühlt man Schuld und Reue – und meine Verbitterung war nicht hilfreich. Ich wußte nicht, ob ich ihn noch liebte, jedoch konnte ich den Gedanken, daß eine andere ihn liebte, nicht ertragen. Ich war entrüstet, spürte Haß und Wut: Ich fand das einfach nicht gerecht – und das war es auch nicht.

8

Anfang des Jahres 1948 war Dylan, bevor seine Eltern nach
South Leigh kamen, nach Westwales gefahren, um sie zu
besuchen. Es war, kurz nachdem seine Mutter das Bein gebrochen hatte. Sein Vater befand sich in dem Häuschen in Blaen
Cwm, und Nancy war auch dort. Dylan schrieb mir:

Caitlin, mein Einziges, mein Engel, mein Liebling, den ich
ewig liebe: Hier ist es eingeschneit, tot, stumpfsinnig, schrecklich; Nancy mit ihrer Hockeystimme vergnügt sich mit
Pfannen und Primuskocher in der Küche, und mein Vater
zittert und ächzt überall herum und fährt aus der Haut,
weinend, verzweifelt, wenn der Hund bellt – Nancy's Hund.
Meine Mutter im Krankenhaus, das Bein steil hochgeschient
bis zur Decke und daran hängend ein Gewicht von 300 lb, ist
freundlich und fröhlich und redet ohne Unterbrechung über
die herausgenommenen Eierstöcke, vorgefallenen Gebärmut-
ter, amputierten Brüste, tuberkulösen Rückgrate & Kindbett-
fieber ihrer neuen Freundinnen auf der chirurgischen Frauen-
station. Sie wird noch mindestens zwei Monate auf dem
Rücken einbandagiert mit dem Gewicht am Bein liegen und
danach lange Zeit wie ein Kind wieder das Gehen lernen
müssen. Die Ärzte haben einen großen Stahlstift mitten durch
ihr Knie genagelt, so daß durch dieses Verfahren das gebro-
chene Bein wieder in der gleichen Länge wie das andere
zusammenwachsen wird. Mein Vater, der gereizter und
gequälter ist, als ich ihn je erlebt habe, kann hier nicht alleine
wohnen, und Nancy kann nicht bei ihm bleiben, deshalb wird
sie ihn zu sich nach Brixham nehmen, bis meine Mutter das
Krankenhaus verlassen hat. Meine Mutter wird deshalb monatelang allein im Krankenhaus sein. Niemand hier wird sich um
den Hund Mably kümmern, & Nancy kann ihn nicht zu sich in
ihr kleines Haus nehmen, weil sie schon einen Labrador

Retriever hat: Sie wissen nicht, was sie tun sollen, außer Mably zu töten, was unrecht ist, denn er ist jung und gesund und sehr nett. Also habe ich gesagt, daß ich ihn nehmen werde.

Mein Liebling, ich liebe Dich. Wenn das überhaupt möglich ist, liebe ich Dich mehr denn je in meinem Leben, und ich habe Dich immer geliebt. Als Du mich im Restaurant verließest, mit dem alten Abscheu die Treppe hinaufgingst, saß ich lange Zeit verloren verloren verloren, oh Caitlin mein süßer Schatz ich liebe Dich. Ich verstehe nicht, ich kann nicht verstehen, warum ich mich zu Dir gefühllos, widerlich, brutal verhalte, als wärst Du nicht der schönste Mensch auf Erden und die Frau, die ich auf ewig liebe. Der Zug trug mich stündlich weiter & weiter weg von Dir und von dem einzigen, was ich in der Welt besitzen möchte. Der Zug war eiskalt und hatte viele Stunden Verspätung. Ich wartete stundenlang am frühen schneeigen Morgen im Bahnhof von Carmarthen auf ein Auto, daß mich zum Misery (›Trübsal‹) House brächte. Die ganze Zeit dachte ich ohne Unterlaß an Dich und meine Widerwärtigkeiten Dir gegenüber und auf welche Weise ich Dich verloren habe. Oh Cat Cat bitte, mein Engel, laß mich Dich nicht verlieren. Laß mich wieder zu Dir zurückkehren. Komm zu mir zurück. Ich kann ohne Dich nicht leben. Es dann nichts mehr übrig. Ich kann Dich nicht bitten, mir zu vergeben, doch ich kann sagen, daß ich nie wieder ein gefühlloser, scheußlicher, beschränkter Rohling wie vor kurzem sein will. Ich liebe Dich.

Ich werde hier, ob eingeschneit oder nicht, am Dienstag abfahren und in London am frühen Dienstagabend mit Reisetasche & Mably eintreffen. Ich könnte umgehend zu Dir kommen, wenn – wenn Du mich zurückhaben willst. Jesus, gehören wir nicht zueinander? Dieses Mal, dieses letzte Mal, Liebling, verspreche ich Dir, daß ich nicht wieder so sein werde. Du bist schön. Ich liebe Dich. Oh, dieses Blaencwm-Zimmer. Kaminfeuer, Pfeife, Greinen, Nerven, Sonntagsbude, radiolos, kein Bier vor ein Uhr mittags, Tod. Und Du bist nicht hier. Ich denke die ganze Zeit an Dich, im Schnee, im Bett. Dylan.

Nicht um alles in der Welt kann ich mich jetzt daran erinnern, um was es in jenem Krach ging (es gab so viele und jeder verschmolz über die Jahre mit dem nächsten), doch dort in seinem Brief herrscht jene Mischung aus Phantasieliebe und Reue, die jeder Auseinandersetzung folgten. Er liebte mich. Ja, das sagte er immer: nie hat er aufgehört, mir das zu sagen. Doch jetzt kam er wieder nach Hause und brachte auch noch diesen verdammten Bastard Mably mit sich. (Mably besaß einige gräßliche Eigenschaften. Eine bezog sich aufs Fahrrad: Er pflegte vor das Vorderrad zu laufen und wie ein Wahnsinniger zu bellen; man mußte absteigen und ihn schlagen. Darüber hinaus versuchte er die Kinder zu rammeln, was ich für keine hübsche Eigenschaft halte. Als Dylan starb, ließ ich Mably einschläfern. Ich setzte mich mit einem Mann in Verbindung, und er kam und holte ihn. Dylan war schrecklich sentimental; ich war realistisch.)

Dylan schrieb mir viele solche Briefe, immer flehend und um Vergebung bettelnd, und immer sagte er, daß er mich auf immer und ewig liebe. Es war stets auf ›immer und ewig‹. Sehr wenige von diesen Briefen sind erhalten geblieben: Ich hatte eine ganze Schachtel davon, die mir aber gestohlen wurde, als ich bei Nicolette am Markham Square wohnte.

Wenn ich den Brief jetzt lese, merke ich, daß wir eine neue Krise erreicht hatten; aber es war keine echte Krise, nicht vergleichbar mit denen, die später kamen, nachdem er nach Amerika gegangen war, oder gar den Auseinandersetzungen, die sich in South Leigh abspielten, nachdem er mir seine Eltern aufgeladen hatte und anfing, wieder zu verschwinden. Wenn wir solche Kräche hatten, meinte Dylan, daß alles besser würde, wenn wir nur nach Laugharne und zu unserem früheren Leben zurückkehren könnten – alles Phantasie, aber damals glaubten wir es. Wenige Monate nach unserem Eintreffen im Manor House teilte er Margaret Taylor mit, daß wir eigentlich lieber wieder in Westwales zu Hause sein wollten. Ich glaube, er hatte wirklich Heimweh nach Laugharne, allerdings immer erst wenn er halbtot war. Solange er sich in Gang halten konnte, war er zufrieden, woanders zu sein, doch wenn es schlecht um alles stand, dachte er an Laugharne. Er hatte all das Walisische in der Kindheit eingesogen – das *hwyl*, die Leidenschaft für die walisische Kirchengemeinde – und es gab dort noch etwas, das nicht aufhörte, ihn zurückzuziehen; die Waliser haben ein Wort – *hiraeth* – für diese tiefe Sehnsucht, die sie nach Hause haben; merkwürdigerweise gibt es dafür kein eigentlich entsprechendes Wort in der englischen Sprache. Dylan mußte einfach sein Westwales haben und das Meer und das einsame Preisgegebensein; er brauchte diesen Hintergrund, und, was noch wichtiger war, er wußte das; und mir gefiel es auch.

Anfänglich hofften wir, Castle House pachten zu können, wo wir mit Robert Hughes vor dem Krieg gewohnt hatten; im Oktober 1948 begab sich Maggs Taylor nach Laugharne, um zu sehen, ob sie es für uns mieten könne. Sie nahm einen Brief von Dylan an Frances Hughes mit:

Ich möchte sehr gerne in Laugharne wohnen, weil ich weiß, daß ich dort gut arbeiten kann. Hier bin ich zu nah an London; ich übernehme alle möglichen kleinen Arbeiten für den Rundfunk usw., die meiner eigenen Arbeit hinderlich sind. Wenn ich in Laugharne leben könnte, würde ich das halbe Jahr an meinen Drehbüchern arbeiten und das andere halbe an meinen eigenen Gedichten und Erzählungen: würde alle zeitraubenden Rundfunkaufträge, Artikel und nutzlosen Londonbesuche streichen.

Maggs kehrte wenige Tage später zurück und war davon überzeugt, daß wir Castle House für sieben Jahre mieten könnten, das sich damals und auch jetzt noch im Besitz der Familie Starke befindet, die die Burg selber seit dem achtzehnten Jahrhundert ihr Eigen nennt. Dylan war ungeheuer aufgeregt: Er konnte kaum an sich halten. Das würde alle unsere Probleme lösen: keine Auseinandersetzungen, keine Ablenkungen mehr; er könnte mit seiner Arbeit weiterkommen, jener wirklich wichtigen Arbeit – der an seinen Gedichten. Seine Freude zeigt sich deutlich in diesen Auszügen aus dem Dankesbrief, den er postwendend schrieb:

Dein Brief, soeben von geflügeltem Boten überbracht, hat uns träumerisch grinsen und unsere Köpfe ungläubig schütteln, dann uns aufstrahlen und wieder gemeinsam schwatzen lassen, während wir an das große Haus am Ende der kirschbaumgesäumten besten Straße der Welt denken, klatschnah am Utrillo-Turm mit seinen verwilderten Gärten und euligen Ruinen, der grauen Flußmündung, die für mich auf ewig mit geschriebenen Gedichten verbunden ist, und unten flach und fischig liegt, mit Tom Nero Rowlands, dem einzigen und letzten Fischer, der das Wasser haßt und es wie eine plattfüßige Katze durchwatet; sagen wir uns, »Nein nein nein, träum nicht davon, niemals für uns, zu häßlich zu alt«, und dann nochmals, nicht zu laut, »Vielleicht und vielleicht, wenn wir uns anstrengen, beten, wispern, Gott fürchten, dem Trinken und Zanken abschwören, demütig sind, Gedichte schreiben, nicht an unseren Nägeln kauen, Briefe beantworten, die Falläpfel für haushälterisches Apfelmus in Einmachgläsern aufsammeln, nach meiner Mutter nicht ihre Krücken werfen, gütig sind, geduldig sind, singen, einander lieben, Gott um Frieden bitten, vielleicht und vielleicht wird dann eines Tages, eines Tages die eulige Burg und das vornehme Haus für einige von den sieben himmlischsten Jahren seit dem Fall des Hochmuts uns gehören.« Oh, allein die Küche zum Kochen und Essen – an Breughel erinnernd! das Zimmer links, wenn man, oh Lob und Preis, das Haus betritt, das Zimmer für die Musik und die tanzende Caitlin! das Kinderzimmer für Aeronwy, das wir mit mehr Kindern füllen müssen! das Schlafzimmer, das auf ein unebenes Feld blickt, das Feld der Kindheit, auf dem wir sogar jetzt alle herumtollen, so daß ich, dies bei Regen schreibend, alle unsere dünnen, weit entfernten Kinderstimmen über die Pflaumenbäume streichen und durch die Schädellöcher der Lüftung in diesem Fenster höre! und das andere Schlafzimmer blickt mordsglücklich auf die Uhr des geliebten Laugharne, die Uhr, die die Zeit rückwärts angibt, so daß man bald in der Stadt, von Brown's bis zu den Möwen am Strand, im einzigen Goldenen Zeitalter herumgeht! … Ich denke hier an die beste Stadt, an das beste Haus, die einzige Burg, den kartographierten, vermessenen, bewohnten, kanalisierten, mit Autowerkstatt, Rathaus, Pub und Kirche, Geschäften, Möwen und Flußmündung ausgestatteten einzigen Zustand des Glücks!

Unsere Hoffnungen, Castle House mieten zu können, wurden enttäuscht, doch Margaret Taylor fand noch etwas Besseres: Sie erwarb für uns das ›Boat House‹, das winzige, weißgetünchte, auf Pfeilern ruhende Haus am Flußufer, nach dem wir uns schon seit Jahren gesehnt hatten. Als wir in ›Sea View‹ wohnten, hatten wir oft gesagt, »Wenn doch nur *dieses* Haus zu haben wäre...« Nie hätten wir es gerade bei diesem für möglich gehalten.

Als wir endlich wußten, daß wir South Leigh den Rücken kehren würden, ließen die Spannungen nach. Dylan entdeckte, daß er für seine Eltern auf der Hauptstraße von Laugharne ein Haus mieten konnte, ein Haus mit dem Namen ›Pelican‹, fast unmittelbar gegenüber dem Eingang von Brown's Hotel; wir dachten, wenn sie dort wären und wir im Boat House und Maggs Taylor nicht jeden Tag auf unserer Türschwelle, würde Dylan wieder zu schreiben beginnen und in unsere Ehe der Friede zurückkehren. Dylan schien gute Vorsätze zu haben, aber ich erinnere mich, daß ich sehr verärgert und eifersüchtig war, als er nur wenige Wochen vor unserem geplanten Umzug zu einem Schriftstellerkongreß in die Tschechoslowakei fuhr. Ich fand, es ging einfach zu weit, daß er das ganze Vergnügen hatte, während ich in South Leigh festgenagelt mit seinen Eltern saß. Ich hätte ihn begleiten sollen.

Als wir im Mai 1949 ins Boat House zogen, mußten wir einen Möbelwagen bestellen, was wir noch nie getan hatten: Wir ließen unsere Habe immer zurück, weil wir uns ihren Transport nicht leisten konnten. Aber jetzt besaßen wir schließlich doch einige Sachen, weil Maggy Taylor uns geholfen hatte, Manor House einzurichten, und wir ließen alles nach Laugharne transportieren – es war nur die Grundausstattung wie Betten, Stühle, Tische, ein Kleiderschrank und Tongeschirr, doch immerhin die Anfänge eines Zuhauses. Ich kann mich an überhaupt nichts im Zusammenhang mit dem Umzug erinnern. Ich entsinne mich, in

South Leigh gewesen zu sein und dann im Boat House, doch an nichts dazwischen. Wir müssen mit dem Zug gereist sein, weil wir nie ein Auto hatten, und Dylan wird Billy Williams (Ebies Bruder) veranlaßt haben, uns vom Bahnhof abzuholen: Er fuhr uns immer überall hin.

Das Boat House besaß einen Kohlenherd, einen *Rayburn*, und ich bereitete wieder meine Suppen in großen Töpfen. Unser Leben wurde richtig geordnet, als ich Dolly (Dolly Long, die noch lebt und in Laugharne wohnt) fand, die mir bei der Hausarbeit half. Sie war ein lustiges, rühriges, kleines Wesen. Ich hatte keine Ahnung, wie alt sie war. Sie besaß eine sehr hübsche Schwester. Dolly war mir eine große Hilfe, und wir wurden auch Freunde: Ich wüßte nicht, was ich ohne sie getan hätte.

Llewelyn befand sich noch auf einem Internat in Oxford; Aeron war bei uns, und als wir wieder nach Laugharne zurückkamen, war ich im siebten Monat schwanger. Colm, unser drittes und letztes Kind, wurde am 24. Juli 1949 geboren. Er hatte ungefähr das gleiche Gewicht bei der Geburt wie Aeron und Llewelyn, ungefähr sechs Pfund.

Aeron ging in die Dorfschule; ich stand immer als erste auf, ungefähr gegen sechs Uhr, um Aeron und mich für den Tag zurecht zu machen. Das war immer eine langwierige Beschäftigung, weil ich stets ein Bad nahm und mein Gesicht und meine Haare pflegte: Ich wollte immer so vollkommen aussehen, wie ich nur konnte. Danach weckte ich Aeron, machte ihr Frühstück und wusch sie. Aeron freundete sich mit einer Schar Laugharner Kinder an, die immer alle zusammensteckten, und nachmittags begleitete ich sie auf eine Wiese beim Fluß, wo wir Spiele spielten – Versteck, ›Sardines‹* und Blindekuh. Manchmal picknickten wir auch dort, und als Colm geboren war, nahm ich ihn immer mit uns.

Colm war ein sehr liebes Baby. Er kam nach einem von diesen dummen Angstpartien, die sich häufig vor Geburten abzuspielen scheinen, im Krankenhaus von Carmarthen zur Welt. Ich

---

* auch ein Versteckspiel, eigentlich im Haus

weiß nicht, wo Dylan war. Ich hatte an dem Tag dreimal bei Pendine im Meer gebadet, und nachdem ich zurück im Boat House war, unternahm ich einen Spaziergang auf den Klippen. Die Wehen begannen, und sie kamen bald rasch hintereinander. Ich rief Ebie Williams an und sagte ihm, daß wir so schnell wie möglich ins Krankenhaus fahren müßten, oder es würde zu spät sein. Ebie fuhr immer schneller; die Wehen kamen in immer kürzeren Abständen; er geriet in Panik, weil er dachte, daß ich das Baby in seinem Auto zur Welt bringen würde. Als wir schließlich das Krankenhaus erreichten, mußte ich mich durch eine entsetzliche Bürokratie quälen – Formulare ausfüllen und Lebensmittelkarten vorweisen – sie ließen mich einfach nicht hinauf in den Kreißsaal, bis ich sie verzweifelt anschrie, »Um Himmels willen, lassen sie mich das Baby gebären!« Dann erst fingen sie an, mich schrecklich grob und mit einer stumpfen Klinge zwischen den Beinen zu rasieren.

Ich glaube, daß Colm allen Charme von Dylan geerbt hat. Dylan liebte ihn sehr, denn er war wirklich reizend. Die anderen, ganz besonders Llewelyn, waren viel schwieriger zu haben. Äußerlich glich Colm Dylan genau wie die anderen. Aber er war immer fröhlich, glücklich und übermütig. Das entsprach Dylans Vorstellung von einem Baby. Er liebkoste ihn aber nicht übermäßig. Dylan empfand für seine Kinder nie große körperliche Zuneigung (anders als die Italiener), aber ich glaube, daß er stolz auf sie war, denn er trug ihre Fotografien immer bei sich in seiner Brieftasche und zeigte sie häufig seinen Freunden, vor allem, wenn er weit von zu Hause entfernt und niedergeschlagen war: Dylan konnte dann ihretwegen sehr gefühlvoll werden.

Während der ersten Monate in Laugharne erschien mir Dylan glücklicher, als ich ihn zuvor gekannt hatte. Es gab einen Schuppen auf den Klippen, wo er arbeiten konnte, allein und vor den Kindern geschützt. Wenn es kalt war, ging ich jeden Morgen, nachdem ich Aeron auf den Schulweg gebracht hatte, dort hinauf und zündete den Ofen an, damit die Hütte warm wäre, wenn er sich an seine Arbeit machte. Er schien sehr beglückt in seine alte Lebensweise zurückzuschlüpfen: an den

Vormittagen in der Stadt herumtrödeln, seinen Vater im Pelican besuchen (wo sie manchmal das Kreuzworträtsel in der *Times* lösten), und dann über die Straße hinüber, um Ivy im Brown's zu besuchen, wo er auch gelegentlich Wetten auf Rennpferde abschloß. Nachmittags saß er von zwei bis sieben Uhr an seiner Arbeit im Schuppen. Ich ermutigte Dylan zur Arbeit, indem ich versuchte, es ihm leichter zu machen, ihm die Kinder fernhielt und es wagte, seine Detektivromane aus dem Schuppen zu entfernen, damit sie ihn nicht in Versuchung führten. (Er liebte Detektivgeschichten. Immer wenn ich an der Hütte vorbeikam und von drinnen nichts hörte, wußte ich, daß er las: Er las immer, wenn er nicht arbeiten konnte.)

Ich bin mir der Bedeutung von Dylan jetzt voll bewußt, obwohl ich es damals wahrscheinlich für selbstverständlich hielt. Er war sehr klug; er besaß die Gabe zu wissen; etwas, das von Anfang an da war, etwas, womit er geboren wurde, Teil seines ganzen Menschseins. Viele Leute bekamen das nicht zu Gesicht, denn wenn er sich in den Pubs produzierte und betrunken wurde, sahen sie nur diese eine Seite von ihm. Er war sich selber sehr bewußt, daß er sich von anderen Menschen unterschied, daß ihm eine Gabe verliehen worden war, die den meisten versagt ist, und dennoch schien er sich alle Mühe zu geben, dieses Besondere zu verbergen, so zu leben, daß die Menschen es nirgend anders als nur in seiner Dichtung erkennen konnten. Ich erlebte natürlich den großen Unterschied: In einem kleinen Haus in Laugharne zu leben, den Mann, den ich liebte, mit einem Gedicht in der Tasche zur Tür hereinkommen zu sehen und dann vierzig Jahre später zu entdecken, daß dies Gedicht als eine große literarische Leistung angesehen wird: Ein gewaltiger Wandel hat stattgefunden, und ich habe ihn durchleben müssen, obgleich manche Menschen das nicht wahrnehmen: Überhaupt, viele Menschen haben keinen Sinn für Zeiträume und Geschichte.

Ich spürte, daß er diese Größe in sich trug: seine späteren Gedichte – jene, die er gegen Ende des Krieges in Blaen Cwm und in New Quay schrieb, und die, an denen er, zurückgekehrt nach Laugharne, arbeitete – waren voll von heiterer Ruhe, und

149

wenn er mit ihnen zu mir kam, konnte ich ihren Klang hören; es war für mich wie Musik. Manches war sehr kraftvoll: Ich erinnere mich, wie er mir ›Fern Hill‹ zum ersten Mal vorlas und ich einfach spürte, daß es wunderschön klang.

Diese Eigenschaften von Dylan, deren Wert ich damals nicht richtig einschätzte, die ich aber jetzt viel besser verstehe, waren seine Freundlichkeit, seine Toleranz und Güte. Inzwischen habe ich sie als seltene und wichtige Eigenschaften erkannt; doch damals hielt ich sie für zweitrangig. Ich war erfüllt von der altmodischen Vorstellung männlicher Vorherrschaft und Triebkraft. Auch war ich nicht erbaut, daß er jeden Menschen mit der gleichen Freundlichkeit und Toleranz behandelte. Ich fand immer, daß er zwischen den Menschen Unterschiede machen müsse, aber sogar, wenn jemand ein ausgekochter Mistkerl war, stieß er ihn nicht von sich. Es gibt Menschen, die man einfach vor die Tür setzen muß, doch er hätte das niemals getan.

Dylan war von angeborener Gutmütigkeit, allerdings auch nicht immer: Er konnte die Gedichte von Kollegen schonungslos kritisieren, jedoch wählte er sich seine Opfer aus, stürzte sich auf die bereits Anerkannten; nie pflegte er Schwache zu verletzen, wenn es sich irgendwie vermeiden ließ. Bill McAlpine beispielsweise vergötterte Dylan, das war rührend, denn wenn Bill Gedichte schrieb, schrieb er sie so offenkundig in Dylans Stil, daß es einfach peinlich war, sie zu lesen. Dylan tat in seiner Güte so, als ob er es nicht bemerke, doch wenn er gewollt hätte, hätte er ihn vernichten können. Indessen konnte er gegenüber so jemandem wie Stephen Spender sehr verletzend sein, er schätzte ihn überhaupt nicht; so war es auch mit Geoffrey Grigson oder gar Richard Church, den er nicht ausstehen konnte. Im ganzen gesehen traf sein Urteil wohl zu – allerdings war er damit manchmal seiner Zeit voraus. Es gab Versager, und er erkannte sie eher als alle anderen. Dylan nahm auch Rücksicht auf die Empfindungen der Damen, wie ich aus seinen Briefen an Pamela Hansford Johnson sehen kann, die sich so heftig bemühte und doch so schlecht schrieb, oder Margaret Taylor, die noch weniger gut schrieb; er war sehr freundlich zu David Gascoyne, der ein Nervenleiden hatte und zart behandelt werden mußte.

Dylan behielt viel von all dem für sich. Was immer die Leute auch gesagt haben, er blieb ein sehr verschlossener Mann, doch mit einer Aufmerksamkeit, die verblüffend war. Er kannte jeden zeitgenössischen Dichter und wußte, wie dessen Werk sich entwickelte; er besaß einen ausgeprägten Sinn für Überlieferungen und für die verschiedenen Dichtformen. Ich war immer überrascht – wenn er an manchen Abenden allein mit mir zu Hause aus sich herausging – über die Breite seines Wissens: Er zitierte längst vergessene Dichter und knüpfte an Gedanken an, die lange aus der Mode gekommen waren.

Wenn er über ein Gedicht reden wollte, hörte ich ihm zu; wenn er es nicht wollte, fragte ich ihn nicht weiter. Wenn er aber wollte, daß ich an einem Gedicht Anteil nahm, kam er aus dem Arbeitsschuppen hinunter, las mir ein paar Zeilen vor und erzählte, daß ihm eine Zeile nicht recht gelingen wolle. Manchmal riet ich ihm dann, daß er es ›jetzt einfach beiseite legen und morgen nochmals versuchen solle‹. Manchmal schlug ich ihm ein anderes Wort vor, was gelegentlich half. Er brauchte die Einsamkeit, aber manchmal mußte er auch mit seinen Gedanken herausplatzen, jemanden an ihnen teilnehmen lassen – all dies gehörte bei ihm zu seinem schöpferischen Vorgehen. Dylan teilte sein Leben mit mir. Ich glaube, daß er mir vertraute. Er wußte, daß ich ihm nicht schmeicheln würde und nie sagen würde, daß etwas fabelhaft sei, wenn ich es nicht auch fände. Ich glaube, daß ich überhaupt nicht fähig bin zu schmeicheln; es kostet höllisch viel, mich zu einer netten Bemerkung zu veranlassen – aber er wußte, daß ein Lob von mir so viel wert war wie zehn von anderen.

Und ich wußte immer, daß zwischen uns eine große Liebe herrschte, im Zentrum all dessen, was er tat.

Dylan mag in seiner Trinkerei und seinen sexuellen Affairen zügellos gewesen sein, doch es gab nichts Zügelloses in seiner Lyrik; bei ihr war er sehr beherrscht. Manchmal hatte er eine Sperre: Er begab sich zum Arbeiten in den Schuppen und kam nach kurzer Zeit zurück und sagte: »Nein, ich kann das heute nicht; es kommt nicht.« Dann mußte er unter Umständen ein oder zwei Tage abwarten, bis es sich wieder einstellte. Es wurde einmal die Vermutung geäußert, daß er ausgebrannt sei, doch niemand der ihn allein in seinem Schuppen bei der Arbeit gesehen hatte, würde das geglaubt haben. Ich ging oft mit den Kindern auf die Klippen, und wenn wir seine Stimme hörten – wie er brummend und murmelnd mit jedem Wort rang – gingen wir auf Zehenspitzen an seinem Schuppen vorbei. Er wußte, was er schaffen wollte, und er schuf es. Unabhängig von allen Bedrängnissen oder anderer Leute Meinung besaß Dylan immer diesen ungeheuren Glauben an sich selbst, und daran hielt er sich, fast täglich. Manchmal stellte ich mich neben den Schuppen und lauschte, wie er seine Sätze intonierte und vor sich hinraunte, aber ich unterbrach ihn nie und sorgte dafür, daß auch niemand anderer das tat. Er brauchte seine Einsamkeit, und ich ermöglichte sie ihm.

An manchen Abenden, wenn er für den Tag mit Schreiben fertig war, kam er hinunter ins Haus, um ein Bad zu nehmen (er mochte das gerne, bevor er abends wieder ins Brown's ging). Ich ließ das Badewasser ein und stellte ihm seine Süßigkeiten hin – Kaubonbons, Sahneklümpchen, Pfefferminztaler –, dazu eingelegte Zwiebeln und Appetithappen in kleinen Schüsseln, die ich auf dem Seifenbrett aufreihte, immer mit einer Flasche Limonadensprudel neben der Badewanne. Dylan legte sich gemütlich ins Badewasser und las, bis er wollte, daß ich hereinkam und ihm den Rücken schrubbte. Inzwischen hatte sich das Wasser abgekühlt und er bat mich, heißes nachzufüllen. Diese Prozedur liebte er und genoß sie bis zum Ende seines Lebens.

Später, als es zwischen uns wegen seiner Affairen Spannungen gab, stand ich manchmal vor der Badewanne, sah ihn an und fragte mich: »Warum zum Teufel kann ich nur auf dieses fette Schwein eifersüchtig sein?« Er sah gegen Ende hin plump und obszön aus. Und trotzdem war ich wahnsinnig eifersüchtig. Wenn er angezogen war, war es nicht so schlimm, aber ich konnte nicht ertragen, ihn nackt zu sehen, nachdem er mich betrogen hatte; ich hätte ihm am liebsten die Haut vom Rücken gezogen, so wütend war ich. Er machte mich damals rebellisch.

Doch das war später.

Mir gefiel unser neues Zuhause, das hübscher war, als jedes vorher bewohnte, und ich konnte mich um Colm kümmern. Meine Babys brachten immer meine beste Seite ans Licht. Jene wenigen Monate 1949 und Anfang 1950 waren die letzte glückliche oder fast glückliche Zeit, die wir miteinander erlebten. Llewelyn kam in den Ferien nach Hause, und unsere Familie war vollständig. Dylan überließ mir natürlich das meiste. Auf dem Papier war er gegenüber den Kindern gefühlvoll, aber ihre Gesellschaft konnte er nicht lange ertragen. (Immer wenn wir irgendwohin mit dem Zug fuhren, mußte ich mit den Kindern in einem Abteil sitzen, während er die Reise in einem anderen zubrachte. Gewöhnlich saß er im Speisewagen, aß und trank, während ich mit den Kindern allein blieb, häufig ohne etwas zu essen oder zu trinken. Ich fand das ziemlich unerträglich, konnte daran jedoch nicht viel ändern.)

Dylan verlor seine Rastlosigkeit, nachdem wir nach Laugharne zurückgekehrt waren. Er hatte mehr Aufträge, Bücher und Drehbücher zu schreiben, als er überhaupt schaffen konnte, und er schrieb wieder Gedichte. Er schloß *Over Sir John's Hill* ab, bald nachdem wir ins Boat House gezogen waren; während der folgenden vier Jahre vollendete er auch *In The White Giant's Thigh, Do Not Go Gentle Into That Good Night, Lament, Poem On His Birthday* und den 102-Zeilen langen Prolog des Autors für seine Collected Poems, die 1952 bei Dent erschienen. Zwischendurch schrieb er für den Rundfunk sein Spiel für Stimmen ›Under Milk Wood‹ (Unter dem Milchwald) und Drehbücher für den BBC.

Wir empfanden, daß wir endlich das geeignete Fleckchen gefunden hätten. Während er nachmittags arbeitete, ging ich hinaus zur Flußmündung, stach Plattfische oder sammelte Herzmuscheln. Es machte uns Vergnügen, draußen zu stehen oder auf der Hafenmauer zu sitzen und die Tide hineineilen oder hinauskriechen zu sehen, Reiher, Austernfischer und gelegentlich Kormorane zu beobachten. Die Morgennebel trieben über das Wasser nach Llanybri und Llangain hin, wo wir in Blaen Cwm gewohnt hatten, und wo Dylans Familie seit Generationen ansässig war. Ich kaufte Colm ein kleines Boot, das wir ›The

Cuckoo‹ nannten. Es war ein gefährlicher Ort für heranwachsende Kinder, mit starker Flut, die flußaufwärts schoß, aber ich machte mir das damals nicht klar. Ich pflegte mich von der Gartenmauer in die Flut zu stürzen und dachte nicht einen Augenblick an Gefahr. Später hörte ich, daß Dutzende von Menschen in diesen Gewässern ertrunken waren.

Laugharne konnte im Sommer herrlich sein, aber im Winter, wenn es nicht mehr aufhören wollte zu regnen, war es ein vollkommener Morast. Es paßte zu Dylan wie ein Handschuh auf die Hand. Laugharne war eine sonderbare kleine Stadt, mit merkwürdigen Sitten und wunderlichen Menschen, eine englischsprachige Stadt mitten im walisischsprachigen Wales. Ihr war es irgendwie gelungen, die Traditionen zu bewahren: eine Stadtverwaltung, der ein Stadtamtmann mit einer Kette aus goldenen Herzmuscheln vorstand; einen Richter; einen Schriftführer; einen Ältestenrat und vier Polizisten, die alle mit einem Holzknüppel ausgerüstet waren.

Der Stadtverwaltung gehörte der größte Teil des Grund und Bodens, und sie traf sich alle vierzehn Tage, um über Pachten und Einnahmen zu entscheiden und welche Hecken zu schneiden seien; einmal im Jahr – im Oktober – fanden sich alle Männer zum Frühstück beim Stadtamtmann ein, was der Vorwand für eine ganztägige Sauferei war, denn die Pubs in der Stadt hatten dann durchgehend geöffnet. Alle drei Jahre ging jeder rüstige Bürger mit beim ›Common Walk‹, bei dem die sechsundzwanzig Meilen lange Grenze des städtischen Landbesitzes abgeschritten wurde, die auf ganzer Länge immer wieder andere merkwürdige Namen trug – wenn man diese Namen nicht wußte, wurde man übers Knie gelegt und erhielt von einem der Polizisten mit dem Knüppel eine Tracht Prügel.

Dylan liebte diesen kleinstädtischen Pomp und den läppischen Klatsch, den er jeden Morgen in Ivy Williams Küche in Brown's Hotel aufsog: Sie kochte dort zwar, aber führte die Küche wie eine Bar. Die Leute saßen um den Küchentisch versammelt und tranken stundenlang, tranken auch an Sonntagen (wenn wegen der walisischen Gesetze über den Alkoholausschank die Pubs geschlossen bleiben müssen), und tranken unter der Woche vom frühen Morgen an, bevor die Hauptbar öffnete. Dylan fand das sehr gemütlich. Dort sammelte er all die Charakterskizzen, denen er in ›Under Milk Wood‹ Gestalt gab. Die Leute von Laugharne befaßten sich in einer nicht enden wollenden Streiterei mit Fehden, Affairen, Schlägereien, Betrügereien und treffsicheren Witzen; Dylan kehrte um die Mittagszeit zu seinem Teller mit unserem dickflüssigen fetten Stew voller Histörchen zurück, die er von Ivy erfahren hatte.

Da gab es die Muschelfrauen, Dylans ›schwimmfüßige Muschelweiber‹, berühmt für Laugharne, weil sie breithüftige derbe Frauen waren, die mit ihren Eseln zum Ginst Point am Ende der Flußmündung hinauszogen und Säcke voller Muscheln sammelten, solange Ebbe herrschte. In Laugharne kursierte die Geschichte von einem Kerl, der mit einer Muschelfrau verheiratet war: er kam eines Nachts schwankend vor Trunkenheit aus dem Pub nach Hause und warf sein bißchen Wechselgeld ins Feuer, weil er wußte, daß sie sich bücken würde, um es herauszuholen – und dann nahm er sie von hinten.

Dort lebte auch die echte ›Polly Garter‹, die so gerne Kinder gebar, die sie aber allesamt von verschiedenen Männern hatte. Ein Mann trieb mit seiner Tochter Inzest: Jeder wußte, daß er sich an ihr verging, doch, wie bei allem anderen in Laugharne, gab es viel Mißbilligung und viel Gerede, aber nie wurde etwas unternommen. Wir hatten sogar einen Mord, sehr nah beim Boat House. Einer der Fährleute, der neben uns wohnte, war taubstumm und ein bißchen blöd; von ihm hieß es, daß er eines Nachts ans andere Ende der Stadt zum Haus einer alten Frau gegangen sei, all ihr Geld genommen und sie getötet habe. Das gab viel Klatsch. Die Polizei wurde eingeschaltet, was selten geschah, weil man es vorzog, Laugharne sich selbst zu überlassen. Jeder wußte, daß der Fährmann der Täter war, jedoch konnte die Polizei aus ihm nichts herausbekommen, weil er taubstumm war (und das auch ausspielte): sie hatten keine Möglichkeit, ihn zu überführen. Er beschloß seine Tage in einem Altersheim. Immer wieder hörte man von geheimnisvollen Ereignissen, die nicht geklärt werden konnten, von Leichnamen, die verschwunden waren, von Frauen, die sich mit anderen

Männern, und von Männern, die sich mit anderen Frauen auf und davon gemacht hatten, und Brown's war der Ort, wo diese Dinge beim Bier erzählt wurden. Dylan kam häufig mit einer haarsträubenden Geschichte nach Hause, meistens mit erotischem Beigeschmack, wie ihn die besten Geschichten eben haben. Man war in Laugharne nicht sehr zurückhaltend, und ich glaube, daß Dylan gerade das liebte. Keiner von uns beiden hatte irgendwo anders etwas Vergleichbares kennengelernt. Ich bin dort immer glücklich gewesen, vorausgesetzt, ich konnte ins Freie gehen und wurde nicht von zu viel Hausarbeit erdrückt.

Immer wenn Dylan fern von Laugharne war und einen dieser weinerlichen Anfälle von Selbstmitleid nach zu starkem Trinken hatte, konnte er sehr gefühlsselig werden und über die Kinder, das Boat House und Brown's Hotel sprechen. Laugharne wurde seine wundersame Stadt am Meer, die Stadt, in der die Menschen Grauen vor der Arbeit empfanden, in der selbst die kürzesten Wege mit dem Fahrrad zurückgelegt wurden und wo der Vikar einmal gesagt hatte, daß die Einführung der Arbeitslosenunterstützung das Beste sei, was Laugharne widerfahren konnte, weil die Leute davor keine nennenswerten Einkünfte gehabt hätten.

Ivy wollte, daß ich dem Frauenverein beiträte, aber ich tat das nicht. Ich konnte es mir nicht recht vorstellen, daß ich zusammen mit all den alten Muschelfrauen Kuchen backen und Marmelade kochen würde, aber ich denke recht gern an Laugharne zurück, auch wenn ich eine Menge Vorbehalte habe. Diesem kraftlosen Volk zog ich die harten fleißigen Menschen aus den Kohlerevieren vor, auch wenn ihre Städte maßlos häßlich sind und sie in winzigen Reihenhäusern wohnen: Ich mochte die Passivität von Laugharne nicht. Ich habe immer Angst davor, von einer dekadenten Umgebung einverleibt zu werden, die es den Menschen, die zum Trinken neigen, zu leicht macht. Laugharne war für mich ein dekadenter Ort, in dem das Trinken kein Ende zu nehmen schien.

Dylan trank nie bis tief in die Nacht hinein. Er ging gerne am frühen Abend nach dem Bad und dem Abendessen aus. Häufig kam er gegen zehn Uhr nach Hause, jedoch manchmal auch nicht. Es war immer der gleiche Ablauf: Ich gesellte mich zu ihm, Abend für Abend, nachdem die Kinder im Bett waren.

Das viele Trinken wurde nach einiger Zeit entsetzlich langweilig. Damals machte es mir nicht so viel aus, weil ich mich so sehr mit Dylan beschäftigte, aber jetzt, aus dem Abstand, mutet es fürchterlich an, obwohl ich die Bedeutung des Trinkens für ihn immer noch einsehe. Das Trinken ermöglichte ihm ein Leben außerhalb seiner Genialität; er hätte mit ihr allein nicht leben können; es war mehr, als er ertragen konnte. Und sein Trinken in Laugharne brachte ihm den Kontakt zu Menschen. Er wußte, daß er das brauchte. Dylan wurde selten zu irgend jemanden ins Haus eingeladen. Seine engsten Freunde waren die Männer, die er im Brown's traf. Er saß mit ihnen im Erkerfenster, von wo aus man die Straße hinauf- und hinabblicken konnte. Mehr oder weniger erschuf er Laugharne in ›Under Milk Wood‹ neu. Als es vom BBC nach seinem Tod zum ersten Mal gesendet wurde, erkannte Ivy viele Personen in dem Stück: Sie kannte sie besser als ich, denn sie hatte Dylan auf sie aufmerksam gemacht.

Mich erfüllte der Aufenthalt in den Pubs nie mit der gleichen Begeisterung wie Dylan. Für mich kam dabei nicht viel heraus, außer dem Hochgefühl, ausreichend zu trinken zu haben, was sowieso meistens verhängnisvoll endete. Ich gewöhnte mir das Trinken mühelos an, und es gab Zeiten, in denen ich glaubte, ohne Trinken nicht auskommen zu können, obwohl es mir eigentlich nie als Lebenselixier Vergnügen bereitete, es sei denn, wir waren mit besonderen Freunden zusammen. Gegen Ende des Abends, wenn ich einige Drinks zu mir genommen hatte, stellte ich alles mögliche an. Ich zog mich aus, sprang auf den Tisch und vollführte verrückte Tänze. Dylan brachte manchmal Leute mit ins Boat House, nachdem die Pubs geschlossen hatten, von denen jeder schon ziemlich benebelt war. Ich warf mich gern von der Hafenmauer in die Flut. Ich trank ein wunderbares Gemisch, das ich für mich ersonnen hatte – ein Glas Milch, vermischt mit einem doppelten Whisky – was mir ein starkes Gefühl von Wärme und Mut einflößte.

Es war eine männliche Welt. Keine andere Frau außer mir begleitete ihren Ehemann in die Pubs, und manchmal stellte ich mich hinter die Bar und machte eine ätzende Bemerkung, beispielsweise: »Wie lange soll diese Geschichte noch dauern?« Bei mir wuchs, ähnlich wie bei Dylan, wirklich das Gefühl, daß Pubs ein Zuhause neben dem Zuhause sind. Doch gleichzeitig lag es nicht eigentlich auf meiner Linie – es geschah mir einfach, weil ich Dylan folgte: Ich mußte mit ihm gehen, oder ich bekam ihn nicht zu sehen. Aber kaltblütig am Vormittag das erbärmliche Brown's aufzusuchen: Das konnte ich nicht; bei Tageslicht hinter diesem Fenster zu sitzen war eine einzige Qual. Ich brauchte immer Bewegung, mußte ins Wasser oder mich anders körperlich betätigen, und das einzige, womit ich dieses Verlangen bekämpfen konnte, war das Trinken, und zwar so viel, bis es mir gleichgültig war.

Den Teil unseres Lebens, der sich im Pub abspielte, seit wir wieder in Laugharne waren, fand ich qualvoll, weil er so verdammt langweilig war, wenn auch vermutlich Dylans Gegenwart etwas Leben hineinbrachte. Wenn ich am Vormittag nicht mit ihm dort war, saß er einfach nur mit Ivy im Erkerfenster. Dylan melkte Ivy ziemlich erfolgreich, doch ihr machte es Spaß. Sie und Brown's Hotel und das fade Buckley's Bier schufen ›Unter dem Milchwald‹; die Vorfälle, die Machenschaften, die Eifersüchteleien und Ehebrüche – sie wußte, was sich in Laugharne abspielte, und in Laugharne spielte es sich häufiger ab, als anderswo.

Dylan nahm alles in sich auf, auch das Leben der ehrbareren Leute hinter ihren Jalousien, die überhaupt nie einen Pub aufsuchten, die ihre besten Sonntagskleider trugen und mit der Bibel in der Hand in die Kirche gingen; er sah alles.

9

Wenn Dylan auch immer sagte, daß das Eheweib am Spülstein oder im Bett seine Pflichten hätte, äußerte er es doch stets mit einem scherzhaften Unterton. Seine Freunde fanden wahrscheinlich, daß dies der unverschämte Dylan sei, der Anstoß erregen wollte, aber ich wußte, daß er es auch so meinte, und daß er im Innersten der sehr altmodische Sohn seines Vaters war. »Du hast die falsche Frau geheiratet«, sagte ich stets, wenn er vor anderen Leuten so etwas von sich gab. Und trotz dieser Einstellung haben wir immer alles miteinander geteilt, gingen überall gemeinsam hin und empfanden zwischen uns eine Nähe, die für alle Welt spürbar war.

Diese Nähe hielt bis nach seiner Amerikareise an. Selbst danach gab es zwischen uns noch ein starkes Band, doch irgendwie war unsere Beziehung nicht mehr so wie vorher, was ihn genauso unglücklich machte wie mich. Etwas geschah mit uns, was keiner von uns beiden steuern konnte, und es war um so schmerzlicher, weil weder er noch ich die warnenden Vorzeichen bemerkte.

Während unserer ersten Monate in Laugharne, im Jahr 1949, kehrte in unser Leben eine Ruhe ein, die wir seit unserer Zeit in ›Sea View‹ vor zehn Jahren nicht mehr gekannt hatten. Als Dylan den ersten Brief von John Malcolm Brinnin kurz nach unserem Umzug mit der Einladung zu einer Lesereise nach New York erhielt, erkannte keiner von uns dies als eine Gefahr; darauf hatte Dylan seit dem Erfolg von ›Deaths and Entrances‹ gehofft – die Möglichkeit, eine größere Zuhörerschaft anzusprechen und vielleicht in einem wärmeren Klima zu wohnen und zu arbeiten.

Dylan war von der Einladung freudig erregt; er sah es als eine Gelegenheit, seine Karriere breiter zu fächern – weiterhin für Film und Rundfunk zu schreiben, nun auch Lesungen zu halten

– also genug Geld zu verdienen, um Zeit zu gewinnen für die Arbeit, die ihm wichtiger als alles andere war – seine Dichtung. Brinnins Brief und unser neues Haus beglückten Dylan. Er schrieb an Margaret Taylor:

Ich kann Dir gar nicht genug danken, daß Du diesen Neubeginn durch das Vertrauen, das Du in mich gesetzt hast, durch die vielen Geschenke, die Du mir gemacht hast, durch all Deine Mühen & Sorgen um mich angesichts eines gefühllosen & undankbaren Verhaltens, möglich machtest. Ich weiß, daß ich meine tiefe tiefe Dankbarkeit nur auf eine Weise zum Ausdruck bringen kann, indem ich glücklich bin und schreibe. Hier bin ich glücklich und schreibe. Alles was ich in dem Wasser-Baum-Zimmer auf der Klippe schreibe, jedes Wort, wird mein Dank an Dich sein. Ich hoffe zu Gott, daß es gut genug werden wird. Ich schicke Dir alles, was ich schreibe. Und auch gewöhnliche Briefe, voller Bäume & Wasser & Klatsch & ohne Neuigkeiten. Dies hier ist nicht so ein Brief. Dies ist nur der Ausdruck der größten Dankbarkeit von der Welt: Du hast mir ein Leben gegeben. Und jetzt werde ich es leben.

Und wir ließen uns auf dieses Leben ein, indem wir fast das ganze Jahr im Boat House wohnten und Dylan nur gelegentliche Besuche nach London unternahm, um für den BBC zu arbeiten.

Dylan schrieb gut. Auch kam er seinem Vater jetzt näher, weil er merkte, daß D. J. schwächer wurde und nicht mehr viele Jahre zu leben hatte. Dylan besuchte seine Eltern fast jeden Morgen; das ›Pelican‹ lag auf der anderen Straßenseite gegenüber vom Brown's, und wenn er die Eltern nicht besuchte, sah seine Mutter ihn, wenn er in den Pub ging. Granny Thomas richtete sich häuslich ein. Sie war immer guter Dinge, wo sie auch war; man konnte sie einfach nicht bremsen. Der arme alte D. J. klagte, daß ›dies das Ende der zivilisierten Welt‹ sei, während sie es zufrieden war, seinen Tee zu bereiten, zu putzen, Staub zu wischen, einzukaufen, zu waschen und zu kochen. Wenn ihre Freundinnen aus Carmarthen sie auf eine Tasse Tee und zwei

Stunden übler Nachreden besuchten, schloß sich der arme alte D. J., von ihrem Getratsche fast wahnsinnig gemacht, in ein anderes Zimmer ein, bis sie wieder gegangen waren. Was D. J. mit Dylan verband, waren die Bücher. Dylan war kein Büchersammler, Bücher als Bücher bedeuteten ihm nicht viel; er konnte sie sich selten leisten, und wenn er sich welche kaufte, stellte er seine Bierflaschen darauf ab; er interessierte sich nur für ihren Inhalt, und wenn er den Gedanken gefunden und in seinem Gedächtnis aufbewahrt hatte, brauchte er das Buch nicht mehr. Dylan baute sich keine eigene Bibliothek auf, er konnte jedoch immer, wenn er wollte, auf die Bücher seines Vaters zurückgreifen. Diese – und natürlich D. J. selber – standen ihm als Nachschlagesystem zur Verfügung (obwohl Dylan sich immer bemühte, nie mehr als zwei oder drei Bücher gleichzeitig auszuleihen, weil er wußte, daß sein Vater befürchtete, er würde sie als Untersatz für sein Frühstück benutzen). Dylans Gedächtnis war außergewöhnlich; er konnte sich erinnern, wo er eine bestimmte Zeile gelesen hatte und sie sofort wiederfinden. Jedes Gedicht, mit dem er sich länger befaßt hatte, konnte er im vollen Wortlaut aufsagen. Sein Interesse beschränkte sich hauptsächlich auf die englischsprachigen Dichter; ihn reizte keiner von den großen französischen, deutschen oder italienischen Schriftstellern: er wußte, was er wollte, wie sonst auch.

Seine Kenntnis der Technik und der Kunstgriffe des Schreibens waren außerordentlich; er kannte alle Reimformen und Versmaße, hatte einen reichen Wortschatz und hatte Spaß daran, mit Assonanzen und Alliterationen zu spielen. Oft fragte ich ihn, wie er das alles im Kopf haben könne, und wenn er sein reiches Wissen auch nicht abstritt, so zögerte er doch, darüber zu sprechen. Er behauptete einfach, daß es ganz leicht sei, Gedichte zu schreiben; es käme alles von selber dahergeflossen; in Wahrheit war er jedoch der höchste Perfektionist unter den Schriftstellern. Stunden und Tage verbrachte er mit dem Auswägen von Wörtern, Zeilen und Sätzen, warf Worte hinaus, die nicht paßten, und er tat es immer laut, allein in seinem Schuppen, psalmodierend und deklamierend, bis jeder Klang saß. Er war peinlich genau, aber gleichzeitig sehr darauf bedacht, daß keiner ihn bei der Arbeit beobachtete; das war sein geheimes Leben, die Quelle seiner Kraft und seines Selbstvertrauens. Ich glaube, daß viele seiner Freunde überrascht diese Seite seines Wesens aufgedeckt sahen, als seine ›Letters to Vernon Watkins‹ (1957) veröffentlicht wurden, denn sie veranschaulichten, wie Dylan in einer ausführlichen Korrespondenz, über einen Zeitraum von zwanzig Jahren, bei dem gewissenhaftesten seiner Freunde Rat gesucht und Kritik geäußert hatte. Jenen, die nur den Pub-Dylan kannten, den trinkenden Dylan, der Spiele spielte und schmutzige Geschichten erzählte, war dies eine völlig andere Welt, und Dylan widerstrebte es sogar, diese Welt selbst mit mir zu teilen. Vernon war einer der wenigen Menschen, die diese verborgene Seite von ihm zu sehen bekamen.

Seine Dichtung gab Dylan das Selbstvertrauen, auf den Amerikareisen vor einem großen Auditorium auf der Bühne zu lesen; es war der einzige Bereich seines Lebens, in dem er sich völlig sicher fühlte. In ihm hatte er sich von seiner Kindheit an geübt, vieles von alle dem – das Gespür für die spezielle Färbung von Wörtern, für Rhythmen, Klänge und Reime hat er wohl schon bei seinem Vater gelernt – all das bedeutete ihm unermeßlich viel. Ich bin überzeugt, daß er nie mich oder jemand anderen verletzen wollte; er schuf bleibende Werke der Literatur, während er alle um sich herum kränkte, und damals hatte ich dafür kein Verständnis. Jetzt aber glaube ich es zu verstehen. Wenn man schöpferisch tätig ist, wird man ganz und gar gefangen gehalten und merkt nicht, wie man die anderen Menschen behandelt: Man ist völlig beansprucht. Genie ist selbstsüchtig; der schöpferische Vorgang an sich ist selbstsüchtig.

Dylan hat mich damals wirklich gekränkt, auch später, aber ich meine, daß er mich auf vielerlei Weise auch würdigte. Er widmete mir einige von seinen Gedichten, was viel hieß. Ich freute mich und war richtig stolz. Wenn man darüber nachdenkt, ist das etwas, auf das man stolz sein kann. Ich habe mich immer gescheut zu sagen, daß ich auf etwas stolz bin, aber ich erinnere mich noch an den Tag, an dem Dylan das erste Exemplar seiner *Collected Poems* (1952) mit nach Hause brachte, und ich sah, daß er das, was doch geradezu sein

Lebenswerk war, mir gewidmet hatte. Das machte mich ungeheuer glücklich. Er hatte mir davon nichts gesagt, und so war es eine große Überraschung. Ich hatte mir wohl gedacht, daß das sonderbare Gedicht, daß er auf mich geschrieben hatte, dort drin stünde, aber nie damit gerechnet, daß er mir alles zueignen würde.

Obwohl Dylan uns so viel Schmerz zufügte, erkenne ich jetzt, daß er ein sehr sanfter Mann war. Es gab etwas in ihm, das er nicht beherrschen konnte. Den Frieden, den er suchte, fand er nur, wenn er allein mit seiner Dichtung war. Daß es nicht immer so sein konnte, weil er auf andere Weise Geld verdienen mußte, war seine Tragödie. Wenn Menschen wie Dylan geboren werden, und das kommt nicht oft vor, bedürfen sie besonderer Obhut, damit es ihnen möglich ist, ihr ganz besonderes Werk zu vollbringen. Es ist ein Wunder, daß Dylan das Seine überhaupt zustande gebracht hat, und zwar fast nur aus sich heraus.

Wenn er auch großes Selbstvertrauen wegen seiner Dichtung hatte, so quälten ihn doch von jeher bis zum Ende seines Lebens Zweifel, bevor er ein neues Gedicht begann; man kann das mit Schauspielern vergleichen, die, ungeachtet ihres Könnens, jeden Abend wieder vom Lampenfieber überfallen werden.

Dylan dachte immer lange über ein neues Gedicht nach, bevor er mit der Niederschrift begann – wälzte Einfälle und legte fest, was das Gedicht aussagen sollte. Der Aufbau des Gedichtes und seine Aussage waren, bevor er den Stift in die Hand nahm, klar in seinem Kopf, wenn es ihn dann auch Monate über Monate an Arbeit kostete, die Wörter und Bilder, die Reime und Rhythmen zu finden, die er danach in dieses Gefüge einbaute. Selten erklärte er jemandem seine Gedichte (obwohl er manchmal mit mir ein Gedicht, gleich nachdem er es fertig hatte, durchging und mir darlegte, wie sich die Gedanken im Laufe der Strophen entfalteten); er war immer der Ansicht, daß Gedichte für sich selbst sprechen müßten, und daß es nicht seine Aufgabe sei zu erklären, wie er mit ihrem Gefüge gekämpft, das richtige Gleichgewicht zwischen den Wörtern und dem Rhythmus gefunden, unendlich neue Kombinationen von Wörtern versucht und Wörterbücher oder Roget's *Thesaurus* durchstöbert habe, um ein besser klingendes Wort oder eines, welches die Gedanken, die er darstellen wollte, deutlicher zum Ausdruck brachte, zu finden. Manchmal erarbeitete Dylan Hunderte – ja, Hunderte – von unterschiedlichen Entwürfen, änderte hier ein Wort, dort ein Komma, bis er zufrieden war. Doch er war ein Handwerker, und wie alle Handwerker mochte er seine Geheimnisse nicht preisgeben.

Während unserer ersten Zeit in Laugharne, in ›Sea View‹, zweifelte Dylan nicht an seiner Begabung; diese Unbeirrbarkeit trug er in sich, und er sprach nie darüber. Doch gegen Ende seines Lebens – als wir inzwischen im Boat House lebten – stellte er an sich so hohe Ansprüche, daß er zu fürchten begann, sie nicht mehr erfüllen zu können, daß seine Begabung nachlasse. So war es anderen Schriftstellern ergangen, und er dachte, es könne ihm auch geschehen, und der Gedanke beunruhigte ihn anhaltender, als er älter wurde und breitere Anerkennung gefunden hatte. Die späteren Gedichte, die ich immer für seine schönsten gehalten habe, quälten ihn am ärgsten. An ihnen arbeitete er manchmal monatelang, um nur eine Zeile zu verändern oder genau das gewünschte Wort zu finden. Wenn ich diese Gedichte jetzt lese – Gedichte wie *Do Not Go Gentle Into That Good Night* oder *Over Sir John's Hill* – ist mir klar, wie sehr er gelitten hat, und daß seine Begabung nicht versiegt war.

Schwäche, Scheu und Feigheit – diese Eigenschaften, glaube ich, besaß Dylan alle. Während der Jahre im Boat House, als wir oft nur wenig Geld hatten (obwohl er viel verdiente), geriet Dylan immer in Angst und Schrecken, wenn er sah, daß Fremde sich der Haustür näherten, denn es hätte ja jemand mit einer gerichtlichen Mitteilung sein können. Und er war morgens immer nervös, bevor der Postbote kam. Er mochte keine offiziell aussehenden, braungelben Briefumschläge; gewöhnlich landeten sie ungeöffnet im Papierkorb. Das war auch eine von Dylans Schwächen; unerfreuliche Briefe beantwortete er nie, oder auch Briefe, die ihn zur Zahlung von Schulden aufforderten. Er warf sie meistens weg; er konnte sich nicht überwinden, sie zu öffnen, wenn er ihre Herkunft aus dem Briefumschlag erkannte. Dylan unterhielt keinerlei Ablagesystem. Es war ihm bewußt, daß seine Finanzen in einem unmöglichen Zustand waren, doch mußte sich erst etwas Dramatisches ereignen, um es ihm wirklich bewußt zu machen. Er hob auch keine Briefe von Freunden auf, etwa die von Vernon; sie wurden alle weggeworfen.

Es kamen auch Briefe, in denen Dylan gebeten wurde, etwas zu schreiben; und er sagte zu, nur um den Vorschuß zu erhalten, und dachte dann über die Sache nicht mehr einen Augenblick nach. Dann erhielt er vorwurfsvolle Briefe von seinem Agenten David Higham, weil er sich verpflichtet hatte, Bücher zu schreiben, zu denen er gar keine Lust hatte und die darum wohl nie geschrieben werden würden. Wenn der Verleger oder Herausgeber sich über die nicht abgelieferte Arbeit zu beschweren begann, wurde Dylan nervös. So etwa war es mit dem entsetzlichen ›Peer Gynt‹, den er für den BBC bearbeiten sollte; das wurde fast so etwas wie ein Familienwitz. Man hatte ihm 1949 ein Honorar von 250 Guineen geboten, damit er Ibsens ›Peer Gynt‹ fürs Fernsehen bearbeitete; das war tatsächlich ein sehr hohes Honorar – der BBC plante es als eine seiner wichtigsten Produktionen. Dylan sagte beglückt zu, falls sie einwilligten, die Hälfte des Honorars im voraus zu zahlen. Aber er konnte sich nie zu dieser Arbeit überwinden. Er war nicht mit dem Herzen dabei. Die Angelegenheit zog sich jahrelang hin, wurde fast zu einer Boulevard-Posse.

Dylan kam immer zu mir in die Küche und sagte: »Sie wollen wieder den verdammten ›Peer Gynt‹«, und fing an zu lachen.

Dylan wurde auch gebeten, ein Buch mit walisischen Märchen zu schreiben; ferner eines über seine Eindrücke in Amerika und schließlich eines über Reisen durch Wales. Keines von den dreien kam zustande, denn abgesehen von der Vorauszahlung, war er an keinem auch nur ein bißchen interessiert. Wenn ich jetzt zurückdenke, finde ich es eigentlich ganz richtig, daß er sie nicht geschrieben hat: Es waren alles langweilige Themen, die ihm überhaupt nicht lagen.

Dylan war kein typischer Auftragsarbeiter; alles, was er schrieb, schrieb er mit großer Sorgfalt, selbst den einfachsten Sprechertext für den Rundfunk. Es war nicht eigentlich ein

Entschluß, daß er die anderen Arbeiten nicht erledigte: Weil sie ihn nicht interessierten, schob er sie immer vor sich her; er war einfach unfähig, über etwas, das ihn nicht betraf, zu schreiben, wenn er gerade ein Gedicht im Sinn hatte oder ein Manuskript für den Rundfunk seine Gedanken fesselte.

Dylan schreckte vor den alltäglichen Dingen zurück – Rechnungen begleichen, Schulden abzahlen, Babys füttern und mich einkleiden. Er verhielt sich diesen Dingen gegenüber völlig wirklichkeitsfremd, also bekam der Lebensmittelhändler nicht sein Geld; auch nicht der Metzger, nicht der Milchmann, nicht der Apotheker. Wir standen überall in der Kreide, wo wir auch lebten; man kann das eine Zeitlang durchhalten, aber nicht ewig. Es lastete auf mir, denn ich mußte die Kinder anziehen, und mir selber konnte ich nie etwas Neues kaufen. Gelegentlich stahl ich ein Kleidungsstück in Carmarthen und fühlte mich hinterher elend, weil ich es nicht bezahlt hatte. Ich wurde damals auch von Mahnungen heimgesucht, die ich immer Dylan gab, weil ich kein eigenes Geld besaß. Ich sagte ihm dann: »Herrgott noch mal, wir müssen das bezahlen, denn sie werden jetzt wirklich ungemütlich.« Er muß gewußt haben, daß man so nicht leben kann, weil er aus einer zänkischen walisischen Familie stammte, die es nicht lassen konnte, immer über Geld zu reden und jeden Pfennig umdrehte. Dylan war einfach zu feige, um sich all dem zu stellen, trotzdem kam man nicht umhin, Mitleid mit ihm zu haben: er mußte doch einen gewaltigen Berg Poesie zutage fördern. Dabei schrieb er natürlich die meiste Zeit gar keine Gedichte; dichten kann man nicht ununterbrochen – so spielt sich schöpferische Arbeit nicht ab.

Dylan hatte vor vielem Angst. Er fürchtete sich vor dem Fliegen, fürchtete sich vor Mäusen, Nachtfaltern und am meisten vor Fledermäusen. Bei diesen Grauslichkeiten verweilte er gerne; er versuchte bei den Leuten mit Geschichten über Mäuse Abscheu zu wecken, die man in Sandwiches fand, und geradezu krankhaft gebannt war er immer von Krüppeln. All diese Ängste waren wohl ein Teil des Weiblichen in ihm. Ich war mir immer bewußt, daß er kein sehr kräftig entwickeltes männliches Wesen hatte. Er wollte niemanden beherrschen oder gar die Kinder schelten. Er war nicht entrüstet, wenn ich ihnen einen Klaps versetzte, aber er war immer froh, daß ich es tat und nicht er.

Das gleiche galt fürs Haus. Alles im Boat House überließ er mir. Er kam dem Herd nie zu nahe, wenn er es irgend vermeiden konnte. Er überließ es mir, die unentwegten Töpfe voll Knochenbrühe zu kochen, oder scharf gewürzte Spaghetti mit Zwiebeln und Knoblauch oder ab und zu den Plattfisch, den ich selbst im Gewässer der Flußmündung unterhalb vom Boat House fing. Ich bin nie auf den Gedanken gekommen, die Fische auszunehmen. Ich habe sie, so wie sie waren, in die Bratpfanne geworfen. (Ich erinnere mich, daß ich einmal einen Fisch, den ich für tot hielt, in die Pfanne legte, worauf er sofort heraussprang und über den Fußboden platschte. Ich hob ihn mit einem Lappen auf und beförderte ihn sofort wieder in die Pfanne und hielt ihn mit dem Deckel fest. Er kämpfte, um freizukommen, also muß ich ihn lebendig gebraten haben. Er war auf jeden Fall frisch. Ich verspeiste ihn mit großem Genuß – der beste gebratene Plattfisch, den ich je gegessen habe.)

Ich konnte ziemlich grausam sein. Einmal brachte uns jemand einen Hummer mit, und ich steckte ihn ohne Umschweife in eine Kasserolle mit kochendem Wasser. Das unglückliche Tier versuchte herauszukriechen. Niemand hatte mir gesagt, daß man erst die Scheren zusammenbinden muß. Ich stieß ihn zurück in den Topf und hielt den Deckel verschlossen. Dylan war entsetzt und hielt sich außer Reichweite.

Dylans Ängste steckten tief in ihm verschlossen. Er ließ nie zu, daß man ihn weinen sah, wozu er genügend Anlässe gehabt hätte. Ich glaube, daß er gegen Ende seines Lebens ein gequälter Mann war. Seine Ehebrüche waren wahrscheinlich mit ein Grund dafür, denn er hörte nie auf, mir zu sagen, wie er mich liebte. Er konnte nachts nicht schlafen; er sagte dann, er hätte über seine Schulden nachdenken müssen, doch möglicherweise hatte es noch andere Gründe.

Bevor er die erste Reise nach Amerika unternahm, pflegte er manchmal, nur für ein paar Tage, selten länger, wegzugehen. Ich mußte Colm versorgen, und ich war nicht unglücklich. Dylan schrieb mir immer lange liebevolle Briefe, selbst wenn er nur für zwei oder drei Tage verreist war. Sie waren von Wehklagen über seinen jüngsten eingebildeten Anfall von ›Lungenentzündung‹ durchsetzt, von dem ich stets wußte, daß es das Trinken war. Ich wußte von keiner einzelnen anderen Frau; Namen fielen damals nicht. Ich konnte mir vorstellen, daß er trinkend herumzog und den Rest der Nächte in verschiedenen Betten verbrachte. Ich stellte mir vor, daß er mit beliebigen Barmädchen für etwas betrunkenen Sex ins Bett hüpfte. Das war nicht so, daß mir das nichts ausmachte, aber es spielte damals eine geringere Rolle. Wenn er nach Hause kam, hieß ich ihn willkommen, es sei denn, er war zu lange weggeblieben.

Dylan konnte sehen, daß er mehr Geld verdiente und daß alles besser ging, aber für ihn war es immer noch nicht genug, um frei und unbeschwert zu sein. Wenn er einen kleinen Job gehabt hätte, eine Tätigkeit für einen Teil des Tages, wäre es wohl leichter gewesen. Ich glaube, man kann ruhig sagen, daß Dylan labil war. Immer überfiel ihn Rastlosigkeit; er konnte nicht lange an einem Ort bleiben und dachte sich ständig Entschuldigungen für seine Reisen nach London aus, um die Umgebung wechseln zu können. Ich glaube, daß er manchmal nur trank, damit er schlafen konnte, denn inzwischen kippte er meistens um, wenn er vom Pub nach Hause kam; aber trunkener Schlaf taugt nicht viel, weil man zu irgendeiner entsetzlichen Zeit aufwacht und noch mehr trinken möchte.

Die Kinder sahen ihn nie betrunken. Tagsüber trank er nicht viel; stark betrunken war er, wenn er spät nachts vom Brown's heimkehrte, und dann kamen wir gemeinsam heim, und die Kinder schliefen schon fest. Ich habe sie dagegen nicht abgeschirmt, denn ich machte aus seinem Trinken kein Geheimnis; auch wäre ich dazu nicht in der Lage gewesen, weil ich mich kein bißchen besser fühlte als er.

Wenn ich jetzt darüber nachdenke, klingt es ziemlich trübselig, das halbe Leben im Brown's Hotel verbracht zu haben, kostbare Stunden beim Spiel: Darts und Poker, ›Nap‹, ›Shuffleboard‹ und Tischkegeln. Aber für ihn war es entspannend, das Spielen und das Bier und die Unterhaltung, und ich denke, daß er es als Ausgleich für die einsame konzentrierte Arbeit in seinem Schuppen brauchte.

Dylan und ich unterschieden uns in vieler Hinsicht. Wenn ich etwas über jemanden oder zu jemandem sagen wollte, von dem ich wußte, daß es für die Betroffenen oder für mich unangenehm sei, zwang ich mich dazu, es ganz unnötigerweise durchzustehen, und machte mir dabei viele zum Feind; aber die Wahrheit mußte gesagt werden. Dylan konnte diesen Dingen nie mit offenem Visier begegnen. In seinen Bettelbriefen äußerte er sich nie geradeheraus und sagte nicht, was er wollte oder wieviel er eigentlich wollte; stattdessen wand er sich herum, ohne zum Kern zu kommen. Ich brachte die Angelegenheit kurz angebunden vor und empfing den Schlag ins Gesicht, wenn ich zurückgewiesen wurde. Ich zog es vor, die Sache hinter mich zu bringen.

Diese Bettelbriefe zogen sich endlos hin und beabsichtigten, den Empfänger weich zu klopfen. Bei einigen Leuten mag das funktioniert haben, aber ich fand das langweilig und überflüssig und fast verächtlich. Ganz bestimmt gab er sich so in seinen Briefen an Fürstin Caetani und Margaret Taylor. Er wußte, was sie erwarteten – all das beschreibende Gesums – also schöpfte er aus dem Vollen, doch nicht ohne einen Unterton an Ironie. Viele seiner Briefe waren geschwindelt, und ihn kümmerten die Menschen, an die er sie richtete, keinen Deut; sie waren gut geschrieben, aber sie waren nicht aufrichtig. Die Fürstin Caetani war ihm völlig gleichgültig; für ihn war sie nur eine Geldquelle. Wie so viele seiner Briefempfänger mag sie sich, weil er ihr offensichtlich sein Vertrauen schenkte, priviligiert gefühlt haben, wohingegen es in Wirklichkeit ein gut kalkuliertes Bettelmanöver war.

Dylan konnte sich nicht dazu überwinden, seine Geldbitten offen zu äußern, weil er Angst hatte, daß man ihn zurückweisen würde; ich glaube, daß Dylan die Briefe so formulierte, daß jeder Empfänger glücklich war, sie erhalten zu haben und wegen seines Schreibens nicht schlecht von ihm dachte, selbst wenn man ihn zurückwies. In diesen Briefen steckte viel Angst. Er behandelte die Menschen, wenn er etwas von ihnen erbettelte, wie Freunde, selbst wenn sie keine Freunde waren und er sie nicht mochte.

Mit all diesen Komplexen war Dylan eigentlich nicht der Typ für eine Lesereise durch Amerika. Es machte ihn nicht glücklich, von einer fremden Stadt in die nächste zu reisen und sich mit niemandem im Zug unterhalten zu können. Er fühlte sich alleingelassen – eine weitere Ängstigung –, was er im Zaum zu halten versuchte, indem er einfach aus dem Zug stieg und auf kürzestem Weg die nächste Bar aufsuchte. Das Spektakel einer Lesereise war für jemanden so Sanften wie Dylan zu rücksichtslos, weil es kein Entspannen zuließ; doch als der Brief von Brinnin eintraf, schrieb er zurück:

Ich empfinde es als eine große Ehre, als erster Dichter, der nicht schon Besucher war, nach Übersee eingeladen zu werden, und ich bin auch beglückt. Ich wollte schon seit einiger Zeit in die Staaten kommen, und es könnte keinen erfreulicheren Anlaß als diesen für ein Kommen geben ... Ich würde gerne für meine Lesung Anfang 1950, wahrscheinlich im Januar oder Februar, nach New York reisen. Ihre Gönnerschaft und Ihr Angebot, auch noch woanders zu lesen, einschließlich Kalifornien, nehme ich nur all zu gern an.

John Malcolm Brinnin war erst kurz vorher zum Direktor des Poetry Centre der *Young Men's and Young Women's Hebrew Association* in New York ernannt worden. Er war schon seit langem ein Bewunderer von Dylans Dichtung und fast die erste Entscheidung in seinem neuen Amt war, Dylan nach New York einzuladen, damit er eine Lesung für ein Honorar von fünfhundert Dollar, einschließlich der Unkosten, halte. Nach längerem Briefwechsel war er sogar einverstanden, noch weiter zu gehen und für Dylan eine Rundreise durch die Vereinigten Staaten vorzubereiten, auf der er an vierzig Universitäten vor Studenten sprechen sollte.

Dylan hatte eine solche Reise noch nie gemacht und auch kein anderer britischer Dichter. Er betrat damit völlig neuen Boden.

Schließlich wurden die Termine festgesetzt: Er sollte am 20. Februar 1950 in die Staaten abreisen und seine erste Lesung drei Tage später vor dem Kaufmann-Auditorium in New York halten.

Dylan war vor der Reise sehr aufgeregt. Ich begleitete ihn zum Abschied nach London, und wir verbrachten dort ein paar gemeinsame Tage. Immerzu sagte er mir, daß er dieses Mal viel Geld verdienen würde. Da dies vorher schon immer seine Ausrede für die Reisen gewesen war, glaubte ich ihm nicht so recht, obwohl ich sehen konnte, daß ihm in den Vereinigten Staaten für seine Lesungen ein höheres Honorar angeboten worden war, als er bisher erhalten hatte. Er sagte, daß er mir Schecks schicken würde. Gleichzeitig versuchte er, alles vor mir herunterzuspielen, weil er glaubte, daß ich, weil er ohne mich fuhr, auf ihn eifersüchtig sein und mich, allein mit den Kindern, in Laugharne elend fühlen würde. Den ersten Brief schickte er mir drei Tage nach seiner Ankunft in New York:

Mein teurer ferner Schatz, meine kostbare Caitlin, mein Weib, geliebtes, ich liebe Dich, wie ich Dich noch nie geliebt habe, oh bitte, denke den ganzen & jeden Tag an mich, so wie ich hier an Dich denke, in dieser schrecklichen, schönen Traum- und Nachtmahrstadt, die überhaupt nur zu etwas taugen würde, wenn wir hier zu zweit wären, wenn wir uns jede Nacht in ihr aneinanderklammerten. Ich liebe Dich, Cat, meine Cat, Deinen Körper, Dein Herz, Deine Seele, alles, und ich gehöre immer und ganz Dir. Wie geht es Dir, mein Herz? Wann bist Du mit Ivy zurück nach Laugharne gefahren? Ich hoffe, Du hast Dich nicht allzu sehr ins Vergnügen gestürzt, weil es Dich genauso krank macht wie mich. Und wie geht es meinem geliebten Colm und meinem süßen Unhold Aeron? Grüße sie bitte lieb von mir. An Llewelyn werde ich selber am Wochenende schreiben, wenn ich vorübergehend New York verlasse und bei John Brinnin – ein schrecklich netter Mann – in seinem Haus auf dem Land, rund eine Stunde entfernt, wohnen werde. Und wie geht es den Alten? Ich werde auch an sie schreiben. Ich liebe Dich, ich

kann Dich sehen, jetzt in dieser Minute. Dein Gesicht &
Deinen Körper, Dein wunderschönes Haar, ich kann Deine
entzückende unverständliche Stimme hören. Ich liebe Dich,
& ich liebe unsere Kinder, & ich liebe unser Haus. Hier muß
ich jede Nacht etwas zum Schlafen einnehmen: Ich wohne
direkt im Herzen von Manhattan, umgeben von Wolkenkrat-
zern, die unendlich höher und fremder sind, als man sie von
Bildern kennt: Ich wohne in einem Zimmer, einem Hotelzimmer, denn zu dem versprochenen Appartement kam es nicht,
im 30. Stockwerk: und der Lärm, Tag und Nacht: ohne ein
Mittel könnte ich überhaupt nicht schlafen. Die riesigsten
schwersten Lastautos, Polizeiwagen, Feuerwehren, Ambu-
lanzen, alle mit ihren Todesfeesirenen klagend und heulend,
scheinen nie anzuhalten; Manhattan ist auf einen Felsen
gebaut, es wird viel abgebrochen, um noch einen weiteren
Superwolkenkratzer zu errichten, und man hört fast ununterbrochen Sprengungen mit Dynamit. Flugzeuge fliegen dicht
über die Spitzen der hohen glitzernden Wolkenkratzer, von
denen einige schön und andere verrucht sind. Und ich habe
keine Ahnung, was um die Welt ich hier anfangen soll in der
sehr lauten, verrückten Mitte des letzten verrückten Reiches
auf Erden: außer an Dich zu denken, & Dich zu lieben, &
für uns zu arbeiten. Ich habe in dieser Woche zwei Lesungen
im Poetry Centre in New York gehalten: Jedes Mal hatten
sich rund tausend eingefunden. Ich fühlte mich wie ein sehr
einsamer, fremder Knirps, der dort oben Reden schwang, in
einer riesigen Halle vor all diesen Gesichtern; aber die Lesungen klappten gut. Nach diesem Wochenende, an dem ich mit
Brinnin noch einen weiteren Rest meines erschreckend ausge-
dehnten Programms vorbereite, gehe ich für zwei Tage an die
Harvard University in Cambridge bei Boston, dann nach
Washington, dann zurück nach New York, danach, Gott
weiß wohin, ich wage nicht daran zu denken, doch ich weiß,
daß Yale, Princeton, Vassar dazugehören – 3 große Universitäten, wie Du weißt, alte Allwissende – & Salt Lake City, wo
die Mormonen leben, & Notre Dame, das Jesuitenkolleg, &
den Mittleren Westen, Iowa, Ohio, Chicago – & Florida, eine

172

Art exotischer Zufluchtsort, & danach: Der bloße Gedanke läßt meinen Kopf erdröhnen wie New York. Zu den Orten in der Nähe von New York fährt mich Brinnin mit dem Auto; zu den anderen fahre ich allein mit dem Zug; zu den weiter entfernten Orten fliege ich. Doch *was auch immer* sich ereignet, bei Gott, ich fliege nicht zurück. Einschließlich sehr kurzer Zwischenlandungen in Dublin, Kanada & Boston war ich siebzehn Stunden lang in der Luft mit zwanzig der ekelhaftesten Menschen am Himmel in der Stratosphäre zusammengepfercht. Ich hatte außerdem einen scheußlichen Hangover von unserem Feiern in London; die schreckliche Höhe macht, daß einem die Ohren teuflisch schmerzen, die Lippen rissig werden und der Magen sich hebt; und es wollte nicht aufhören. Ich komme mit dem Schiff zurück. Ich war auf einigen Partys, traf viele amerikanische Dichter, Schriftsteller, Kritiker, Schmarotzer, einige sehr angenehm, alle unbändig höflich & gastfreundlich. Außer bei einer Gelegenheit, habe ich mich immer an das amerikanische Bier gehalten, das ich, obwohl es dünn ist, sehr mag & das eiskalt ist. Ich traf, nebenbei, an dem kältesten Tag ein, den New York seit unendlichen Jahren erlebt hat: Es war fünfzehn Grad Minus. Du hättest es herrlich gefunden. Ich hatte mir nie vorgestellt, daß irgend etwas so kalt sein kann, meine Ohren fielen fast ab: Der Wind peitschte durch meinen monströsen Dufflecoat. Doch sobald ich im Zimmer war, empfand ich den Dampf (Heizung?) schlimmer: Ich glaube, ich kann den Gefrierpunkt besser ertragen als das, & zum Erstaunen der Eingeborenen, lasse ich alle Oberlichter der Fenster offen stehen. Ich bin auch an vielen berühmten Orten gewesen: ganz oben auf dem Empire State Building, hier das höchste Gebäude, was mich so sehr entsetzte, daß ich sofort wieder hinunter mußte; in Greenwich Village, ein schwächeres Soho, doch mit stärkeren Getränken; & heute vormittag fährt uns John Brinnin nach Harlem. Ich sage deshalb ›uns‹: Im gleichen Hotel wie ich wohnt unser alter Neuseeländer Allen Curnow, & ich sehe ihn öfter. Ich habe Auden getroffen, & Oskar Williams, ein sehr merkwürdiger, aber freundlicher kleiner Mann.

Und jetzt muß es für Dich, meine Cat, so aussehen, als hätte ich hier mein Vergnügen. Ich habe es nicht. Es ist ein einziger Alptraum, nachts & tags; nie hat es etwas Vergleichbares gegeben; ich würde mich nie an die Geschwindigkeit, den Lärm, die völlige Gleichgültigkeit der Menschenmassen, die erschreckende Höflichkeit der Intellektuellen gewöhnen, und am allerwenigsten an die riesigen phallischen Türme, höher & höher, Hunderte von Stockwerken bis in den undenkbaren Himmel. Ich habe vor dieser Stadt solche Angst, daß ich kaum wage, mein Hotelzimmer zu verlassen – das luxuriöse – bis Brinnin oder jemand anderer mich anruft. Alle benutzen ständig das Telefon: es ist wie atmen: es ist jetzt neun Uhr morgens, & ich habe schon sechs Anrufe erhalten: alle von Leuten, deren Namen ich nicht verstand, die mich zu einer kleinen Poeterei einladen wollten, und an Orte, die ich nicht kenne. Und am meisten, am meisten, am meisten von allem, obwohl es, Gott weiß, nicht nötig ist, Dir das zu sagen, die alles versteht, möchte ich mit Dir zusammen sein. Wenn wir hier gemeinsam sein könnten, wäre alles in Ordnung. Niemals würde ich mich wieder ohne Dich hierher oder an irgendeinen fernen Ort begeben; aber vor allen Dingen nicht hierher. Das übrige Amerika mag ganz richtig sein, & vielleicht kann ich es verstehen, doch das hier ist die letzte Manifestation der irrsinnigen Machtgier, die ihre Bauten bis an die Sterne wachsen & ihre Maschinen lauter & schneller toben läßt, als je zuvor; die Machtgier, die alles ums Geld gehen läßt & deren Todesdrohung sich ausdrückt in jedem neuen Fließband und in jedem Zugriff der mächtigen Bosse, der großen Tiere, der Multis, die man nie zu sehen bekommt. Heute Vormittag gehen wir, um uns die andere Seite, jenseits der Wolkenkratzer, anzusehen: das schwarze Harlem, die hungernde jüdische East Side. Eine vierköpfige Familie ist in New York mit £ 14 pro Woche sehr arm dran. Trotzdem werde ich nächste Woche einige Nylons kaufen & irgendwelche Konserven. Noch etwas anderes?
Noch Praktisches in letzter Minute: Wie steht's mit dem Geld? Sind irgendwelche neuen Rechnungen gekommen?

Wenn ja, dann schick sie, wenn Du schreibst (& schreib bald, meine innig Geliebte, mein süßes Herz, das ist alles, worauf ich warte, außer zu Dir nach Hause zurückzukehren) an die Adresse auf der Küchenwand. Ich lege einen Scheck an Phil Raymond bei, & einen Barscheck an Gleed; bezahl diese Rechnung, wenn Du kannst.

Vergiß mich nicht. Ich liebe Dich. Schreibe mir.

Dein liebender zärtlicher Dylan

Vierzehn Tage später, am 11. März 1950, schrieb er mir wieder, dieses Mal aus Washington:

Caitlin, mein geliebter, geliebter, geliebter liebster Schatz, den Gott und *meine* Liebe und *Deine* Liebe für mich beschütze, meine süße Frau, meine Liebste, mein irisches Herz, mein wundervolles, wundervolles Mädchen, das unsichtbar in jeder Sekunde dieser entsetzlichen Tage bei mir ist, wach oder schlaflos, das immer und ewig bei mir und mein eigenes wahrhaft geliebtes Amen ist – ich liebe Dich, ich brauche Dich, ich begehre Dich, begehre Dich, wir waren noch nie so lange getrennt wie jetzt, nie, nie, und wir werden es nie wieder sein. Ich schreibe Dir jetzt, während ich im Bett liege, im prächtigen Gästehaus der Schwester von der römischen Fürstin, in einem eleganten Zimmer, das die Hölle auf Erden ist. Ach warum, warum nur richteten wir es nicht *irgendwie* ein, daß wir gemeinsam diesen niederschmetternden, wahnsinnigen, rasend lauten, dröhnenden Kontinent betraten. Wir hätten es irgendwie schaffen *sollen*. Oh warum, warum nur glaubte ich, daß ich während all dieser qualvollen, endlosen, hallenden Monate ohne Dich, Cat, leben könnte, es ertragen könnte zu leben, glauben konnte, leben zu können, mein Leben, meine Frau, meine Frau auf Erden und vor Gottes Angesicht, meine Rechtfertigung für mein Blut, Atem und Gebein. Hier, in diesem unermeßlichen Wahnsinnsschrecken, der seine Größe, oder seine Stärke, oder seine Schwäche, oder seine barbarische Geschwindigkeit, Einfalt, Selbstgerechtigkeit oder sein rohes Getöse nicht kennt, in

175

diesem kanzerösen Babylon, hier könnten wir uns aneinanderklammern, bei Verstand, sicher, & warm & Gesicht, zusammen, alles. ICH LIEBE DICH. Mir kommt es vor, und wahrscheinlich ist es auch so, daß ich Tausende von Meilen gefahren bin, entlang neonbeleuchteter, schlechtgebauter, motelgesäumter, motorendröhnender, von Eiscremesaloons und gigantischen Reklametafeln begleiteter Straßen der unteren Regionen der Verdammten, von Stadt zu Stadt, College zu College, Universität zu Universität, Hotel zu Hotel, & alles, was ich eigentlich, vor Christus und vor Dir, möchte, Dich in unserem Haus in Laugharne, Carmarthenshire, in den Armen zu halten. Und das schlimmste, rund tausend Meilen – nein, Tausende & Tausende & Tausende von Meilen – stehen noch bevor. Ich habe mich erst mit den nah beieinanderliegenden der ewigen auswärtigen Verabredungen befaßt. Morgen verlasse ich Washington und fahre Hunderte von Meilen nach New York. Dort lese ich in der Columbia University. Gleich am Tag darauf beginne ich meine Pilgerfahrt, meine *wahrhafte* Pilgerfahrt zu den Verdammten. Ich begebe mich nach Iowa, Idaho, Indiana, Salt Lake City, & dann noch eine titanische Entfernung nach Chicago. Alles allein. Freund Brinnin verläßt mich in New York. Und von Chicago fliege ich nach San Francisco, & von dort, und von dort wanke ich, von Rauch und Lärm geblendet, nach Los Angeles. Die Entfernung von New York – wo ich morgen sein werde – nach Los Angeles ist weiter als die Entfernung von London nach New York. Oh Cat, meine Schöne, meine Liebe, was mache ich hier? Ich bin kein Globetrotter, kein Kosmopolit, ich habe kein Verlangen, durch den amerikanischen Alptraum zu fegen wie eins von ihren verfluchten Automobilen. Ich möchte ruhig leben, mit Dir & Colum, & geräuschvoll mit Aeronwy, & ich möchte Llewelyn sehen, & ich möchte in meiner Hütte sitzen und schreiben & ich möchte Deine Stews essen, und ich möchte Deine Brüste und Möse berühren, und ich möchte jede Nacht, in Liebe & Frieden, dicht, dicht, dicht, dicht, dicht bei Dir liegen, dichter als das Innerste Deiner Seele. ICH LIEBE DICH.

Nicht alles hier ist schrecklich. Ich habe viele freundliche, intelligente, humorvolle Leute getroffen, & einige wenige, ganz wenige, die den amerikanischen Lebensstil, die treibende Gier nach Erfolg, die Anbetung der Macht, so hassen wie ich. Es gibt mehr zu essen, als ich mir erträumt habe. Und ich möchte Dir noch einmal sagen, meine Cat, daß ich immer noch nichts anderes als eiskaltes Bier trinke. Starke Getränke rühre ich überhaupt nicht an, obwohl sie es sind, was hier jedermann trinkt – in riesigen Mengen. Doch wenn ich etwas anderes als Bier anrührte, *könnte* ich mich hier einfach *nicht* zurechtfinden. Ich könnte dieser Welt, wenn ich mich schlecht fühlen würde, nicht entgegentreten. Ich muß, äußerlich, so stark wie möglich bleiben. Nur in meinem Herzen und in meinem Kopf brennen Jammer und Entsetzen. Ich vermisse Dich millionenfach mehr, als wenn mir Arme, Beine, Kopf & Rumpf abgetrennt wären. Du bist mein Leib, & ich bin der Deine. Heilig & weihevoll, & zärtlich & wollüstig, seelisch, & bis zu den tiefsten Tiefen des unbewußten Meeres liebe ich Dich, Caitlin, meine wilde kluge wunderbare Frau, mein Mädchen, die Mutter unseres Colum Blumenkohls.

Deinen Brief las ich zehn Mal am Tag, in Autos, Zügen, Pubs, auf der Straße, im Bett. Ich glaube, ich kenne ihn auswendig. *Natürlich* kenne ich ihn auswendig. Dein Herz, lebendig, hüpfend & liebend ist in jedem Wort. Danke Dir, mein Liebling, für Deinen wunderschönen Brief. Bitte schreibe so oft, wie es Dir möglich ist. Und ich will auch schreiben. Ich habe so lange nicht geschrieben, weil ich seit meinem ersten Brief das Reisen und das laute Lesen auf Bühnen und an Pulten keine Sekunde lang unterbrochen habe – außer durch Schwächezustände, Zitteranfälle und erschöpftes Denken, Denken, Denken an Dich.

Heute ist der erste Tag, an dem ich keine Arbeit leisten muß. Ich wartete mit dem Schreiben an Dich, bis ich im Bett war. Ich kann so ins Kissen weinen und Deinen Namen über die Meilen, die Dich von mir trennen, rufen. I LOVE YOU. Bitte, liebe mich & denk an mich & WARTE AUF MICH.

Laß das Stew auf dem Feuer für mich bereit stehen. Küsse Kattun-Colum von mir und die durchtriebene Aeron.

Ich hoffe, Du hast die Strümpfe erhalten, die ich Dir sandte. Ich habe auch an Ivy ein Paar geschickt. Heute ließ ich von einem großen Geschäft in Washington verschiedene Sorten Schokolade, Bonbons & Konfekt für Dich, für Aeron und für Mutter abschicken. Liebling Liebling, es tut mir leid, daß ich nichts für den Geburtstag der lieben Aeron tun konnte. Verabredungen & Zeitpläne waren ein Wirrwarr aus Geschwindigkeit & Lärm, durch den ich wie ein schwitzender fetter rotgesichtiger Komet die *unglaublichsten* Bahnen zog. Doch sag ihr, daß viel Süßkram & Sachen in wenigen Tagen ankommen werden. Morgen schicke ich auch noch von New York aus einige Lebensmittel.

Wegen des Ungoed Schecks: Wenn mein Scheckheft am Boden von meinem Koffer liegt, werde ich ihm einen Scheck ausstellen & in diesen Brief stecken, wenn ich ihn morgen absende. Wenn es nicht in meinem Koffer ist, sondern in dem anderen Koffer in Brinnins Haus, werde ich ihn morgen getrennt schicken. Ich kann jetzt im Koffer nicht nachsehen. Er ist unten. Das Haus ist dunkel. Ich werde hier liegen & Dich lieben. Ich liebe Dich wirklich, Engel. Sei gut zu mir & den unseren.

Was soll ich Dir sagen, was ich Dir nicht schon tausendmal zuvor gesagt habe, liebe liebe Cat? Es ist: Ich liebe Dich.

Am 16. März schrieb Dylan mir aus Chicago:

Cat: meine Katze: Wenn Du mir doch schreiben würdest: Liebling, Cat. Dies hier ist nicht, wie es nach der obigen Adresse scheint, eine Kaschemme, ein Bumslokal, eine Spelunke, usw., sondern das hochansehnliche & würdevolle Hauptquartier der Professoren der Universität Chicago. Ich liebe Dich. Das ist alles, was ich weiß. Und noch etwas weiß ich: Ich schreibe dies ins Leere hinein, in einen Raum, der mir ebenso schrecklich unbekannt ist, wie der, den ich jetzt gleich betreten werde. Ich begebe mich nach Iowa, Illinois, Idaho,

178

Indiana, aber dies, wenn auch falsch geschrieben, *gibt* es auf der Landkarte. Dich nicht. Hast Du mich vergessen? Ich bin der Mann, zu dem Du immer gesagt hast, daß Du ihn liebst. Ich schlief doch in Deinen Armen – erinnerst Du Dich? Doch Du schreibst einfach nicht. Ich bin Dir vielleicht gleichgültig. Du mir aber nicht. Ich liebe Dich. Es gibt keinen Augenblick an jedem abscheulichen Tag, an dem ich mir nicht sage: »Es wird schon gut gehen. Ich werde wieder nach Hause kommen. Caitlin liebt mich. Ich liebe Caitlin.« Aber vielleicht hast Du es vergessen. Wenn Du es vergessen hast, oder Deine Zuneigung zu mir verloren hast, bitte, meine Cat, laß es mich wissen. Ich liebe Dich.   Dylan

Der nächste Brief, der noch erhalten ist, wurde fast drei Monate später geschrieben, als Dylan bei Ruth Witt-Diamant in San Francisco wohnte. Sie wurde für uns beide eine Freundin. Der Brief trägt das Datum vom 5. April:

Liebling, meine Caitlin, mein Liebling, Liebling
danke Dir (ich liebe Dich) für Deinen wunderschönen wunderschönen wunderschönen Brief und (mein Liebling) für die Liebe, die Du mir sandtest. Bitte, Cat Liebes, vergib mir das häßliche Briefchen, das ich wegen Deines Nicht-Schreibens sandte: Es geschah nur, weil ich so besorgt war und so voller Liebe zu Dir. Dies wird der kürzeste Brief werden, weil ich ihn in einem schaukelnden Zug schreibe, der mich von San Francisco – der schönsten Stadt auf der Welt – nach Vancouver in Kanada bringt. Und mit diesem winzigen, doch innig liebenden Brief, sende ich Dir auch einen Scheck über £ 50 fürs Magdalen College und einen Scheck über £ 15 für Dich: Dies scheint ein merkwürdiger Betrag zu sein, aber wer weiß denn, was sich noch auf der Chelsea Bank befindet. Ich kann dummerweise nicht die Rechnung von Nathan Davies finden, die Du mir geschickt hast – kannst Du sie jetzt damit bezahlen? Bitte, mein einziger Schatz, sende von nun an alle Rechnungen & Ärgerlichkeiten an mich. Und ich hoffe, die Schecks werden eingelöst. Der Zug bewegt sich so rasch

durch eine wunderbare Landschaft entlang der Pazifikküste, daß ich nicht weiter schreiben kann. Sobald ich mich auf festem Boden befinde, werde ich länger schreiben. Ich sagte, daß San Francisco die schönste Stadt auf der Welt sei. Es ist unglaublich schön, überall Berge und Brücken und leuchtend blauer Himmel, und Boote und der Pazifische Ozean. Ich versuche zu erreichen – & es gibt genügend Anlaß zu glauben, daß es klappt –, daß Du & ich & Colum (mein Colum, Dein Colum) im nächsten Frühjahr nach San Francisco kommen, wenn ich sechs Monate lang Professor im englischen Seminar der Universität werde. Du wirst es hier sehr mögen. Ich bin wahnsinnig unglücklich, aber hier gefällt es mir. Ich sehne mich verzweifelt nach Dir, doch ich bin sicher, daß wir hierher zusammen kommen können. Ich liebe Dich. Ich liebe Dich. Ich liebe Dich. Ich bin glücklich, daß Du unbeugsam und gelassen bist. Ich bin ziemlich erschöpft, aber ich liebe Dich so sehr, daß es keine Rolle spielt. Den letzten Abend habe ich mit Varda, dem griechischen Maler, verbracht, der sich an Dich noch erinnert, als Du fünfzehn warst. Ich wünschte, ich könnte es auch. Morgen ein langer Brief. Oh, mein Herz, mein goldenes Herz, wie ich Dich vermisse. In mir herrscht eine unverträgliche Leere, die nur durch Deine Seele & Deinen Körper ausgefüllt werden kann. Ich werde lebendig zurückkommen & in so tiefer Liebe zu Dir, wie ein Kormoran tauchen, eine Anemone wachsen, Neptun einatmen kann und das Meer tief ist. Gott segne & schütze Dich & Llewelyn & Aeron & Colum, meinen, unseren Colum. Ich liebe Dich. Dylan

P. S. Schreibe mit Luftpost an die obige Adresse. Ich kehre in einer Woche nach S. Francisco zurück.

P. P. S. Liebling, mir ist klar, daß fünfzehn Pfund unangemessen sind, aber laß die dicken £ 50 erst von der Bank erledigen & dann kann ich mehr schicken. Nächste Woche kann ich Dir einen Dollarscheck schicken, den Du Dir dann in bar über das Konto meines armen alten Herrn oder über Ivy's umwechseln lassen kannst.

Ich liebe Dich.

Zwei Tage später schrieb mir Dylan wieder, dieses Mal aus Vancouver. Der Brief wurde am 7. April aufgegeben.

Caitlin. Einfach nur Deinen Namen so hinzuschreiben. Caitlin. Ich muß nicht sagen Meine liebe, Mein Liebling, mein süßes Herz, obwohl ich diese Worte bei mir zu Dir sage, den ganzen Tag und die ganze Nacht. Caitlin. Und alle diese Worte sind in dem einen Wort. Caitlin, Caitlin, und ich kann Deine blauen Augen sehen und Dein goldenes Haar und Dein langsames Lächeln und Deine weit entfernte Stimme. Deine weit entfernte Stimme sagt, jetzt an meinem Ohr, die Worte, die Du in Deinem letzten Brief sagtest, und danke Dir, Liebes, für die Liebe, die Du sagtest und sandtest. Ich liebe Dich. Vergiß das nie, vergiß das nicht einen Augenblick während des langen, langsamen, tristen Laugharne-Tages, vergiß das nie in Deinen verworrenen Entrückungen, in Deinem Schoß und Deinem Innersten, nachts in unserem Bett. Ich liebe Dich. Durch diesen ganzen Kontinent trage ich Deine Liebe zu mir, Deine Liebe begleitet mich hinauf in die Flugbahn, in alle Hotelzimmer, wo ich in einem soeben meinen Koffer öffne, der wie immer halb voll ist mit schmutzigen Hemden – und mich zur Ruhe lege & bis zum Morgengrauen wach bleibe, weil ich Dein Herz neben mir pochen und Deine Stimme meinen Namen sagen höre, und unsere Liebe spüre über den Lärm der nächtlichen Straßen, und über die Neonlampen hinweg, in all meiner Einsamkeit, meine Geliebte.

Heute ist Karfreitag. Ich schreibe dies in einem Hotelzimmer in Vancouver, Britisch Kolumbien, Kanada, wo ich gestern zwei Lesungen hatte, eine in der Universität und eine im Ballsaal des Vancouver Hotels, und eine Radiosendung gemacht habe. Vancouver liegt am Meer, und über der Stadt erheben sich riesige Berge. Hinter diesen Bergen liegen noch mehr Berge, liegt eine unbekannte Gegend, 30 000 Meilen Bergwildnis, das vergessene Land Kolumbien, wo Pumas leben und schwarze Bären. Aber die Stadt Vancouver ist ein ganz schöner Höllenschlund. Es ist, weil es kanadisch ist,

181

britischer als Cheltenham. Ich sprach vergangenen Abend – oder las, ich halte nie einen Vortrag, wie könnte ich? – umrahmt von zwei Union Jacks. Die Pubs – sie werden ›beer-parlours‹ genannt – schenken nur Bier aus, dürfen keinen Whiskey, keinen Wein und überhaupt keine harten Getränke führen – und sind nur wenige Stunden tagsüber geöffnet. Es gibt in diesem ungeheuerlichen Hotel zwei Bars, eine für Männer, eine für Frauen. Sie mischen sich nicht. Heute, am Karfreitag, ist nichts geöffnet und wird auch den ganzen Tag über nicht geöffnet sein. Jeder ist fromm und patriotisch, außer einigen Leuten in der Universität & meinem alten Freund Malcolm Lowry – erinnerst Du Dich an ›Unter dem Vulkan‹ – der in einer Hütte in den Bergen lebt und vergangenen Abend herunterkam, um mich zu treffen. Erinnerst Du Dich an seine Frau Margery? Wir trafen sie mit Bill & Helen in Richmond und später, glaube ich, in Oxford. Sie jedenfalls erinnert sich genau an Dich und schickt Dir liebe Grüße.

Heute nachmittag nehme ich meinen Koffer mit schmutziger Wäsche und besteige ein Flugzeug nach Seattle. Und ich danke Gott, aus Britisch Kanada heraus & wieder zurück in den schrecklichen Vereinigten Staaten von Amerika zu sein. Ich lese dort heute Abend Gedichte in der Universität. Danach habe ich in Seattle einen Ruhetag & fliege dann am Sonntag nach Montana, wo die Cowboys sind, Tausende von ihnen, sag das Ebie, und anschließend fliege ich am Montag – es dauert rund 8 Stunden – nach Los Angeles & Hollywood: Der Albtraum – Höhepunkt meiner wahnsinnigen einsamen Reise.

Aber, oh, San Francisco! Es ist und hat alles. Hier in Kanada würdest Du nicht glauben, daß es in fünf Flugstunden Entfernung einen solchen Ort geben kann. Das wunderbare Sonnenlicht dort, die Hügel, die großen Brücken, den Pazifik zu Füßen. Wunderschönes Chinatown. Alle Rassen der Welt. Die Sardinenflotten segeln hinaus. Die kleinen Cable-Cars sausen die Stadthügel hinunter. Die Hummer, Muscheln & Krabben. Oh Cat, welches Futter für Dich. Es gibt alle Sorten von eßbaren Meerestieren. Und alle Leute sind zugänglich und freundlich. Und nächstes Jahr werden wir beide dorthin fahren und dort leben, Du & ich & Colum & vielleicht Aeron. Das ist sicher. Zwei Universitäten haben mir eine Stelle angeboten. Wenn ich für zwei weitere Lesungen in der kommenden Woche nach San Francisco aus Los Angeles zurückkehre, werde ich endgültig wissen, welche von den Stellen ich annehme. Das Gehalt wird ausreichen, um ohne Sorgen zu leben, aber zu mehr nicht. Jeder, der an einer Universität ist, hat Geldschwierigkeiten. Aber das macht nichts. Eßbare Meerestiere sind billig. Chinesische Lebensmittel sind billiger & köstlich. Kalifornischer Wein ist gut. Das eisgekühlte Bockbier ist gut. Was wollen wir mehr? Und die Stadt ist auf Hügeln erbaut; sie tanzt neun Monate des Jahres lang in der Sonne; & der Pazifische Ozean trocknet nie aus.

Vergangene Woche war ich in Big Sur, einer gebirgigen Gegend am Meer und verbrachte die Nacht bei Henry Miller. Erzähle das Ivy; ihr, die seine Bücher im Backofen versteckte. Er lebt ungefähr zweitausend Meter hoch in den Bergen über dem leuchtend blauen Pazifik in einer Hütte, die er sich selber gebaut hat. Er hat eine hübsche junge Polin geheiratet, & sie haben zwei kleine Kinder. Er ist sanft und milde und heiter. Ich liebe Dich, Caitlin.

Du hast mich nach den Geschäften gefragt. Ich weiß nur, daß die Geschäfte in den großen Städten, in New York, Chicago, San Francisco, voll mit allem sind, wovon man je gehört hat und auch voll mit allem, was man nicht kennt und noch nie gesehen hat. Die Lebensmittelgeschäfte werfen Dich um. Alle Frauen sind schick, wie in Modeillustrierten und raffiniert & gepflegt – ich meine, die Frauen in den Hauptstraßen; verborgen sind die ewig armen, geschlagenen, beraubten, gedemütigten, angespieenen, ausgemergelten. Aber sie sind nicht so schön wie Du. Und wenn Du und ich in San Francisco sind, wirst Du eleganter und raffinierter sein als sie, und das Meer & die Sonne wird Dich über die Dächer & die Bäume springen lassen, & Du wirst nie wieder müde sein. Oh, mein reizender Liebling, wie ich Dich liebe. Ich liebe Dich für immer & ewig.

Ich sehe Dich in jeder Minute des Tages und der Nacht. Ich sehe Dich in unserem kleinen Haus den Granatapfel Deines Auges hüten. Ich liebe Dich. Küsse Colum, küsse Aeron & Llewelyn. Ist Elizabeth bei Euch? Empfiehl mich ihr bitte. Ich liebe Dich. Schreib, schreib, schreib, meine allerliebste Caitlin. Schreib mir immer noch c/o Brinnin, obwohl sich die Briefe auf diesen Weise verspäten, aber ich bin ihrer sicher. Verzweifle nicht. Sei nicht zu müde. Bleib immer gut zu mir. Eines Tages werde ich in Deinen Armen sein, mein Liebling, wie befangen wir auch sein mögen. Sei gut zu mir, wie ich immer zu Dir bin. Ich liebe Dich. Stell es Dir vor: wir beide in der Sonne von San Francisco – es wird kommen. Ich liebe Dich. Oh, Darling, als ich die ganze Zeit mit Dir zusammen war, wie habe ich Dich je anschreien können? Ich liebe Dich. Denk an mich. Dein Dylan

Ich lege einen Scheck über £ 15 hinzu.
Ich werde in drei Tagen von Hollywood aus schreiben.
Ich werde Dir noch mehr Geld schicken.
Ich liebe Dich.

Das sind einige von den Briefen, die erhalten geblieben sind, und sie befinden sich jetzt in einer Privatsammlung. Ich entschied, sie vor einigen Jahren zu verkaufen, als ich in Geldnot war. Dylan schrieb mir sehr viele Briefe, während unserer Ehe und schon vorher; ich nahm sie immer, wohin wir auch gingen, in einer hübschen Schokoladenpappschachtel mit, bis sie mir aus der Wohnung meiner Schwester am Markham Square gestohlen wurden. Ich glaube, ich weiß, wer es tat, aber ich konnte es nie beweisen. Ich war sehr aufgebracht, weil ich sie sorgfältig aufbewahrt hatte. Es ist traurig, daß so wenige von den Briefen, die Dylan mir geschickt hat, erhalten geblieben sind. Alles wurde schließlich verstreut. Wenn Freunde zu Besuch kamen, liehen sie sich Bücher aus und gaben sie nicht mehr zurück. Mir ist nichts übrig geblieben als Kopien von seinen Büchern und eine Kopie der Fotografie, die jemand von Dylan im Salisbury Pub in der St. Martin's Lane gemacht hat. Sie hängt eingerahmt in meinem Schlafzimmer.

Die Briefe, die Dylan an mich schrieb, unterschieden sich sehr von denen, die er an seine Eltern schrieb, die viel mehr Detailliertes enthielten. Ihnen gegenüber war er der liebende Sohn, der von allem erzählte, was er gesehen hatte, und von seinen Erfolgen so berichtete, daß er immer einen unternehmenden und fleißigen Eindruck machte. Sie sogen die Briefe gierig in sich auf; sie glaubten jedes Wort, und warum sollte ich ihnen sagen, daß sie die Briefe nicht zu wörtlich nehmen sollten. Aber ich konnte auch zwischen den Zeilen von meinen Briefen lesen. Auf den ersten Blick waren es leidenschaftliche, liebevolle Briefe, jedoch an der Art, wie er sich ausdrückte und wie sehr er hervorhob, daß er mich vermisse, konnte ich sehen, daß er sich glänzend amüsierte, obwohl ich nicht ahnte, wie schlimm er sich dort drüben aufführte.

Als er nach Laugharne zurückkehrte, war er furchtbar aufgekratzt und mächtig angeregt. Er hatte eine teuflisch gute Zeit gehabt, neben all den Vorträgen und Lesungen. Er hatte sich einige skandalöse Dinge geleistet, wenn ich das auch damals noch nicht erfuhr, und man hatte ihm verziehen, weil er ein Genie war – jeder vergibt einem Genie. Dieses neue Leben ließ ihn nicht mehr los, ohne daß ich es merkte. Er hatte vorher ein so langweiliges Leben geführt; der Gegensatz war jetzt überwältigend. Ich verstand es, als ich ihn zwei Jahre später auf seiner zweiten Reise in die Vereinigten Staaten begleitete, doch für mich war es natürlich nicht dasselbe, weil ich nicht die Gefeierte war.

Zuerst also kehrte er völlig ausgepumpt nach Laugharne zurück; er war so müde, daß er kaum sprechen oder gehen konnte. Ich habe mich damals ziemlich selbstsüchtig und schäbig verhalten: denn ich war nach London gefahren, um ihn in der Heimat willkommen zu heißen, mit ihm gemeinsam Freunde zu besuchen, auf Gesellschaften zu gehen und ein wenig einzukaufen. Für mich war es eine wunderschöne Zeit, doch Dylans einziger Wunsch war es, nach Laugharne zurückzukehren. Er war in Amerika auf Millionen Gesellschaften gewesen, und er empfand all die alten Freunde als schreckliche Plage, aber er gab acht, daß man es ihm nicht allzu sehr anmerkte. Er beteuerte, daß er fern von mir einsam gewesen sei, obwohl ich mir auch das Aufregende vorstellen konnte – all die Lesungen, all der Applaus, all die Studenten, die sich danach um ihn scharten; er spürte, daß alles, was er über die Jahre erarbeitet hatte, jetzt anerkannt, daß seine geliebte Lyrik jetzt verstanden wurde. Das muß für ihn eine große Befriedigung gewesen sein, doch den Gegensatz zu London muß er schmerzlich empfunden haben. In Amerika macht man zu viel Aufhebens von Dichtern; in London zu wenig. Ich weiß nicht, ob das mit den Public Schools zusammenhängt, oder mit Oxford, jedenfalls sind die Engländer dem Genie gegenüber gleichgültig, fühlen sich von ihm gelangweilt; sie sind nicht beeindruckt, geschweige denn begeistert. Endlich hatte Dylan diese Hürde genommen, aber das wußte nur er allein. Keiner in Laugharne machte sich klar, was mit ihm in den Staaten geschehen war, und sogar ich schätzte das Ausmaß seines Erfolgs nicht richtig ein, denn er kam fast ohne Geld nach Westwales heim und hütete sich, seinen Amerika-Aufenthalt zu glanzvoll erscheinen zu lassen, weil er wußte, wie ich reagieren würde. Erst als ich ein Päckchen öffnete, das Brinnin ihn gebeten hatte, mir als Geschenk mitzubringen, fand ich in einer wunderschönen Handtasche aus Leder achthundert Dollar versteckt. Brinnin hatte richtig erkannt, daß Dylan das Geld so rasch ausgab, daß überhaupt nichts übriggeblieben wäre, wenn er nicht diesen kleinen Trick angewandt hätte.

10

Die Heimkehr verlief halbwegs glücklich. Wir hatten uns gegenseitig vermißt, wie unsere Briefe gezeigt haben. Aeron und Colm hatte er auch gefehlt, seine Eltern freuten sich, ihn wieder in Laugharne zu haben und zu sehen, wie er wieder in sein altes Gleichmaß kam. Sie waren stolz auf ihn; aber Dylan wurde klar, daß sich der Gesundheitszustand seines Vaters verschlechterte, und daß aus den Augen des alten Mannes viel von der alten Kampfeslust gewichen war. Dylan war bestrebt, ihnen und mir von Amerika zu erzählen: von den vierzig Universitäten, die er besucht hatte; von der Art und Weise, wie Dichter in den Staaten behandelt wurden; von den Flugzeugen, die er von einer Stadt zur anderen, kreuz und quer durch den Kontinent, hatte nehmen müssen, und von der Freundlichkeit, mit der ihm die Menschen begegnet waren. Das nächste Mal, sagte er, müßte ich ihn begleiten, und vielleicht könnten wir auch, wenn ihm eine befristete Stelle an einer Universität angeboten würde, die Kinder mitnehmen. Es war aufregend für ihn – ihm war der Durchbruch gelungen. Ein breites Publikum wollte seine Dichtung hören; sein Werk würde sich jetzt besser als bisher verkaufen – und das nächste Mal, ja, das nächste Mal würde er viel mehr Geld verdienen, weil er aus Brinnins Fehlern gelernt habe. Brinnin hätte zum ersten Mal eine solche Rundreise arrangiert und zwischen den Lesungen zu wenig Zeit für die Fahrt und für Ruhepausen eingeplant. Manchmal wären die Reisekosten viel höher gewesen, als Brinnin bei der Vereinbarung eines Lesehonorars veranschlagt habe, und Dylan wäre dadurch häufig fast leer ausgegangen. Er hatte damit gerechnet, dreitausend Dollar nach Hause zu bringen, aber alles, was wir hatten, waren die achthundert Dollar, die Brinnin mir in die Handtasche gesteckt hatte. Dylan bestand darauf, daß das nicht allein sein Fehler gewesen sei. Schlimmer noch, Brinnin hätte es ihm überlassen, mit einem großen Teil seiner Reisevorbereitungen selber fertig zu werden: Tickets zu kaufen und Flugzeuge in Städte, von denen er zuvor noch nie gehört hatte, rechtzeitig zu erwischen, und das in einem fremden Land mit einer fremden Währung. Manche Männer würden so etwas schaffen, doch er, Dylan, könne es nicht; das alles wäre Anlaß für ständige Verwirrung gewesen, und deshalb wäre er erschöpft zurückgekehrt.

Natürlich war auch das etwas phantasiert. Wie immer bemühte sich Dylan mir gegenüber den Anschein zu erwecken, als wäre alles nur Arbeit, Arbeit, Arbeit gewesen, ohne freie Zeit für ihn selbst. Das glaubte ich ihm auch nicht einen Augenblick, doch kam mir nicht der Verdacht, daß er dort drüben eine Affaire gehabt hatte; vielleicht gelegentlich eine Nacht mit betrunkenem Sex, aber keine Affaire.

Ich vermute, daß ich ihn sehr brauchte und ihn sehr liebte, trotz allem, was sich zwischen uns ereignet hatte: Er war mein Besitz, mein Kind; das war einer von den Gründen, die uns zusammenhielten. Ich konnte an ihn nicht wie an einen richtigen Mann denken, so wie an den großen dunklen schönen Caspar – der war für mich das vollkommene Bild eines Mannes, einer, der mit seiner weichen bebenden Stimme nur wenig sagte. Dylan war das unvollkommenste Bild von einem Mann, das man sich nur vorstellen kann, und er hörte nie auf zu reden; schon mit ihm über die Straße zu gehen, machte mich befangen, weil er so komisch aussah. Das war einer der Gründe, weshalb ich immer, wenn früher die Leute von seinen vielen Ehebrüchen redeten, gesagt habe: »Wer würde sich denn mit so einem komischen Mann wie ihm einlassen? Das gibt es gar nicht. Diese reichen Frauen würden doch nichts mit ihm zu tun haben wollen, ihm, der nach Bier, Schweiß und schalem Zigarettenrauch und weiß ich was noch stinkt.«

Und dann eines Morgens, als er losgezogen war, um Ivy im Brown's Hotel zu besuchen, ich war wieder schwanger, sah ich aus der Tasche einer Jacke, die er über der Stuhllehne hängen gelassen hatte, diese Briefe herausgucken; er hatte – wie immer völlig unbekümmert – gar nicht den Versuch gemacht, sie zu verstecken. Er muß gewußt haben, daß ich seine Taschen schon früher nach Geld durchsucht hatte (obwohl dort meistens nicht viel zu holen war), und da waren sie nun – Liebesbriefe von irgendeiner Frau, die er in Amerika kennengelernt hatte und die Pearl hieß. In seinem Buch *Dylan Thomas in America*, verbarg Brinnin sie unter dem Namen ›Sarah‹, aber sie selber unterschrieb mit Pearl. Ihren Nachnamen kenne ich bis heute nicht. Als ich die Briefe las, packte mich eine furchtbare Wut – Eifersucht und Wut. Es war ganz schön offensichtlich, daß sie miteinander ins Bett gegangen waren. Ich hätte sie am liebsten getötet. Als Dylan von Brown's zurückkehrte, und ich ihn zur Rede stellte, tat er alles mit einem Achselzucken ab und sagte: »Das bedeutet nichts – in Amerika sind sie alle so. Sie werfen sich jedem Dichter an den Hals, der daherkommt.«

Alle so! Wie viele gab es noch? Es bedeute nichts, sagte er; überhaupt nichts. Wo immer er gewesen wäre, hätten ihn nach den Lesungen die Frauen aufgesucht, und manche hätten ihm hinterher geschrieben; mehr wäre nicht daran. Die Frauen seien so in Amerika – sehr direkt. Ihm bedeute es nichts, und er liebe nur mich, für immer und ewig, wie gewöhnlich. Und ich glaubte ihm. Wie eine Törin glaubte ich ihm, dennoch schrieb ich an jene verdammte Pearl einen Brief und gab ihr meine Meinung zu verstehen, sagte ihr, daß ich sie für ein scheußliches Weibsbild halte und sie sich gefälligst einen eigenen Mann suchen solle. Ich gab mir viel Mühe mit dem Brief, denn er sollte sie tief treffen.

Inzwischen wußte ich, daß viel in Dylans Leben Theater war, und hatte erkannt (wie am Ende vermutlich auch eine Menge seiner Freunde), daß sich hinter all seinem Charme ein Lump verbarg. Doch ich hörte nie auf, ihn zu lieben. Manchmal glaubte ich, daß er bald sehen würde, wie das Leben ohne mich wäre, wenn ich es schaffte, ihn zu verlassen – nur für eine kurze Weile – und er dann vielleicht gebessert zurückkehrte, aber ich schien dazu nicht in der Lage gewesen zu sein: Ich hatte nicht das Geld dazu.

Dylan war zu mir immer ausgesprochen liebevoll, so daß ich dazu neigte, ihm zu glauben. Er war nie häßlich zu mir und schalt mich nie; er nahm mich so, wie ich war. Ich glaube, er hielt mich für das Ideal einer Frau. Ganz gleich, was er sich geleistet hatte, er sagte immer, wie sehr er mich liebe und daß nur ich als

Frau für ihn in Frage käme. Doch natürlich ist Sexualität etwas anderes als Liebe, und manchmal brauchte er nur ein bißchen Sex im Suff, und wenn ich nicht da war, bekam er das von jemand anderem (und das war auch alles, was ich wollte, wenn er mal nicht da war). Ich glaube, daß Dylan immer dieses Bedürfnis nach betrunkenem Sex hatte. Außerdem war damit die Übernachtung gesichert; häufig war es nur so simpel, denn er war sehr simpel, wenn er berauscht war. Die Frauen sollten einzig Bett und Frühstück bieten, ihn verhätscheln, und ihm Warmes zu trinken geben – er *war* eben sehr verhätschelt.

Im September des gleichen Jahres fuhr Dylan für einige Tage nach London mit der Absicht, Brinnin zu treffen, der auf der Durchreise war. Ich bekam im Boat House einen Telefonanruf von Maggs Taylor, die sagte, daß sie mich sofort treffen müsse; es sei dringend, und sie würde den nächsten Zug nach Laugharne nehmen. Sie erzählte mir aber nicht, um was es sich handelte.

Maggs nahm am Bahnhof von Carmarthen ein Taxi, und als sie eintraf, umarmte sie mich, küßte mich auf die Wange und folgte mir die Stufen hinunter in die Küche. Sie setzte sich an den Tisch, während ich am Herd stehen blieb und in einer von meinen Suppen herumrührte. Sie sagte: »Hast Du gehört, daß Dylan diese Freundin von New York herüberkommen ließ und sich mit ihr in ganz London zeigt? Sie heißt Pearl, und er nimmt sie in die Pubs mit und stellt sie seinen Freunden vor ...«

Als erstes fiel mir auf, daß diese verdammte Maggs Taylor in Wirklichkeit selber Angst hatte, Dylan zu verlieren; es ging ihr gar nicht so sehr um mich. Sie befürchtete, daß ihre Anteilnahme an Dylan von der Erscheinung dieser Frau überschattet werden könnte, und das regte sie viel mehr auf, als der Gedanke, was dies für mich und die Kinder bedeuten könne. Ich blieb einfach weiter am Herd stehen. Es versetzte mir wirklich einen Schlag, aber ich gab ihr meine Gefühle nicht zu erkennen, weil ich nie sofort heftig auf Freude oder Leid reagiere: Ich nehme es mit meinem Unterbewußtsein auf und hole es erst später wieder hervor; als ich das dieses Mal tat, kam es mit voller Wucht und sehr unangenehm. Ich erkundigte mich, wie die andere Frau sei. An viele Einzelheiten der Beschreibung kann ich mich nicht mehr erinnern, außer daß Maggs sagte, sie sei dunkelhaarig und trage baumelnde und klingelnde Armbänder. Offensichtlich war sie eine Journalistin. Ich gewann den Eindruck, daß sie sehr tüchtig und sachlich sei – eine von diesen Blaustrümpfen, die alles können. Maggs weckte in mir die Vorstellung einer – dieses Mal – sehr ernsten Affaire, und meinte, daß wir sie loswerden müßten. Sie erzählte mir, daß diese Pearl von London weiter nach Südfrankreich fahre und Dylan aufgefordert habe, sich dort mit ihr zu treffen.

Wäre ich ihr begegnet, ich hätte sie umgebracht. Sie hatte all das, was ich nicht besaß: Ich hatte nur meine Wut, und ich *wußte* einfach – ohne daß es mir jemand sagen mußte – daß sie ein erfolgreiches Leben führte, elegant war, Geld hatte und all dieses verhaßte Zeug. So wie ich mit Wut geladen war, wäre ich fähig gewesen, sie zu erdolchen oder zu erwürgen. Ich finde auch heute noch, daß sie sich wie ein Teufel von Weibsbild benommen hat: Sie wußte, daß ich zu Hause in Laugharne mit den Kindern festsaß.

Worte können nicht ausdrücken, was ich für Dylan empfand; für mich war er nicht einmal mehr der Verachtung wert. Ich war zornig und gekränkt und wollte Rache. Ich wußte nicht, was ich machen sollte. Weil mein Stolz verletzt war, wollte ich nicht einfach die Kinder bei Dolly lassen und ihm nachlaufen. Das hielt ich für eine äußerst unwürdige Reaktion. Ich habe immer versucht, so zu handeln, als ob mich das einen Dreck kümmerte. Die Vorstellung, mich jetzt vor Dylan oder jemand anderem zu erniedrigen, gefiel mir überhaupt nicht. Außerdem war ich der Meinung, daß das eigene Leben nie von einem Mann abhängig sein sollte.

Jedoch ließ mir die Tatsache, daß sie die ganze Strecke von New York gekommen war, um Dylan aufzugabeln und er dann begonnen hatte, sie in die Pubs mitzunehmen, genau so wie er mich mitgenommen hatte, keine Ruhe mehr: Das war eine persönliche Kränkung – das konnte ich nicht hinnehmen. Ich habe ihm das nie verziehen. Wie sollte ich auch?

Dylan kehrte, wie immer, ohne einen Pfennig Geld aus London zurück und rechnete nicht mit einer Begrüßung, wie ich sie ihm bereitete. Ich kam unverblümt zur Sache. Ich sagte ihm, was Maggs Taylor erzählt hatte und fragte ihn: »Was bedeutet das?« Wie immer, versuchte er, sich herauszulügen, doch er war tief im Unrecht, und konnte die Treulosigkeit nicht abstreiten.

Alle seine Freunde fanden, daß es von Margaret Taylor niederträchtig gewesen sei, mich einzuweihen. Mir waren ihre Motive verdächtig, aber in meinen Augen war es keine Gemeinheit, sondern eher eine Gefälligkeit; für mich gab es keinen Grund, warum die Ehefrau immer die letzte sein sollte, die dergleichen erfährt. Ich fühlte mich tief gedemütigt, weil Dylan diese Frau mitgenommen und seinen Freunden vorgestellt hatte, und weil sie offensichtlich ein gemeinsames Wochenende in Brighton verbracht hatten. Wenn ich früher von seinen Treulosigkeiten erfuhr, hatte es mich immer geschmerzt, doch diese war offensichtlich viel weiter gediehen und schwerer zu nehmen. Es muß ihr ernst gewesen sein, sonst wäre sie nicht nach London gekommen, hätte ihm nicht an die Adresse seines Klubs (den ›Savage‹) geschrieben und sich nicht mit ihm in dieser Weise in der Öffentlichkeit gezeigt. Und es muß auch ihm ernst gewesen sein, weil er auf ihre Briefe geantwortet und das Treffen mit ihr vereinbart hatte. Er hatte sie wirklich lauthals ermutigt.

Dylan sagte mir nie, daß er sie liebe; das hätte er nie getan. Er behauptete, sie sei eine verdammte Plage, eine von diesen verrückten amerikanischen Frauen, die ihm ständig nachstellten. Und ich, die schwanger war, spielte meinen dicken Bauch (ich muß das zugeben, auch wenn ich nicht stolz darauf bin) gegen die Macht dieser Frau aus, denn ich kannte Dylans Schwäche für Babys und sein Zuhause. Ich sagte zu ihm: »Du kannst mich unmöglich in diesem Zustand verlassen« – auch wenn das nicht nach mir klingt. Er war unschlüssig; er konnte sich nicht entscheiden, ob er mich verlassen sollte oder nicht; meine Schwangerschaft war die einzige wirksame Waffe, die ich besaß. Ich mußte nicht dafür sorgen, daß er sich schuldig fühlte; er war schon schuldbeladen genug; er war wie zerrissen. Es hätte sein können, daß er damals mit ihr auf und davon gegangen wäre, wenn ich nicht schwanger gewesen wäre. Etwas in mir sagt immer noch, daß er es nicht getan hätte, weil er nie aufhörte, zu versichern, wie sehr er mich liebe. Ganz gleich, wie schwer ihn der Augenschein auch belastete, er schwor immer, daß er mich liebe und daß er mich nicht im Stich lassen würde.

Am ersten Abend, als er ins Boat House zurückkam, entwikkelte sich zwischen uns ein gewaltiger Krach. Das war nicht die erste böse Auseinandersetzung, aber sie war wohl die bislang heftigste, und die Zwistigkeiten schienen sich hinterher zu häufen. Dylan war ein bißchen gedämpft. Allmählich fanden wir wieder in den alten Rhythmus zurück, aber von nun an stand zwischen uns immer diese häßliche Angelegenheit. Es war ein erzwungener Friede – ich verzieh ihm eigentlich nie so ganz. An den meisten Abenden fielen irgendwelche Worte, die einen Krach auslösten, und es endete damit, daß wir streitend vom Brown's heimkehrten.

Ich fing an, mir Liebhaber zu nehmen, versuchte, wie er zu leben und Rache zu üben, obwohl ich jetzt, wenn ich nach all den Jahren darüber nachdenke, meine Gesichtspunkte nicht verstehen kann, was ich eigentlich beabsichtigte. Vermutlich tat ich das meiste aus reiner Eifersucht. Ich hatte Dylan nie wirklich vertraut, von Anfang an nicht, weil er ein typischer Waliser war, ein Dieb und ein Lügner. ›Taffy war ein Waliser, Taffy war ein Dieb‹ – das ist eine sehr genaue Beschreibung Dylans.

Es schlossen sich dann so viele Auseinandersetzungen an, daß ich nicht mehr weiß, wodurch sie jeweils ausgelöst wurden oder um was es ging. Sie entstanden immer spät abends, nachdem wir von Brown's zurückgekehrt waren und ihre tiefere Ursache war immer ›Die Affaire‹. Bei solchen Streitereien stürzte ich mich auf ihn, so daß er umfiel, packte ihn am Haar und schlug immerfort seinen Kopf gegen den Boden, prügelte ihm fast die Seele aus dem Leib. Er wehrte sich schwach, aber er tat mir keineswegs weh. Er kämpfte nur kurze Zeit, während ich ihm Hiebe versetzte und mit den Füßen nach ihm trat, obwohl ich ihm nie in die Eier trat (das könnte ich einem Mann niemals antun, denn sie sind kostbar). Manchmal wurde er ohnmächtig, und ich hatte ganz schön Angst, daß ich seinen Kopf zu hart hatte aufprallen lassen und ihn getötet. Die Kämpfe endeten immer mit einer gegenseitigen Umarmung; wir gingen zu Bett, verloren unser Bewußtsein und wenn wir danach wieder zu uns kamen, fanden wir zueinander, zärtlich und entschuldigend. Die Zärtlichkeit war immer da. Wie merkwürdig, daß man vor Zorn kochen und schwören kann, diesen Menschen auch nicht ein einziges Mal im Leben wieder zu berühren, und dann, nach kurzer Zeit, findet man sich mit ihm in enger Umarmung wieder. Mir erschien es immer außerordentlich, daß wir uns so schnell wieder lieben konnten.

Eines Nachts, nach einem solchen Kampf, nahm ich die Handschrift von einem Gedicht, das Dylan mir früh am Abend gezeigt hatte und zerriß es in kleine Fetzen; es war seine letzte Fassung von *In the White Giant's Thigh,* das viele erotische Anspielungen enthält, und irgendwie reizte mich das. Ich nahm die Papierfetzchen und warf sie aus dem Fenster vom Boat House. Unsere Auseinandersetzung endete wie immer: wir beide im Bett schlafend, aber ich wachte bald auf, beunruhigt von dem Gedanken an das, was ich getan hatte. Mir wurde bewußt, daß ich ein schreckliches Unrecht begangen hatte, denn seine Arbeiten waren ihm heilig. Die schöpferische Arbeit von jedem Menschen ist heilig, aber die von Dylan war es ganz besonders – auch für mich, weil es die seine war.

Also schlich ich zu nächtlicher dunkler Stunde, kurz vor der Morgendämmerung, als er noch schnarchend im Bett lag, zum Schlickufer unterhalb vom Boat House und sammelte die Schnipsel ein. Ich hatte Glück; es war noch Ebbe, und so konnte ich im Nachthemd durch den Schlick steigen und jedes Stückchen finden: ich war immer noch wahnsinnig zornig auf Dylan, über das, was er getan hatte, aber auch über mich, weil ich meine Grenzen überschritten hatte. Mir wurde klar, daß ich, um so etwas zu tun, sehr zornig auf ihn gewesen sein muß, doch war mir auch klar, daß meine Tat von wirklicher Niedertracht zeugte. Ich legte alle Schnipsel auf den Küchentisch. Dylan sagte am nächsten Morgen, als er sie einsammelte, kein Wort, aber sehr viel später dankte er mir dafür. Er hatte wohl verstanden, was das bedeutet hatte.

Nach diesem schrecklichen Schock für unsere Ehe wurde unser Leben wieder einigermaßen normal, doch unsere Beziehung war nie wieder so, wie sie gewesen war. Ich wußte, daß ihm dieses Weib Pearl etwas bedeutet hatte, daß das Ganze mehr als nur ein sexuelles Geschehen war. Es war das erste Mal, daß ich so etwas erleben mußte. Heimlich hatte Dylan einen Teil seines eigentlichen Ichs mit einer anderen Frau geteilt – es muß auch eine geistige Übereinstimmung gegeben haben –, und das konnte ich einfach nicht verzeihen, weil *die* immer mir gehört hatte.

Verdammt noch mal, er behandelte mich schlecht. Ich hatte seine Kinder geboren, und ich liebte ihn, und alles Gegenteilige, was ich sagte, sollte ihn nur in der Hitze der Auseinandersetzung verletzen. Ich wollte danach nicht, daß Dylan wieder nach Amerika ging. Ich war der Ansicht, daß Amerika ihn verdorben und er durch seine Reise dorthin alles, was an ihm kostbar war, verloren hatte. Beifall und Erfolg paßten überhaupt nicht zu ihm; er war zu schwach, um dem Alkohol und den Schmeicheleien zu widerstehen. Diese Versuchungen reichen aus, um jeden Mann zu zerbrechen – und, nebenbei gesagt, auch jede Frau, mich eingeschlossen.

Ich wollte, daß er bei mir in Laugharne blieb und seine eigentliche Arbeit tat. Immer wenn er jetzt für einige Tage nach London fuhr, dachte ich mir das Schlimmste, wahrscheinlich mit Recht. Unser Leben im Boat House war ziemlich mies geworden, und es gab nicht viel, für das sich sein Nachhausekommen lohnte.

Manchmal saßen wir abends friedlich beieinander und lasen uns laut vor, endlich mal wieder in völliger Übereinstimmung, und dann mußte das entsetzliche Telefon klingeln, und es war wieder einmal Marged Howard-Stepney, eine neue Gönnerin, die in unser Leben getreten war. Sie war sehr reich und kam aus einer Familie, die angeblich von den Tudors abstammte. Marged hatte von ihrem Vater riesige Besitzungen in Carmarthenshire geerbt und lebte in einem großen Haus in der Nähe von Llanelli. Sie war eine Cousine von Richard Hughes' Frau Frances, war ein Jahr älter als Dylan und zweimal verheiratet gewesen. Wir lernten sie kennen, als sie Dylan zu einer Lesung einlud; später bezeichnete er sie als seinen ›besten Freund auf der Welt‹, was ich für reines Wunschdenken hielt; wir kannten sie erst kurze Zeit.

Ich glaube, daß Dylan sie auch in London traf. Sie ist dort zu einigen von seinen Lesungen gegangen und hat sich sicher große Mühe gegeben, um eine Affaire mit ihm anzuknüpfen. Sie war auch mit John Davenport ins Bett gegangen, und ich zweifle nicht, daß sie und Dylan auch miteinander ins Bett gegangen wären – wenn sich die Zeit und der Ort dafür geboten hätten.

Obwohl Marged stinkreich war, war sie eine primitive Alkoholikerin und wurde immer von einer Wärterin begleitet. Sie kam einmal mit dieser Wärterin mit einem kleinen Koffer voller Ginflaschen nach Laugharne. Die Wärterin versuchte auf Marged ein strenges Auge zu haben und war spürbar der Meinung, daß sie zu viel trank. Marged ging schließlich schlafen, hatte aber ihren Koffer unter dem Bett und trank während der ganzen Nacht. (Ich weiß nicht, wo die Wärterin abgeblieben war.) Am Morgen war Flut und Marged sagte, daß sie schwimmen gehen würde. Wir versuchten sie zu warnen, sagten ihr, daß der Fluß mit seinen Gezeitenströmungen gefährlich sei, doch nach dem vielen Gin wollte sie nicht auf uns hören. Sie hatte nur eine Perlenkette und eine goldene Uhr an, sonst nichts. Als sie ins Wasser gestiegen war, trieb sie auf der Flut davon, und wir dachten schon, daß wir sie nie wiedersehen würden – aber sie kam zurück und redete weiter, als ob nichts geschehen wäre. Marged sah ziemlich gut aus im Stil der vollkommenen Dame, aber sie konnte mich rasend machen, weil sie uns zu jeder Stunde der Nacht anzurufen pflegte. Dylan sagte immer, daß er aufstehen und den Hörer abnehmen müsse, und ich sagte dann: »Nein, tu's nicht. Laß es läuten. Es ist doch nur wieder *sie.*« Ich hörte aus der Entfernung die beiden dann murmeln und flüstern und wurde noch gereizter.

Einmal verbrachten wir einen unglückseligen Abend bei ihr zu Hause. Es war niemand außer uns da. Dylan und sie saßen am Eßtisch wie zusammengeschweißt. Mich beachteten sie gar nicht, und ich wurde immer wütender. Schließlich nahm ich eine Taschenlampe vom Kaminsims und schlug sie Dylan mit aller

Kraft auf den Kopf. Er verlor kurz das Bewußtsein. »Mein Gott!« schrie sie, »Du hast ihn womöglich umgebracht. Ist Dir denn nicht klar, daß er ein Genie ist?« Als er wieder zu sich kam, hat sie mir die Hölle erst richtig heiß gemacht.

In dieser Nacht wies Marged uns zwei kleine Betten mit heizbaren Decken zu. Wir kannten solche Decken noch nicht und schalteten sie nicht ab. Am Morgen wachten wir auf und fühlten uns wie Spiegeleier; außerdem hatten wir noch einen entsetzlichen Hangover. Marged gab uns Unmengen zu trinken; sie war eine richtige Säuferin; viel schlimmer als wir.

Ich war damals noch in anderen Umständen, und wenn ich auch entschieden dagegen war, daß Dylan auf eine zweite Lesereise nach Amerika ging, wußte ich, daß er fest entschlossen war. Er sagte, daß alles gut wäre, wenn ich nur mit ihm käme; er redete eindringlich auf mich ein. Er sagte, daß ich mich wegen Pearl geirrt hätte und daß ich, wenn wir zusammen dorthin gingen, den Druck sehen würde, unter dem er stünde, aber mit mir wäre er dem gewachsen. Schließlich wurde die zweite Reise auf das darauffolgende Jahr verschoben, aber da ich zu der Zeit schwanger war, wußte ich, daß ich in dem Zustand nicht mitfahren könnte: Ich war sichtbar schwanger, fast im sechsten Monat. Also mußte ich eine grauenhafte Entscheidung treffen: entweder eine Abtreibung vornehmen lassen und mit Dylan reisen oder zu Hause bleiben (eine ähnliche Entscheidung, wie ich sie Llewelyns wegen 1941 treffen mußte). Wieder entschied ich mich für das Schlechte, also für die Abtreibung: inzwischen war es schon fast zu spät, der Eingriff mußte fachgerecht vorgenommen werden. Marged wußte von einem guten Arzt in London und war auch bereit, ihn zu bezahlen (auch wenn es hundert Pfund kostete), jedoch versuchte sie alles Erdenkliche, um mich von der Abtreibung abzuhalten, weil sie sich selber sehnsüchtig ein Baby wünschte, und sie es sich einfach nicht vorstellen konnte, daß ich eines loswerden wollte. Ich sagte: »Ja schon, aber wie können wir es schaffen zu leben und noch ein weiteres Kind ernähren? Du weißt, daß wir uns schon die Kinder, die wir haben, nicht leisten können … und ich könnte außerdem nicht nach Amerika fahren.«

Dylan besprach die Abtreibung mit mir fast überhaupt nicht, obwohl er mehr dafür war als dagegen, was wohl, glaube ich, bedeutete, daß er ernsthaft überzeugt war, daß sein nächster Besuch in Amerika mit mir zusammen besser verlaufen würde (wo alles tatsächlich nur noch viel schlimmer wurde). Auf jeden Fall drückte er sich vor der Wirklichkeit, und deshalb nenne ich ihn einen moralischen Feigling; er konnte der häßlichen Seite des Lebens nicht ins Auge blicken. Ich glaube, daß ich viel stärker war als er. Ich hatte immer eine Leidenschaft für die Wahrheit: Mit ihr zu leben, schien mir die einzige richtige Art. Ich weiß nicht, wer mir diese leidenschaftliche Wahrheitsliebe einimpfte; meine Mutter sicher nicht und meine Schwestern sicher auch nicht.

Solche Krisen in unserem Leben brachten mich immer in eine grauenhafte Lage, in der ich das Gefühl hatte, als würde jemand beständig auf mir herumtrampeln und mir jede Entscheidung allein überlassen. Es war schrecklich, die Abtreibung bei einer so weit fortgeschrittenen Schwangerschaft vornehmen zu lassen, doch ich hatte mich lange Zeit nicht entschließen können. Ich war gespalten zwischen Gewissen und meinem Wunsch. Ich dachte, daß ich mit Dylan nach Amerika gehen müsse, daß ich Amerika einmal sehen müsse, und gleichzeitig war es eine schreckliche Vorstellung, ein Kind aus dem Weg zu schaffen. Ich saß wirklich in der Klemme, und Marged versuchte mich beständig zu überreden, es nicht machen zu lassen. Aber ich hatte durch Dylans Beziehung zu Pearl so schlimme Qualen gelitten, und dachte, wenn ich mit ihm ginge, würde ich mit allen diesen hemmungslosen Frauen fertig. Wenn ich nur ein bißchen bei Verstand gewesen wäre, hätte ich wissen müssen, daß ich nicht viel daran hätte ändern können, mich wahrscheinlich nur zum Narren machen würde. Außerdem glaubte ich, dafür sorgen zu können, daß er arbeitete und vernünftig lebte und nicht seine Gesundheit ruinierte. Das war eine ziemlich unsinnige Hoffnung, vor allem, weil ich fast genauso schlimm war wie er. Ich war sehr zügellos, ebenfalls zu jeder Verrücktheit in der Lage und somit wohl kaum eine geeignete Beschützerin, auch wenn ich mich anfangs in dieser Rolle sah.

Aber um ehrlich zu sein: Ich entschied mich für die Abtreibung, um mir selbst ein bißchen Spaß und Vergnügen zu gönnen. Wir dachten beide, daß es eine fabelhafte Gelegenheit wäre, gemeinsam in die Staaten zu reisen, und er beteuerte hartnäckig, daß er mich beim ersten Mal sehr vermißt habe, und er viel glücklicher wäre, wenn ich mitkäme. Obwohl ich wußte, daß er uns etwas vormachte, wollte ich ihm einfach glauben, auch dachte ich, wir könnten danach noch andere Pläne ins Auge fassen.

Ich rechtfertigte die Abtreibung nicht damit, daß ich unsere Ehe retten wollte. So einfach war das nicht. Wenn ich so gedacht hätte, hätte ich das Baby möglicherweise behalten, für Dylan vielleicht sogar ein gewisser Grund in Laugharne zu bleiben.

Ich begab mich in London in eine Privatklinik, die von zwei Ärzten und einer Krankenschwester geführt wurde. Alle Vereinbarungen traf ich selber und übergab das Geld. (Es war damals nicht schwierig, eine Abtreibung durchführen zu lassen, vorausgesetzt, man war verschwiegen und konnte bezahlen.) Natürlich ging Dylan allen Unerfreulichkeiten aus dem Weg. Er war mit mir von Wales nach London gereist und begleitete mich bis zur Klinik, doch er wollte sie nicht betreten; er ging in den Pub auf der gegenüberliegenden Straßenseite, und ich weiß nicht, was mit ihm danach geschah. Nie hatte er gesagt: »Mach es nicht«, und nie: »Mach es«, und deshalb wurde es wohl auch so lange hinausgezögert. Doch ich brüstete mich, *kein* moralischer Feigling zu sein und sah es teilweise als meine Pflicht an, weil wir uns eigentlich schon die Kinder, die wir hatten, nicht leisten konnten, obwohl dies immer eine zweitrangige Erwägung war.

Der eigentliche Abtreibungsvorgang war keine Todespein, doch sehr unerfreulich. Es wurde alles fachkundig erledigt. Nicht mit einer Flasche Gin und einem heißen Bad – das hatte ich alles schon ausprobiert, auch die Treppe hinunterfallen und Reiten. Das traumatische Entsetzen vor der Abtreibung, wie es manche empfinden, quälte mich nicht, mit Ausnahme während des eigentlichen Eingriffs. Ich trank absichtlich so viel Whisky, wie ich nur konnte – Dylan nötigte mich dazu – doch habe ich immer festgestellt, daß, wenn man eine Menge Alkohol gezielt getrunken hat, seine Wirkung in dem Augenblick verfliegt, in dem sich der Arzt oder Dentist an einem zu schaffen macht, und man wieder bei vollem Bewußtsein ist. Im sechsten Monat war es schon sehr spät: Das Baby war schon voll ausgebildet, und sie zerhackten es beim Herausziehen, förderten es in Klumpen hervor. Vermutlich war ich entsetzt, doch hatte ich mich für diesen Augenblick auf alles gefaßt gemacht – es war wie in einem Metzgerladen. Sie gaben mir eine Lokalanästhesie, sagten, daß sie mich nicht ganz betäuben könnten, weil sie sonst nicht in der Lage wären, den Eingriff vorzunehmen. Ich war von Anfang bis Ende bei vollem Bewußtsein. Eine Krankenschwester hielt mich fest, hielt meinen Kopf, und unten arbeiteten zwei Männer, und ich befand mich in einer äußerst unwürdigen Stellung, beide Beine festgeschnallt in diese Wangen, mit denen sie die Beine auseinanderhalten. Immer wieder fragte ich (weil ich mir, nebenbei bemerkt, ein Mädchen gewünscht hatte): »Wollen Sie mir bitte nur sagen, ob es ein Mädchen ist?« Sie antworteten einfach nicht. Sie beachteten mich gar nicht. Sie erledigten nur ihren Job, waren am Fußende des Bettes beschäftigt, und meine Füße waren hoch in die Luft gestreckt.

Als es vorüber war, wurde ich in ein Einzelzimmer gelegt und sah keinen Arzt mehr, hatte auch keine Nachuntersuchung. Ich weiß nicht, wo Dylan abgeblieben war; am nächsten Tag tauchte er nicht auf, um mich abzuholen, und ich habe keine Ahnung, wo er die Nacht verbracht hat – er war nie da, wenn ich ihn brauchte – und als ich ihm später davon erzählte, war er nicht sehr teilnahmsvoll. Am folgenden Tag verließ ich früh die Klinik. Ich war erleichtert, nicht nur körperlich, sondern auch seelisch. Manchmal kann man nach einem solchen Eingriff ziemlich krank sein, aber ich fühlte mich kräftig und war richtig heiter.

Nach diesen Ereignissen – Pearl und die Abtreibung – war unsere Ehe nahe am Zerbrechen, obwohl ich mir das damals eigentlich nicht klarmachte. Bis Brinnins Buch vier Jahre nach Dylans Tod erschien, wußte ich nicht, daß Dylan daran gedacht hatte, mich zu verlassen. Dieser Gedanke war mir überhaupt nicht gekommen; er hatte dies nie erwähnt, und ich weiß immer noch nicht, ob es auch wirklich stimmt. Die Auseinandersetzungen waren zu einem Teil unseres Lebens geworden, jedoch gingen die Spannungen jetzt viel tiefer.

Im Januar 1951 reiste Dylan mit Ralph Keene nach Persien (oder in den Iran, wie es heute heißt), um einen Dokumentarfilm zu drehen, der von der Anglo-Iranian Oil Company in Auftrag gegeben worden war (der Film kam nicht zustande, weil die persische Regierung die Firma verstaatlichte), und ich war wieder böse auf ihn, weil er mich abermals allein mit den Kindern in Laugharne ließ, und wie immer ohne genug Geld für das tägliche Leben. Ich dachte zwar nie an eine Scheidung, überlegte aber doch, wie ich von ihm und Laugharne loskäme. Doch wohin sollte ich mich wenden? Wieder dachte ich daran, zu meiner Mutter zu gehen; aber als totaler Versager nach Hause zurückzukehren, war auch dieses Mal keine sehr glückliche Vorstellung. Ich war gefangen, und das fand ich ungerecht.

Dylan sandte mir aus Teheran Briefe; die meisten von ihnen waren nur eine Anhäufung von Lügen. Er versuchte immer wieder, mich mit Worten zu gewinnen:

Caitlin, my darling, liebe, liebe Caitlin, oh meine weit entfernte Geliebte, ich liebe Dich. Während all dieser merkwürdig vergeudeten Tage liebe ich Dich, und ich bin wirklich ohne Dich verloren, mein liebes Weib. Dies hier ist so viel weiter weg als Amerika, und meine Briefe werden so viel länger unterwegs sein, bis sie bei Dir sind, genau wie Deine an mich, wenn Du mir je wieder schreiben solltest, oh *darling* Cat. Und wenn Du mir nicht mehr schreibst und wenn Du mich nicht mehr liebst, dann kann ich nicht mehr weitermachen; kann ich nicht schlafen, ich muß immer denken: »Caitlin mein Cattleanchor, mein Herz, liebt mich nicht, oh Gott, laß mich sterben.« Ich kann nicht ohne Dich leben; ich kann nicht mit diesem langen blassen Bunny durch diese beängstigende fremde Welt weiterreisen, ohne die Gewißheit zu haben, daß wir am Ende zusammen sein werden, wie es uns doch bestimmt ist, ganz für uns allein, nur unser cuckoo soll dabei sein, den ich sehr sehr sehr vermisse, mehr als ich mir vorstellen konnte.

Die Briefe gingen seitenweise so weiter, mit von Liebesbeteuerungen eingepackten Entschuldigungen, weil er mich mit zu wenig Geld zurückgelassen hatte. Es sind schöne Briefe, einige von seinen besseren, doch als ich sie erhielt, dachte ich: »Oh mein Gott! Wie kann er das wagen?« Diese Briefe enthielten wunderschöne beschreibende Abschnitte und Beteuerungen unsterblicher Liebe, aber ich sagte mit stets: »Was, schon wieder?« Ich wußte, daß er hervorragend gut schlief und daß er diese Briefe nur so hinwarf, wie die Bettelbriefe, die er an die Fürstin Caetani oder Margaret Taylor schrieb. Ich fand, daß er dem Kern des Problems überhaupt nicht näher kam; er versuchte, nur eine nebulös-romantische Decke über die Spannungen zwischen uns zu breiten, und wenn er dann glaubte, ich hätte mir das alles zu eigen gemacht, dann würde er wieder auf und davon gehen. Ich war nicht beeindruckt; ich hätte lieber ein Stück gutes Land gehabt und eine Kuh, als all das poetische Larifari.

Wenn ich jetzt zurückblicke, erkenne ich deutlich, daß ich seine einzige Verbindung zum normalen Leben war. Er nannte mich seinen ›cattle-anchor‹, seinen Rettungsanker. Er wußte, was er damit sagen wollte, wie immer – ich war der einzige Mensch, der ihm nichts vormachte. Auch in anderer Hinsicht als nur körperlich war ich imstande, ihm Schmerzen zuzufügen; *das* konnte er nicht ertragen. Vermutlich gab es keinen anderen Menschen in seinem Leben, der so grausame Methoden wie ich anwandte, ihm sagte, was er von ihm hielt und noch dazu auf ihn eindrosch; die meisten Frauen beschränkten sich eher auf Tränen und Bitten. Dylan sah mich nie weinen. Ich war zu stolz, um zu weinen, aber später habe ich viel geweint, nachdem er gestorben war – da konnte ich nicht mehr an mich halten. So lange er lebte, war ich nie so rührselig, zum Teil, weil er es so stark war, und dabei wollte ich nicht mitmachen. Dylan troff geradezu vor Gefühl. Ich traue der Rührseligkeit von Männern nicht; sie geht einher mit der Tyrannei; man kann nicht das eine ohne das andere haben. Ich dachte ja immer, ich sei überhaupt nicht empfindsam, bis ich Llewelyn hatte. Er konnte mich nicht kränken, aber alle *Männer*. Ich habe immer Angst davor gehabt, von Männern gekränkt zu werden, immer.

11

Zu diesem Zeitpunkt fing ich ernstlich an, Gleiches mit Gleichem zu vergelten. Ich konnte wirklich nichts anderes tun. Ich spürte, daß ich Dylan verloren hatte, weil er weiterhin ohne mich ausging, und ich konnte mir nicht länger die Zukunft mit ihm zusammen vorstellen. Mir kam nie der Gedanke, daß dies nur ein vorübergehender Konflikt sein könnte, etwas, das die Zeit heilen würde; die Zwietracht war zu weit gegangen, ich lebte jetzt von einem Tag zum anderen, tat, mit Dolly's Hilfe, was ich tun mußte, ohne das Gefühl der Leere mit Leben füllen zu können. Es gab niemanden in Laugharne, mit dem ich sprechen, keine vertraute Freundin, der ich meine Schwierigkeiten anvertrauen konnte; da begann ich, mit Laugharner Zufallsbekanntschaften ins Bett zu gehen. Ich machte das ganz vorsätzlich, aus Rache, wenn ich auch nicht leugnen kann, daß mich einige von diesen Männern fesselten. Natürlich war es nicht nur Rache: Ich wollte Sex: Ich wollte meinen Körper nicht vertrocknen lassen, in dem ich auf jemanden wartete, der kaum noch einen Körper hatte, und der ständig von anderen Frauen verführt wurde. Meistens tat ich es spontan, wenn ich getrunken hatte; ich empfand, daß diese Eskapaden sehr wenig bedeuteten – es war nur der körperliche Akt. Bei Dylan war es nicht anders, aber diese klugen blaustrümpfigen Frauen belegten nicht nur seinen Körper mit Beschlag, sondern auch seinen Geist, und diese Art des Betrugs konnte ich nicht ertragen.

Diese verdammte Pearl ging mir nicht aus dem Kopf; sie hat mich lange verfolgt. Eigentlich hatte ich schon seit dem Krieg, als ich von Dylans flüchtigen Flirts erfuhr, Bitterkeit empfunden. Jetzt zweifle ich nicht mehr daran, daß er in den meisten unserer gemeinsamen Jahre flüchtige Affairen mit anderen Frauen gehabt hatte, immer mit dem Bewußtsein, daß er zu einem liebenden Weib heimkehren konnte, ob wir in Laugharne, in ›Sea View‹ oder in Bishopston, Blaen Cwm, Blashford oder

South Leigh lebten. Dylan hatte großes Glück, daß ich so arglos war und nie ahnte, wie weit diese Geschichten schon gediehen waren.

Aber wenn ich in Wut geriet, dann gründlich. Ich war außer mir, als er mit Bunny Keene nach Persien reiste. Nun ja, er machte es, um Geld zu verdienen, doch warum hatte er es nicht so eingerichtet, daß ich ihn begleiten konnte? Es war nicht fair. Warum ließ er mich immer zu Hause zurück?

Seine Briefe waren vollgestopft mit Zärtlichkeiten, der übliche Dylan-Mischmasch aus Liebe, Entschuldigungen und Bekundungen unvergänglicher Treue. Sie ekelten mich an: Dieser Schuft, mir nach allem, was er mir zugemutet hatte, so zu schreiben:

Liebe Cat Caitlin, darling: Ich liebe Dich. Es gibt nichts, was ohne Dich Sinn hat. Alles hat nur Sinn, wenn wir zusammen sind. Ich liebe Dich den ganzen Tag und die ganze Nacht, und ich bin fünftausend Meilen weit von Dir entfernt. So lange ich nichts von Dir höre, Cat, ist jede Minute des Tages und der Nacht Irrsinn. Ich muß mich mit Tabletten aus Bunny's riesigem Medizinkasten in meine nächtlichen Alpträume zwingen. Ich wache vor Morgengrauen auf, in diesem großen unterseeischen Schlafzimmer unter Schneebergen und lasse im Dunkeln das Echo Deiner Stimme hin- und herwandern und blicke in Deine (blauen) schönen unterseeischen Augen in fünftausend Meilen weiter Ferne; nur sie ist wirklich, die Tiefe Deiner Augen ...

und:

Caitlin liebe,
ich weiß nicht, ob dieser Brief Dich überhaupt erreichen wird, oder ob meine beiden anderen Briefe bei Dir eingetroffen sind. Ich weiß nicht, ob Du, wenn einer von diesen Briefen bei Dir eintrifft oder eintreffen wird, ihn beantworten wirst. Ich weiß nichts mehr, außer daß ich Dich liebe. Und ich weiß nicht, ob Du mich noch kennst. Meine Liebe zu Dir reicht für

uns beide, aber ich muß dennoch wissen, ob Du auf mich wartest, ob Du mich ersehnst, ob ich zu Dir nach Hause kommen darf, ob es für mich irgendeinen Grund zum Leben gibt. Ich liebe Dich, Caitlin darling dear. Vielleicht brauchen meine Briefe so lange Zeit, um die große Entfernung zwischen uns zurückzulegen, und deshalb höre ich nichts von Dir. Vielleicht hast Du gesagt: »Für mich ist er tot.« Wenn Du das sagst, dann möchte ich wirklich tot sein. Ich liebe Dich, liebe Dich, liebe Dich, immer, immer, schöne Cat, meine Liebste. Was ich ohne Nachricht von Dir hier machen soll, weiß ich einfach nicht. Gestern fuhr ich von Teheran nach Abadan und bleibe jetzt nach einer vierundzwanzigstündigen Eisenbahnfahrt über Nacht in einem arabischen Haus. Mit dem Flugzeug hätte die Reise nur 2½ Stunden gedauert. Also entschied der kraftvolle, unermüdliche Bunny mit seiner langen Arzneimittelliste, daß wir mit dem Zug reisen. Natürlich brachte es ihn fast um; und mir bekam es ebensowenig. Jedoch wenn ich von Dir hören würde, wenn ich wüßte, nur eine Sekunde lang, daß Du mir gehörst, so wie ich Dir, daß Du mich vielleicht wieder lieben könntest, so wie ich Dich ewig liebe, würde ich tausend Meilen weit auf dem Dach des Zuges reisen. Ich tappe durch die Nächte und Tage wie ein Blinder; selbst Englisch ist in meiner Umgebung eine fremde Sprache; ich schreibe Dir, meine Geliebte, mein Weib, meine darling dear Cat, der einzigen Seele, dem einzigen Leib auf der Welt, als würde ich keine anderen Wörter kennen: gestelzt, tölpelhaft. Ich liebe Dich. Das wenigstens vermag ich zu schreiben.

Dann fuhr er in den Briefen fort, seine Eindrücke von Teheran zu beschreiben, glitt unbefangen von den Beteuerungen seiner Liebe weiter zu Geschichten von alten Männern, die in die Gosse pißten, zur Alkoholknappheit, zur Kleidung der armen Leute, zum Geruch des Räucherwerks, zu Ernährung und Wetter.

Es kam mir einfach unwirklich vor. Ich war allein in Laugharne und Dylan war fünftausend Meilen weit entfernt und redete von der Farbe meiner Augen, dem Klang meiner Stimme und von seiner Liebe, die immer und ewig lebendig sein würde.

Ich konnte das einfach nicht mehr ertragen: Er hatte mich zu sehr gekränkt. Ich schrieb ihm, daß alles vorüber wäre und ich ihn verlassen würde. Es ist schade, daß mein Brief nicht erhalten geblieben ist. Er hob Briefe nie auf, auch meine nicht. Ich wünschte, er hätte diesen einen aufgehoben, damit ich mich jetzt überzeugen könnte, ob sich meine Erinnerung an die Ereignisse nicht mit den Jahren verschoben hat. Doch glaube ich nicht, daß es sich so verhält, denn Dylan antwortete:

Caitlin liebe,
nach Deinem Brief und wie er gemeint war, wollte ich sterben. Ich hielt es nicht für möglich, daß ich, nachdem ich ihn so viele Male gelesen hatte, bis ich jeden Schmerz auswendig wußte, diese Tage und Nächte weiter durchhalten könnte, allein mit meiner Einsamkeit – die von nun an, wie ich nur allzu genau weiß, für immer ist – und gleichzeitig zu wissen, daß Du mich, für eine lange Strecke und ferne Lebenszeit nicht mehr liebst oder haben möchtest. (Nach Deinem kalten, ablehnenden Brief schriebst Du: »Alles Liebe, Caitlin.« Diese Ironie hättest Du Dir sparen können.) Aber das verfluchte Tier in mir macht einfach immer weiter. Jetzt bewege ich mich in einer Art dumpfer blinder Verzweiflung durch diese Tage, und jeder Tag endet nur schleichend. Am meisten fürchte ich die Nächte, wenn die Verzweiflung sich auf mich stürzt, und sie nicht länger dumpf und blind ist, und wenn ich nur mich in der Dunkelheit habe. Ich bin einsam und allein in einem ungewohnten Zimmer, in einer fremden Stadt, in einem nachtdunklen Land; ich brauche mich nicht mehr zu verstellen und weine wie ein Narr. Vergangene Nacht sah ich Dich lächeln, glücklich mich anlächeln, wie Du es vor tausend Jahren tatest; und ich heulte wie draußen die Schakale. Am Morgen danach war es wieder das gleiche: ich wanderte verzweifelt und teilnahmslos durch eine Wüste. Es war sogar eine echte Wüste, in der Ferne Kamele, Hyänen lachten. Ich schreibe diesen, vielleicht letzten Brief kurz bevor ich zu Bett gehe. Niemand hier in diesem Schreibzimmer – das Radio brüllt Persisch – kann an mir sehen, daß mit mir etwas nicht

stimmt. Ich bin nur ein kleiner fetter Fremder, der einen Brief schreibt: einen liebevollen glücklichen Brief an seine Frau, die ›zu Hause auf ihn wartet‹. Jesus, wenn sie wüßten! Wenn sie wüßten, daß die Frau, der ich schreibe, mich nicht mehr braucht, ihr Herz und ihren Körper vor mir verschlossen hat, obwohl sie mein Leben ist. Ich kann ohne Dich nicht leben – Dich, allein – und ich will es auch nicht. Ich fliege mit ziemlicher Sicherheit am 14. Februar von Teheran nach London zurück. Ich werde Dir von Teheran aus meine Ankunftszeit telegrafieren. Bevor wir uns trennten, sagtest Du, daß Du Dich bei meiner Rückkehr mit mir in London treffen würdest. Du wirst das jetzt, wie ich vermute, nicht mehr wollen? Würdest Du dann bitte – es ist nicht allzu viel verlangt – eine Nachricht bei den McAlpines hinterlassen? Ich möchte nicht nach Laugharne zurückkehren, ehe ich weiß, ob ich erwünscht bin: nicht als schlechter Bezahler von Rechnungen, sondern als der, der ich bin und für Dich bin. Wenn Du mich in London nicht abholst, werde ich die McAlpines anrufen. Wenn dort keine Nachricht von Dir ist, werde ich wissen, daß alles vorüber ist. Es ist ganz furchtbar, dies aus so großer Entfernung zu schreiben. In wenigen Minuten werde ich in mein Schlafzimmer gehen, in meinem Hemd ins Bett steigen und an Dich denken. Das Schlafzimmer kennt Deinen Namen gut, wie viele Schlafzimmer in diesem Land. »Caitlin, Caitlin«, werde ich sagen, und Du wirst zu mir geweht kommen, klar & schön, bis meine Augen verschwimmen und Du wieder weg bist. Ich liebe Dich. Oh, darling Cat, ich liebe Dich.

Er kam zurück, doch wie, daran kann ich mich nicht mehr erinnern. Wir waren unglücklich, wenn wir zusammen und unglücklich, wenn wir getrennt waren, aber es gab an jedem Tag kurze Zeitspannen, in denen er wieder in seinen alten Laugharner Rhythmus zurückfand. Er arbeitete mit Unterbrechungen an ›Unter dem Milchwald‹. Während dieser Phase schrieb er eines von seinen schönsten Gedichten, *Do Not Go Gentle Into That Good Night,* das in ihm durch den nahenden Tod seines

Vaters ausgelöst wurde; das Gedicht *In the White Giant's Thigh*, das den Vorfall im Boat House herbeiführte, das fragmentarische Gedicht *Elegy* (Vernon Watkins vollendete es nach Dylans Tod) und Texte für den BBC.

Ich mochte *Do Not Go Gentle Into That Good Night* gern: Gleich als er es mir zum ersten Mal vorlas, wußte ich, daß es gut war. (Was ich ihm auch sagte, so wie immer, wenn mir seine Arbeit gefiel.) Ich mußte an dieses Gedicht wieder sehr viel denken, als Dylan starb. Der Tod war immer in seinem Bewußtsein, aber als sein eigener kam, verhielt er sich nicht so, wie er gepredigt hatte – er schlüpfte sehr »leise in seine eigene Gute Nacht«. Ich sagte nie zu ihm, daß ein Gedicht nicht gut genug sei – hätte es nie getan – doch brachte ich ihn in seinen späteren Jahren dazu, Überflüssiges wegzulassen. Er wählte sehr streng aus und legte vieles als unbrauchbar zur Seite, obwohl ich immer noch glaube, daß er nicht streng genug war.

Geld war wieder eine beständige Sorge, was ihn aber selten lange vom Schreiben abhielt (obwohl er es behauptete, wenn er um Geld bettelte). Er verdiente mehr als je zuvor, erhielt im Vergleich zu den meisten Schriftstellern gewaltige Honorare, aber immer wenn er Geld hatte, verschenkte er es oder gab alles für ein üppiges Leben aus. Den Händlern in Laugharne schuldeten wir Hunderte von Pfunden; er aber wartete immer, bis sie wirklichen Druck ausübten, um dann Margaret Taylor oder jemanden Vergleichbares zu bitten, zur Rettung herbeizueilen, was gewöhnlich auch geschah.

Wie immer war Dylan am glücklichsten und machte sich die wenigsten Sorgen, wenn er in die einförmigste tägliche Routine zurückschlüpfen konnte. Nach seinem Vormittagsklatsch mit Ivy kehrte er mit klappernden Bierflaschen in seinem Fahrradkorb zum Mittagessen ins Boat House zurück; er aß immer getrennt von den Kindern in unserem kleinen Eßzimmer. Er las stets während er aß – Romane, Gedichte, Comics, selbst die rückseitigen Aufkleber auf den Flaschen mit Gewürzsoßen, solange es nur etwas Gedrucktes war. Er liebte Kindercomics und den *New Yorker*, den ihm Freunde häufig sandten; er hatte eine Schwäche für Cartoons und auch für das Werk von James

Thurber. Nachmittags arbeitete er bis sieben Uhr im Schuppen und machte sich danach wieder auf ins Brown's oder manchmal in einen der anderen schäbigen Pubs von Laugharne.

Oberflächlich betrachtet, schien es, daß wieder ein wenig Ruhe eingekehrt wäre, aber die Auseinandersetzungen konnten jederzeit wieder ausbrechen, was auch geschah, besonders wenn wir getrunken hatten oder er von einer zweiten Reise nach Amerika redete. Brinnin hatte ihn seit dem Erfolg des ersten Besuchs wiederholt aufgefordert, wieder zu kommen, und im Juli 1951 kam er mit seinem Freund Bill Read nach Laugharne, um diese Pläne in allen Einzelheiten zu besprechen. Es war der gleiche Bill Read, der später *The Days of Dylan Thomas* (1965) schrieb; ich mochte ihn, weil er mir viel männlicher als Brinnin erschien. Brinnin verwirrte mich; ich konnte mich nie entscheiden, ob ich ihn mochte oder nicht. Er behandelte mich stets höflich, und ich spürte, daß er von Dylan gefesselt war, aber auf mich machte er einen recht merkwürdigen Eindruck: Er hatte einen ganzen Koffer voller Anzüge, für jede Gelegenheit des Tages einen anderen, und einen eigenen Koffer mit Pillen aller Sorten und Farben. Brinnins Besuch war kein beglückendes Ereignis; es war genauso schrecklich, wie er in seinem Buch *Dylan Thomas in Amerika* (1956) schrieb. Ich war keine gute Gastgeberin. Ich versuchte, ihnen zwei ausgefallene Mahlzeiten zu kochen, die vollkommen mißlangen. Einmal briet ich eine Wildente, die uns jemand geschenkt hatte. Sie war weit davon entfernt, gar zu sein, als ich sie servierte; kaum daß man sie mit dem Messer berührte, quoll Blut heraus. Llewelyn äußerte sich angewidert über die Ente; Dylan verlor Llewelyns wegen die Geduld, und ich war unglücklich, weil niemand meine Ente mochte. Ich kochte ein anderes Essen und irrte mich bei der Reismenge. Dieser Besuch war eine einzige Katastrophe. Ich wollte, daß Brinnin mir von Pearl erzählte, was er ablehnte; er dagegen versuchte, Dylan zu überreden, nach Amerika zurückzukehren, was mich natürlich aufbrachte, und am Ende wurde wir sogar vor ihm handgreiflich, was nicht gerade Anklang fand.

Das Unglück war Pearl; sie kam mir einfach nicht aus dem Sinn. Wenn ich ihr begegnet wäre, hätte ich sie bedenkenlos umgebracht. Aber sogar als es zwischen Dylan und mir am ärgsten stand, als sich die Gewalttätigkeiten fast in jeder Nacht wiederholten, dachte ich nie daran, etwa Dylan zu töten. Er war mir heilig.

Ich versuchte, Rache zu üben, ohne ihn zu töten – stürzte mich auf ihn, warf ihn zu Boden, hockte mich auf seine Brust, boxte ihn, schlug auf ihn ein, griff in seine Locken und schlug seinen Kopf gegen den Fußboden – aber ich wollte ihm eigentlich nie den Rest geben, was mir selbst dann klar war, wenn ich auf ihn einhämmerte – warum, das kann ich nicht erklären. Er entwischte ins Bett, denn er wußte, wenn er erst einmal dort war, brachte ich es nicht mehr fertig, ihn zu schlagen. Es war wie Versteckspiel: Er war geborgen. Der Krieg wurde im Bett nicht fortgesetzt; da waltete Zärtlichkeit. Nach solchen Kämpfen dachte ich immer, daß ich mich ihm nie wieder nähern könnte, doch innerhalb von zwei Sekunden war ich bei ihm im Bett, und dann war ich die Schuldbewußte, wohingegen doch Dylan bestraft werden sollte. Er versuchte sich immer sofort mit mir zu versöhnen, es sei denn, daß ihm vom Alkohol die Sinne schwanden.

Diese Quälerei zwischen uns beiden zog sich fast drei Jahre hin, bis zu seinem Tod in Amerika, obwohl er nie aufhörte, mir zu sagen, daß er mich liebe, für immer und ewig, und daß er ohne mich niemals leben könne. Häufig hatte er die Möglichkeit zu verschwinden, weil er in London zu tun hatte, was alles noch schlimmer machte, weil ich dann zusätzlich auch noch einsam war.

Wir behielten unser Elend für uns. D. J. mag vielleicht gehört haben, daß ich mich mit anderen Männern einließ, aber er äußerte sich nie dazu. Granny Thomas wußte anscheinend nichts; und wir beide gaben immer acht, daß die Kinder nicht sahen, wie wir uns prügelten. Sie hatten sich sowieso daran gewöhnt, daß ihr Vater viel weg war und wußten nicht, daß sich jetzt etwas verändert hatte.

Eines Abends – unsere alte Freundin, Elizabeth Lutyens, war bei uns zu Besuch – machte sich Dylan nach Swansea auf, nachdem er vorher gesagt hatte, daß er ein für allemal davonginge. Dann rief er an (ich kann mich nicht erinnern, ob an demselben Abend oder später) und sagte, daß er sich das Leben nehmen werde. Wir ließen den fest schlafenden Colm allein im Boat House, und Billy Williams fuhr uns nach Swansea, um Dylan aufzulesen. Wir fanden ihn ziemlich betrunken in einem Pub, in dem er den Abend verbracht hatte, und dort gerieten wir aufs greulichste aneinander. Ich kümmerte mich den Teufel darum, wer uns sah. Er versuchte Lizzie als Schutzschild zu benutzen, also brüllte ich ihn an und schlug mit den Fäusten auf ihn ein.

Ich war damals ziemlich kräftig und führte mich wie eine Tigerin auf, wenn ich in Zorn geriet und getrunken hatte. Ich stürzte mich mit aller Wucht auf Dylan, schrie, stieß ihn zu Boden, und er kroch vor mir und wimmerte. Lizzie war weit zurückgetreten (ich glaube, daß sie ein wenig fürchtete, selber Schläge abzubekommen). In dieser Nacht vielleicht wollte ich ihn wirklich umbringen.

Lizzie Lutyens war unser Treiben gewöhnt, dennoch erkannte sie, daß es jetzt bitter ernst gemeint war, und sie gab sich alle Mühe, uns zu beruhigen und mich zu bändigen. Sie war eine gute Freundin von Dylan, eine starke Trinkerin, allerdings war sie eine häßliche Frau, und es gab nichts zwischen den beiden. Als der Friede wiederhergestellt war, wurde ich wegen Colm, der allein im Boat House war, unruhig, aber Lizzie war jetzt glücklich, wieder beim Trinken angelangt zu sein. Ich konnte Dylan und sie nicht vom Fleck bringen und wurde am Ende fast hysterisch. Als wir schließlich wieder zu Hause anlangten, wanderte Colm im Nachthemd im Haus herum. Er war noch keine drei Jahre alt.

Schließlich erzählte Ivy Dylan (was ich mir ja bei ihr denken konnte), daß ich mich, während er in London war, mit anderen Männern eingelassen hätte. Ich habe nie eine ganze Nacht mit ihnen verbracht: Es waren nur einstündige Gastspiele, Zufallsbekanntschaften, die ich nach Abenden in Brown's Hotel mit nach Hause nahm. Jeder in Laugharne wußte es: das ist dort so – (dazu muß ich sagen, daß die Männer von Laugharne sexuell nicht sonderlich erfahren waren).

Als Ivy Dylan davon berichtete, wollte er es nicht glauben: Er kam heim ins Boat House und sagte: »Ivy erzählt mir, daß Du Dich mit anderen Männern einläßt.« Ich machte natürlich Ausflüchte: »Sie übertreibt maßlos; ich weiß gar nicht, wovon sie redet.« Es gab keine Auseinandersetzung; Dylan sprach nur dieses einzige Mal darüber, und als ich leugnete, sagte er: »Ich wußte gleich, daß es Unsinn ist. Ich wußte, daß Du das nie tun würdest.«

Was auch immer zwischen uns geschah, Dylan wollte mich weiterhin hoch auf einem Podest haben. Seine Frau mußte anders sein als die anderen, eher wie die Jungfrau Maria. Was ich auch Gemeines anstellte, selbst wenn es sich unmittelbar vor seinen Augen abspielte, er wollte es einfach nicht sehen. Weil ich in den meisten anderen Zusammenhängen die richtige für ihn war, ließ er nicht zu, daß irgendein kleines Laugharner Gerücht das untergrub; er sagte, er glaube, sie wollten nur über mich herziehen (was in Laugharne nicht selten geschieht).

12

Dylan nahm mich tatsächlich auf seine zweite Amerikareise mit. Und das war ein großer Fehler. Ich trug daran ebensoviel Schuld wie er. Immerfort sagte er zu mir, daß ich die Vereinigten Staaten selber sehen müßte, daß die Menschen viel entgegenkommender seien und einem Dichter Verehrung entgegenbrächten, was die Engländer nicht täten. Allerdings hätte ich ahnen können, was das bedeutete, und was für ein Leben wir dort führen würden – trinkend und streitend, ohne jede Hemmungen – doch ich wollte mit. Ich wollte nicht wieder von allem ausgeschlossen sein. Wenn Dylan in Amerika einen großartigen Durchbruch erlebte, wollte ich es miterleben, so wie wir in früheren Jahren alles miteinander geteilt hatten.

Die Auseinandersetzungen, die wir in Amerika hatten, waren im Grunde nicht schlimmer als jene in Laugharne, sie nahmen jedoch ein größeres Ausmaß an und waren öffentlicher. Ich wurde sehr wüst und ausfallend, wenn ich in Fahrt kam, und es war leicht, mit dem wunderbaren amerikanischen Roggenwhisky in Fahrt zu kommen.

Ich wußte, wieviel Alkohol ich vertrug, doch dort drüben wurde es zum Alptraum, hauptsächlich, weil Alkohol immer verfügbar war und wegen der nicht-enden-wollenden Partys, von denen eine in die andere überging. Das Trinken hörte nie auf, selbst an Sonntagen nicht: An diesen sonntäglichen ›brunches‹ wurde am späten Vormittag mit Trinken begonnen, und es ging den ganzen Tag hindurch bis spät in die Nacht weiter. Natürlich konnten weder Dylan noch ich jemals ›Nein‹ zu einem angebotenen Drink sagen; ich glaube, daß ich vier Monate lang nicht einen einzigen ablehnte.

Aus der Rückschau haben wir uns nur damit fertiggemacht, wir hätten ohne dieses Trinken eine erfreuliche Zeit verbringen können. Die Art, wie die Amerikaner essen und trinken, lag mir nicht; nach riesigen Gläsern mit Bourbon auf Eis tranken sie danach zu den Mahlzeiten nur geeistes Wasser, was ich ziemlich unzivilisiert fand. Sie tranken kaum einmal einen Wein, außer in einigen kleinen ausländischen Restaurants. Dylan war einfach nicht an diesen vielen Bourbon und Roggenwhisky gewöhnt: Er war sein Leben lang ein Biertrinker, der selten scharfe Sachen anrührte.

Zuerst wohnten wir im Chelsea Hotel, das angenehm und unkonventionell war. Wie Dylan von der ersten Reise geschrieben hatte, klingelte ständig das Telefon. Alte Freunde meldeten sich, wie George Reavey, der diese schrecklichen sonntäglichen ›brunches‹ veranstaltete. George gab sich gern als großer Snob: sein offenes Haus, seine Gastlichkeit und anderes mehr. Weiß der Himmel, wo er das Geld her hatte (Dylan sagte, daß er nicht den Eindruck eines reichen Mannes gemacht habe, als sie sich viele Jahre davor in London kennenlernten). George hatte immer neue Ehefrauen; ich mochte ihn nicht sehr gerne. Dann meldeten sich Len Lye – ein anderer Freund von früher, der auf der Suche nach dem Glück nach Amerika gegangen war und am Ende völlig abstrakte Filme drehte –, der Bildhauer Dave Slivka und seine Frau Rose (die eine ganz besonders enge Freundin von mir wurde); Oscar Williams und seine Frau Gene und die Dichter Ted Roethke und Ruthven Todd.

Dylan war Ted Roethke auf seiner vorhergehenden Reise begegnet, und sie mochten einander sofort; Ted war ein großer ungeschlachter Mann, ein Trinker. Die Freundschaft zu Ruthven Todd hatte schon vor dem Krieg in London bestanden; er lieh sich immer Geld. Kaum war er in New York, hatte er Glück und fand eine reiche Frau – es war, als wäre er auf Erdöl gestoßen. Sie muß auch so eine von den Frauen gewesen sein, die einen Dichter heiraten wollte. Ich kann mich aber nicht mehr genau an sie erinnern. Ruthven war als Mann nicht sehr gewinnend – recht unterhaltend und lustig, aber wirklich kein Don Juan. Dylan war beeindruckt, als er von Ruthvens guter Partie hörte. Er fand das wahrhaft klug und beneidenswert. »Glück gehabt, alter Rammler«, sagte er.

An den meisten Vormittagen trieb es Dylan sehr früh aus dem Chelsea Hotel in die Bar nebenan, um an seine üblichen leichten

Biere zu kommen. Danach kehrte er entweder zurück oder ging weiter in die White Horse Tavern – die einem englischen Pub ähnlichste Kneipe, die er in New York hatte finden können. Ich blieb, die Hände voll Geld, mir überlassen und ging durch die Geschäfte von Greenwich Village oder in der City durch die großen Warenhäuser wie Macy's. Ich war von den Reihen über Reihen von Kleidern überwältigt – und hatte die Qual der Wahl. Wenn ich mir hinterher klarmachte, wieviel Geld ich ausgegeben hatte, bekam ich ein sehr schlechtes Gewissen (doch es hielt mich nicht davon ab, am nächsten Tag noch mehr zu kaufen).

Das meiste Geld kam von Brinnin. Er war sehr freundlich zu uns, trotzdem hielt ich ihn damals für einen bösen Geist. Ich warf ihm nämlich vor, daß er Dylan von seiner eigentlichen Arbeit ablenkte, obwohl ich jetzt nachsichtiger an ihn zurückdenke. Wenn er uns im Hotel besuchte, löste er uns aus und lieh uns Geld; es war nicht seine Schuld, daß wir es unnütz ausgaben. Brinnin war entsetzt, wie verschwenderisch wir mit Geld umgingen. An einem Tag gaben wir vierhundert Dollar – damals eine Menge Geld – für Kleider und Trinken aus. Und wieder sparte Brinnin für uns, ohne es uns zu sagen; jedes Mal, wenn er Dylan Geld gab, behielt er etwas zurück und steckte dann alles vor unserer Abreise in eine Tasche unseres Gepäcks; das war bei unserer Heimkehr sehr nützlich. Mein Geld verwandte ich hauptsächlich für Kleider. Im Lauf der Reise brachten wir es auf vierzig Koffer, die uns überall hin folgten. (Dylan hatte sie von einer befreundeten Dame geliehen, die ärgerlich wurde, weil sie sie zurück haben wollte: Wir fanden wohl nie die Zeit, sie umzupacken.)

Dylan gab sein Geld fürs Trinken aus, aber ich glaube, daß ihm auch eine Menge abgeluchst wurde – es war immer leicht, ihn anzupumpen. Er paßte allerdings auf, daß er vor den Lesungen nicht zu viel trank – er nahm immer nur wenige Gläser helles Bier zu sich – doch kaum waren sie überstanden, ging er zu den scharfen Sachen über.

Einen Monat lang wohnten wir im Chelsea. Wir waren beide gern in Greenwich Village, das uns ein wenig wie Soho anmutete, mit vielen fremdländischen Restaurants – wie italienischen, französischen, griechischen. Ich fand es mit den Künstlern und Schriftstellern, die dort ohne viel Geld lebten, viel menschenfreundlicher als das übrige New York. Wir fühlten uns heimisch, und wenn Dylan nicht lesen mußte, gingen wir abends mit Freunden ins Village zum Essen.

Eines abends ging ich zu einer Lesung von Dylan ins Brinnins Poetry Center. Dort erlebte ich ihn zum ersten Mal vor einer großen Zuhörerschaft, und er war gut. Er trug einen schmucken Anzug; ich weiß nicht, woher er ihn hatte. Am Anfang machte er einen ziemlich schüchternen und linkischen Eindruck, aber bald kam er richtig in Schwung und ließ seine Stimme dröhnen. Die Zuhörer waren tief beeindruckt, so als hätten sie etwas Derartiges noch nie erlebt. Manche Mädchen gerieten in Ekstase, wie heutzutage die jungen Mädchen in einem Rockkonzert – ich staunte. Es war genauso, wie Dylan es mir berichtet hatte; sie warfen sich geradezu an ihn ran. Dort oben auf der Bühne kam er mir so klein und vor allem unbedeutend vor: Doch dann sah ich, daß er die Fähigkeit besaß, ein Massenpublikum anzusprechen; er kam großartig an.

Ich blieb in New York, während Dylan, um seine Lesungen zu halten, durch das Land reiste. Meistens kümmerte sich Rose Slivka um mich, sie wurde dort meine beste Freundin. Sie widmete sich mir und ich durfte bei ihr wohnen. Wir gingen zu Martha Graham und noch in einige andere Shows. Tatsächlich verbrachte ich die einzigen wirklich vergnüglichen Augenblicke in den Staaten friedlich mit ihr.

Wir waren auch einige Abende Gäste bei der Fotografin Rollie McKenna. Ich mochte sie sehr gern: Sie wirkte eher englisch als amerikanisch und schien von den Männern genausowenig zu halten wie ich. Nicht, daß ich damals im eigentlichen Sinn männerfeindlich war, aber ich spürte, daß ich in den Hintergrund gedrängt wurde und auch, daß ich fehl am Platz war; alle – außer Rose Slivka und Rollie – ließen mich spüren, daß ich als Ehefrau nebensächlich war; langsam bekam ich das Gefühl, daß ich eigentlich nicht dorthin gehörte.

Dylan konnte sich nicht viel um mich kümmern, denn er war immer beschäftigt, entweder mit Lesungen oder mit Gesprächen. Wir sahen uns kaum. Ich hatte abtreiben lassen, damit ich bei ihm sein konnte, und jetzt machte es ganz den Eindruck, als hätte er mich ausgeschlossen. Ich glaube nicht, daß er das wirklich wollte; weil ihn so viele Menschen umlagerten, konnte er schwerlich nah bei mir sein – aber ich fühlte mich von ihm gedemütigt. Neben den vielen Lesungen und Vorträgen an den Universitäten waren seine Auftritte auch beim Rundfunk sehr begehrt, und er wurde immer wieder gebeten, für irgendjemanden etwas Neues zu schreiben. Er *schien* das alles bewältigen zu können, aber rückblickend erkenne ich, daß er das nicht konnte, und daß vieles sogar durch meine Anwesenheit für ihn schlimmer wurde. Ich gehörte nicht dazu, und ich war sehr verletzbar. Ich reagierte mit Bockigkeit, anstatt wie ein fügsames Eheweib herumzuschleichen; hätte ich mich aber so verhalten, wäre es auch kein großes Vergnügen gewesen.

Ich litt damals wohl bis zu einem gewissen Grad an Depressionen, und wenn ich sie auch nie mit Pearl oder den Nachwirkungen der Abtreibung in Verbindung brachte, so kamen sie zum Teil wahrscheinlich daher. Vermutlich lag der Grund dafür hauptsächlich in dem Leben, das Dylan jetzt führte und bei dem ich nicht mithalten konnte: Er kümmerte sich nicht um mich, was bewirkte, daß ich so viel, wie ich konnte, trank, um den Schmerz zu verringern: Es funktioniert natürlich nie, aber aus diesem Grund trinkt man eben.

Ich war sehr enttäuscht, daß sich niemand die Mühe machte, mir New York zu zeigen: Als ich abreiste, kannte ich es nicht besser als bei meiner Ankunft: nämlich nur das Chelsea Hotel, das Empire State Building, Greenwich Village und einige Bars. Ich kam nicht nach Harlem oder Chinatown; es hätte mich gereizt zu sehen, wie die verschiedenen Rassen lebten. (Dylan sollte ein Buch schreiben, das sich auf diese Reise stützte, aber daraus wurde nie etwas.)

Eine unserer Auseinandersetzungen war grauenhaft. Ich kann mich nicht mehr erinnern, wo wir uns befanden oder womit es begann, aber wir waren in einem Hotelzimmer; wie das Zimmer aussah, als wir es verließen, habe ich noch immer vor Augen; alles war mit grüner Zahnpasta bedeckt, die Decke, die Wände, aber auch alles, und ich dachte: »Mein Gott, was werden die unternehmen, wenn sie das sehen?« Keiner von uns beiden konnte sich erinnern, was in der vergangenen Nacht geschehen war. Wahrscheinlich hatte der Anlaß etwas mit Frauen zu tun – wie die meisten von unseren Auseinandersetzungen. Ich war entsetzt, wie dreist diese New Yorker Frauen waren – genauso wie Dylan es erzählt hatte.

Eines Abends saßen wir mit Oskar Williams und zwei Mädchen, die mitgekommen waren, in einem Taxi, und während ich vorne eingestiegen war, hatten sie sich hinten an Dylan gekuschelt. Ich kam mir wie ausgestoßen vor und sagte danach zu Dylan: »Wie konntest Du das zulassen?«

An einem anderen Abend traf im Chelsea Hotel ein Blumenstrauß ein – nicht für mich, sondern für Dylan. Von einer Frau! Das widerte mich an: Keine britische Frau würde auch nur im Traum daran denken, einem *Mann* Blumen zu schicken.

Noch ein entsetzlicher Abend spielte sich in der White Horse Tavern ab. Irgendeine Frau trat ein und flüsterte Dylan etwas ins Ohr – und er folgte ihr lammfromm. Ich saß wie in einer Zwickmühle. Ich wußte nicht, was ich tun sollte. Ich konnte ihm doch nicht nachlaufen. Daran war nichts Unschuldiges (sie war keine Journalistin, die ein Interview wollte), das konnte man meilenweit riechen; ich ließ mich daraufhin einfach fallen, um den Druck loszuwerden. Wie ich zurück ins Chelsea Hotel gelangte, weiß ich nicht. Jemand muß mich in ein Taxi gesteckt haben.

Es waren immer die Frauen, die ihm nachstellten: Dylan war völlig passiv. Und – was mich ganz besonders aufbrachte – er sagte niemals ›Nein‹ und dachte nie an die Folgen. Es war völlig unverantwortlich. Sein Trieb beherrschte ihn; er war zu schwach und zu weich und viel zu sehr auf Sex aus, um seine Männlichkeit zu beweisen, obwohl, weiß Gott, niemand auf der Welt so viel Zuneigung erhielt wie er.

Ich erinnere mich, daß ich einmal einer Frau gegenüber aus der Haut fuhr, die ihm das Trinken abgewöhnen wollte; Dylan ging auf sie ein, weil sie sehr reich war, und er glaubte, aus ihr Gewinn ziehen zu können. Ich machte meinen üblichen Einkaufsbummel zusammen mit Brinnins Mutter – einer liebenswürdigen Frau, von der alle behaupteten, daß sie genauso wie ich sei (obwohl ich das nicht sehen konnte), und wir kamen an einem dieser eleganten Restaurants vorbei und sahen Dylan und diese Frau bei einer ungestörten intimen Mahlzeit an einem Ecktisch sitzen. Sie begingen nicht gerade auf dem Tisch Ehebruch, aber Dylan saß vorgebeugt und sprach hingebungsvoll. Ich ging zu ihnen hin und sagte zu der Frau, was ich von ihr hielt. Ich nannte sie eine ›verdammte Hure!‹ und sagte ihr, sie solle sich ›verpissen‹ und daß Dylan die ständigen Lobhudeleien der feinen Damen nicht nötig habe, und es ihm ohne sie viel besser gehen würde, was auch stimmte. Dylan sagte kein Wort, und ich ging einfach weg und ließ sie allein. Ihre Mahlzeit hatte ich damit verdorben. Später giftete Dylan mich an und sagte, daß ich eine ausgesprochen gute Freundschaft zerstört hatte, daß die Frau im Begriff gewesen sei, uns Geld anzubieten. Wenn Dylan auch nur ein kleines bißchen Schneid besessen hätte, wäre er vom Tisch aufgestanden und mit mir gegangen.

Jetzt kann ich die komische Seite daran sehen und wie lächerlich es war, daß ein Mann wie Dylan ihr anbot, eine vegetarische Diät einzuhalten und dann zu hoffen, er könne irgendeine Frau um eine große Geldsumme erleichtern: aber ich erinnere mich noch an meine Wut: Von ihr ist sogar bis jetzt noch etwas übriggeblieben.

Mrs. Brinnin stand da und sah nur zu: Sie gehörte zu diesen versöhnlichen Frauen, die für jeden Verständnis haben.

Eines Abends konnte ich Rache üben. Wir waren bei Ellen Borden Stevenson zu Gast, der Frau von Adlai Stevenson, der der kommende demokratische Präsidentschaftskandidat werden sollte. Alle glaubten, daß er siegen würde. Dylan machte sich wie wild an sie heran, spielte lächerliche Sachen auf dem Klavier: Er konnte nicht richtig spielen – er klimperte nur auf den Tasten herum – trotzdem brachte er so etwa wie eine Melodie zustande. (Er konnte auch ein wenig malen und dilettantisch Karikaturen zeichnen; er hatte sich nie bemüht, diese Begabungen zu entwikkeln, und doch waren ein paar von seinen Aquarellen sehr gut.) Ellen Stevenson starrte Dylan an, wie er am Klavier saß, und ich wußte nicht, wohin mit mir. Es war peinlich, die beiden so zu sehen, also verließ ich sie und schaute mich in der Wohnung um, ging sogar ihre Garderobe durch, unter der sich einige sehr schöne Kleider befanden. Es gab ein hinreißendes, blaues, spanisch wirkendes Gewand mit vielen Rüschen, das ich liebend gern gehabt hätte, doch wagte ich es nicht zu nehmen, weil es so schön war. Schließlich eignete ich mir ein Kostüm aus grauem Flanell an, was eigentlich eine sehr bescheidene Wahl war. Ich fand, daß ich aus Protest gegen Dylans Gehabe und die Art, wie sie es in sich aufsog, etwas wegnehmen mußte.

Mir ist jetzt klar, daß ich manchmal ohne Grund eifersüchtig war, doch Dylan verhielt sich die ganze Zeit in dieser Weise gegenüber anderen Frauen, ohne Unterschiede zu machen. Ich konnte nicht ertragen, so behandelt zu werden: Ich fühlte mich gedemütigt und elend, weil er mich ignorierte.

Dylan war im siebten Himmel, denn alle Mädchen kamen nach einer Lesung hinter die Bühne, und er saß auf einem Hocker und hielt Hof. Sein Ruhm war meiner Ansicht nach für diese Frauen die Hauptanziehungskraft. Sie scharten sich um ihn wie später um Popstars. Und wenn er zu sprechen anhub – er war ein guter Erzähler, ein besserer Erzähler, als die meisten von ihnen jemals gehört hatten – war er witzig und unterhaltsam, mit seinem endlosen Vorrat an Scherzen, Geschichten und Limericks, die er jahrelang in den Londoner Pubs zum besten gegeben hatte. Das brachte sie um vor Lachen. In London hatte er immer nur seine Männerfreunde um sich gehabt, jetzt aber waren es auch noch weibliche Zuhörer. Und noch etwas hatten diese Aufführungen hinter der Bühne an sich: Er gab sich nie intellektuell. Das war nicht T. S. Eliot, der über ihre Köpfe hinweg sprach, sondern ein ungekünstelt lustiger Mann, der wußte, wie man ein Publikum dazu brachte, daß es sich vor Lachen den Bauch hielt – besonders wenn er einen Drink in der Hand hatte.

Wenn die Menschen ihn zu bewegen suchten, intellektuell zu werden, ließ Dylan sofort das Thema fallen, oft so grob und schroff, daß sie es nicht noch einmal wagten. Bei einer Gelegenheit bat ihn jemand, ihm sein langes Gedicht *Ballade vom langbeinigen Köder* zu interpretieren, und Dylan antwortete nur: »Es ist die Schilderung eines gigantischen Fucks!« Und damit war die Sache erledigt. Für ihn waren Dichtung und Vortragen, Schreiben und Lesen Arbeit, und wenn er die Tagesarbeit hinter sich hatte, kam die Zeit des Vergnügens.

Im Verlauf der Reise verzweifelte ich. Wenn sich die Studentinnen um Dylan scharten und ihn quälten, sagte ich zu ihm: »Wenn sie wieder damit anfangen, geh einfach weg – wen stört das schon?« Doch das brachte er nicht fertig, und ich blieb mir selbst überlassen. Ich war dort der einzige Mensch, der Dylan kannte und sehen konnte, daß er nicht sein normales menschliches Ich zeigte; niemand anderer konnte hinter die Maske blicken. Ich meinte, allmählich einen anderen Menschen vor mir zu haben. Über der vielen Lobhudelei und Schmeichelei schien er mein Vorhandensein ganz und gar zu vergessen, obwohl er immer noch sagte, daß er ohne mich nicht leben könne.

Die einzige Zeit, in der ich ihn richtig zu Gesicht bekam, war spät in der Nacht im Bett, doch dann waren wir immer schon reichlich mit Drinks bedient. Wir sackten beide in den Schlaf ab. Morgens hatten wir nur einen kleinen Schwatz, bevor Dylan wegsauste, um an seinen hellen Bieren zu genesen. Er ging über die Ereignisse der vorhergehenden Abende hinweg, als ob sie nichts bedeuteten; es war alles unwichtig, auch die Menschen waren unwichtig. Im Innersten war Dylan in dieser Hinsicht sehr hart: Sein wahres Ich kannte keine Illusionen, aber wenn er die öffentliche Rolle des ›Künstlers‹ spielte, wurde er mürbe und konnte nie widerstehen, zurück in diese Rolle zu schlüpfen und wieder von vorn anzufangen.

In San Francisco waren wir viel mit Ruth Witt-Diamant zusammen, die zu Dylan auf seiner ersten Reise so freundlich gewesen war. Noch bevor ich sie kennenlernte, hatte sie uns Pakete mit Kleidern für die Kinder geschickt. Dylan fand es faszinierend, daß auf ihrem Bett keine Decken lagen, und daß sie nackt in einem Pelzmantel schlief. Davon abgesehen, war sie intelligent, großzügig und amüsant. Mich hielt sie wahrscheinlich für ein wildes Biest, weil sie mich einmal rüde erlebte. Ich beschimpfte Dylan, weil er einem Mädchen schön tat, und danach sagte sie:

»Ich hatte keine Ahnung, daß Du über ein so reiches Vokabular verfügst!«

Ruth war dabei, als wir eine unserer bis dahin ärgsten Auseinandersetzungen hatten, und zwar wegen Llewelyns Schulgeld. Dylan behauptete, er hätte noch in England dafür gesorgt, daß das Schulgeld bezahlt würde und später sagte er – nachdem wir einen Brief erhalten hatten, in dem uns mitgeteilt wurde, daß Llewelyn aus der Magdalen College School hinausgeworfen würde, wenn wir das Schulgeld nicht bezahlen, daß er seinen Agenten David Higham veranlaßt habe, für ihn das Geld zu überweisen. Dylan hatte wirklich genug Geld, um die Schule zu bezahlen. Dann erhielten wir ein Telegramm mit der Nachricht, daß Llewelyn nach Hause geschickt worden sei, weil die Rechnung nicht beglichen worden wäre. Ich fand das von der Schule sehr taktlos und unfreundlich: Es war Llewelyn gegenüber grausam – er hatte schon so viele Kränkungen erlitten. Ich war außer mir über Dylan, weil wir viel Geld in den Staaten verdienten und das Schulgeld kein Problem zu sein brauchte.

In maßloser Wut fiel ich über ihn her. »Herrgott noch mal, unternimm doch etwas«, sagte ich. »Ich habe doch an Higham geschrieben«, protestierte Dylan. »Was nützt das schon?« fragte ich. »Diesem Tölpel zu schreiben …« (wir nannten Higham immer ›Klobürste‹, weil seine Haare abstanden). Dann legte ich erst richtig los, weil ich wußte, daß Dylan log; ich nannte ihn Schweinehund, stinkenden Abschaum, Abschaum vom Abschaum, eingeborenen Lügner, feigen Schuft – einen ganzen Sturzbach von Schmähungen. Dieses Mal boxte und trat ich ihn nicht; es war eine rein verbale Angelegenheit. Ich begann meine Koffer zu packen und versuchte ein Ticket für das nächste Flugzeug nach London zu buchen. Ich sagte, daß es aus wäre; wir wären am Ende; mir würde es jetzt reichen. Ich fand es widerlich, daß dieser hoch geschätzte Literat seinen eigenen Sohn aus Geldgründen von der Schule weisen ließ, während er doch riesige Summen in Amerika verdiente und wir damit um uns warfen und uns abscheulich benahmen, während Llewelyn litt. »Ich mache bei diesem verdammten stumpfsinnigen Leben, das mir kein Vergnügen und keine Befriedigung bereitet, nicht länger mit«, sagte ich zu ihm. »Ich muß weg davon, und ich werde Dich verlassen.« Leere Drohungen, wie gewöhnlich, weil der ganze Krempel erst abgeschickt werden mußte, bevor ich ein Flugzeug nehmen konnte. Bald danach, wahrscheinlich schon am folgenden Tag, wurde das Schulgeld bezahlt, und Llewelyn konnte wieder zurückgehen, aber ich war sehr unglücklich, denn er hatte schon genug durchgemacht, und diese Demütigung hätte nicht sein müssen.

Wir beschlossen die Reise mit Ferien in Arizona bei dem Maler Max Ernst und bei Dorothea Tanning. Trafen dort abgebrannt ein, weil wir alles bis dahin erhaltene Geld ausgegeben hatten. Wir verbrachten drei Tage buchstäblich ohne einen Pfennig Geld in der Tasche, und vermißten verzweifelt unsere Drinks. Dylan hatte Skrupel, Max Ernst um Geld zu bitten. Wir hatten gehört, daß Ernst ziemlich knickerig sein konnte, und dieser Ruf nahm Dylan den Mut. Wir mußten also abwarten, bis weiteres Geld von Brinnin kommen würde. Es waren trübe Tage, denn inzwischen konnten wir fast nicht leben, ohne zu trinken.

In der Nacht, bevor wir Amerika verließen, mußte ich unser Hotelzimmer aufräumen und alles packen. Dylan war schon im Bett und schlief fest; da öffnete ich seinen Koffer mit Papieren, den er auf der Reise immer bei sich gehabt hatte. Er war vollgestopft mit unbezahlten Rechnungen und Liebesbriefen von anderen Frauen: Dylan hatte sie einfach in den Koffer gesteckt, häufig ungeöffnet, und sie dann von einer Stadt zur anderen mitgenommen. Die ganze Nacht verbrachte ich mit dieser Lektüre. Ich muß viel zu trinken gehabt haben, denn am nächsten Tag fühlte ich mich völlig zerschlagen, obwohl ich wußte, daß wir vor unserem Abflug noch zwei Professoren besuchen mußten. Als wir hinkamen, fühlte ich mich so schlecht, daß ich sagte: »Stört es Sie sehr, wenn ich mich zurückziehe und etwas hinlege? Ich fühle mich überhaupt nicht wohl.« Einer von ihnen blickte ziemlich unerfreut und sagte: »Mein Bett ist im ersten Stock, aber es ist nicht gemacht und dort oben ist nicht aufgeräumt.« Das war mir gleichgültig; ich legte mich einfach nur hin und hatte einen Alptraum wegen der Briefe, die ich in der Nacht vorher gelesen hatte. Ich brauchte den ganzen Tag, um mich wieder zu erholen.

Ich schäme mich wegen dieses Amerikabesuchs gründlich, denn ich war bei all dem Trinken und Streiten genauso schlimm wie Dylan: Er hatte noch als Entschuldigung, ein Dichter zu sein. Ich nicht.

1   Der Rimbaud von Cwmdonkin Drive.
Dylan schickte dieses Photo 1933
an Pamela Hansford Johnson

2   Dylan 1934 von Alfred
Janes porträtiert

3   Augustus John in den Zwanziger Jahren

4   Caitlin von Augustus John porträtiert

5   Dylan und Caitlin in Blashford

6   Dylan, gedankenvoll, in Blashford, 1937

7   Caitlin in Blashford

8   Caitlin als Isadora Duncan am Ufer des Avon, Hampshire

9 Brown's Hotel in Laugharne

10 Dylan spielt mit Ivy und Ebies Bruder Billy im Brown's Hotel
Karten

11   Caitlin mit Llewelyn 1939

12   Dylan und Caitlin an dem runden Tisch in der Manresa Road, Chelsea, Anfang 1940

13   Sea View in Laugharne: im Vordergrund Tudor Williams

14   Das Rathaus in Laugharne; ganz rechts Castle House, das Haus der Hughes'

15   Das Boat House in Laugharne von der Vorderfront

16   Das Boat House und die Flußmündung

17   Dylan und Caitlin mit Granny Thomas und ihren Kindern Llewelyn, Aeron und Colm

18   Das Pelican in Laugharne, Heim von D. J. und Granny Thomas

19　　Der Schuppen, in dem
Dylan in Laugharne arbeitete

20　　Dylan an seinem Schreibtisch im Schuppen

21   Caitlin und Aeron mit Mably im Boot am Fluß Taf in Laugharne

22   Caitlin schaut zu, während Dylan seine nächste Amerikareise
mit John Malcolm Brinnin bespricht, 1952

23   Dylan in der White Horse Tavern in New York, 1952

24   Dylan liest in New York

25   Dylan und Caitlin in Rollie McKennas Studio während Dylans
zweiter Reise nach Amerika

26   Aufgenommen 1953, eines der letzten Photos von Dylan und
Caitlin, am The Bishop's Palace in St. David's, Pembrokeshire

27   Caitlin kehrt 1957 kurz nach Laugharne zurück. Hinter ihr die berühmte Photografie im Brown's Hotel; die Tapete wurde erneuert

28   Caitlin und Aeron mit Aerons Sohn Huw. Maggs Taylors Wohnwagen steht immer noch im Hintergarten

29   Ein einfaches Kreuz steht auf Dylans Grab in Laugharne

13

Im Lauf der Zeit ändert sich der Blickwinkel. Jetzt erkenne ich, daß die letzten Jahre von Dylans Leben seine erfolgreichsten waren, obwohl es wegen der vielen Spannungen in unserer Ehe, unserer beständigen Geldsorgen und der Katastrophen, die uns – als Familie – zu verfolgen schienen, damals nicht zu spüren war.

Nach unserer Rückkehr aus Amerika begann Dylan das Stück ›Unter dem Milchwald‹ zu schreiben. Er hatte sich zehn Jahre lang damit in Gedanken befaßt und während der letzten Monate des Jahres 1952 und Anfang 1953 arbeitete er dauernd an dem Manuskript, von dem die Fürstin Caetani einen Teil in ihrer Literaturzeitschrift *Botteghe Oscure,* die sie in Rom herausgab, abdruckte. Er bereitete auch die ›Collected Poems‹ zur Veröffentlichung vor. Sie erschienen in England im November 1952 und in den Vereinigten Staaten im März 1953. Eine weitere Ausgabe seiner Gedichte ›In Country Sleep‹ erschien 1952 in Amerika. Er sollte seinen Roman ›Abenteuer in Sachen Haut‹ vollenden, aber dazu fand er keine Zeit; 1953 veröffentlichte sein Verlag *Dent* ›Der Doktor und die Teufel‹, die Bearbeitung für den Film des Themas der Morde von Burke und Hare. Der Dent-Verlag wollte auch sehr gerne einen Band mit einer Auswahl von Dylans Skripten für den Rundfunk publizieren, aber Dylan starb, bevor er sie zusammenstellen konnte; an seiner Statt übernahm sein alter Freund Aneirin Talfan Davies diese Arbeit, die unter dem Titel ›Quite Early One Morning‹ 1954 erschien, gleichzeitig mit ›Unter dem Milchwald‹.

Außerdem wollte der BBC immer etwas von Dylan. Er sollte eine Auswahl in vier Teilen aus seinen eigenen Gedichten und von David Jones' ›The Anathemata‹ lesen, außerdem eigene Texte schreiben und auch lesen, in denen er seine Eindrücke vom International Eisteddfod 1953 in Llangollen und auch von Laugharne schilderte. Der BBC übertrug seine frühen Texte

›Erinnerungen an die Kindheit‹ (von Dylan überarbeitet) und ›Ganz früh eines Morgens‹, was ›Unter dem Milchwald‹ sehr ähnelte (mit vielen Schrulligkeiten, die ich nicht so schätzte). Dylan beteiligte sich an sieben weiteren BBC-Rundfunkprogrammen und schrieb auch eine seiner erfolgreichsten Kurzgeschichten, ›The Outing‹, die er im BBC-Fernsehen vorlas. Außerdem baten oft Journalisten bei uns in Laugharne um Interviews und Zeitungen und Zeitschriften fragten an, ob sie seine frühen Werke abdrucken dürften.

Dylan war noch nie so fleißig gewesen, aber das schien für unsere Finanzen keinen großen Unterschied zu machen. Das Finanzamt hatte ihn schließlich eingeholt, und er wurde jetzt aufgefordert, rückwirkend Steuern und die Pflichtbeiträge für die Sozialversicherung zu zahlen – und das aus dem laufenden Einkommen. Wir hätten uns darüber klar sein können, daß die Schwierigkeiten vorübergehend waren, aber wir erkannten das nicht: Unsere Schulden machten uns viel größere Sorgen, als ihnen eigentlich zukam, und Dylan lag nachts im Boat House im Bett und quälte sich mit Ängsten vor dem, was die Post am nächsten Morgen bringen würde und wohl auch mit Sorgen wegen der Spannungen zwischen uns und was mit den Kindern geschehen würde, wenn wir uns trennten.

Ganz gleich, wieviel Dylan verdiente, knapp an Geld schien er immer zu sein, und er konnte mir nie genügend für die Haushaltsführung geben. Ich weiß jetzt, daß sein Einkommen beträchtlich war und daß es schon 1947 fast £ 2500 im Jahr betrug – und er 1952 und 1953 sehr viel mehr als das verdiente – aber in Gelddingen war er so schlau und durchtrieben, daß ich damals nicht wußte, wieviel einging. Manchmal beglich Dylan einen Teil seiner Schulden, doch tilgte er sie nie alle auf einmal; er machte nie reinen Tisch, stand immer irgendwie in der Kreide. Wenn Geld einging, bekam ich es nicht zu sehen; er verwahrte es lieber in *seiner* Tasche und kaufte davon die ganzen Drinks. Wenn ich Kleider wollte oder etwas Besonderes für die Kinder, mußte ich es in Carmarthen immer auf Pump erstehen und Dylan die Rechnung geben. Das war kein gutes Verfahren, denn wenn die Gläubiger unangenehm wurden, war ich dafür verantwortlich. Aber es war meine einzige Möglichkeit, etwas Neues zu bekommen.

Es geschah hauptsächlich aus Geldmangel, daß ich ein zweites Mal abtreiben ließ. In einem seiner Briefe behauptete Dylan, daß er die Abtreibung mit den £ 250 aus dem ›Foyles Literary Prize‹ bezahlte, den er für seine ›Collected Poems‹ erhalten hatte, aber das stimmte nicht; er hat beide Abtreibungen nicht bezahlt. Die zweite Abtreibung war sehr viel einfacher und billiger, weil sie nicht bis zu einem so späten Zeitpunkt hinausgezögert wurde. Ich war mir nicht einmal sicher, ob es Dylans Baby war, aber auf jeden Fall glaubte ich, daß wir es uns nicht leisten könnten, noch ein Kind aufzuziehen. Die entsetzliche Gewissenskrise hatte ich schon bei der ersten Abtreibung durchlebt, so daß es dieses Mal nicht so schmerzlich war. Ich ging zu einem fragwürdigen alten Mann – einem Hinterhofabtreiber – den alle um die Londoner Pubs herum kannten; jeder wußte, daß er die Person war, an die man sich wandte, wenn man ein Kind loswerden wollte. Ich vermute, daß es für mich nicht ganz ungefährlich war, doch die erste Abtreibung hatte, obwohl bei fortgeschrittener Schwangerschaft, einen glatten Verlauf genommen, und ich kam überhaupt nicht auf den Gedanken, daß Komplikationen auftreten könnten, und der Mann nicht wissen würde, was dann zu tun sei oder daß er die dafür erforderliche Ausrüstung nicht besäße. Ich ließ es im Haus eines Freundes in Hammersmith machen. Der Mann fuhrwerkte mit Gummihandschuhen in mir herum; es war sehr schnell überstanden, weil nur sehr wenig zu entfernen war. Wie üblich war Dylan nirgends zu sehen gewesen.

Der nahende Tod seines Vaters brachte Dylan stärker als alles andere aus dem Gleichgewicht. Als wir aus Amerika zurückkehrten, wurde ihm klar, daß sein Vater rasch dahinsiechte. (Vor dem Krieg hatte es schon einmal eine Zeit gegeben, während der Dylan auf den Tod seines Vaters gefaßt gewesen war. Der arme alte D. J. hatte damals Zungenkrebs und war nach London ins Krankenhaus gebracht worden, wo man ihn mehrere Monate behielt und ihm Nadeln in die Zunge setzte. Es war entsetzlich, aber er hat das überlebt, obwohl er mehrere Monate danach nicht sprechen konnte.) Dieses Mal konnte Dylan sehen, daß das

Ende nahe war. D. J. erblindete allmählich, bis er am Ende fast ganz die Sehkraft verlor: Sein Gedächtnis ließ auch nach, er gewann es nur zeitweilig zurück, und offenbar hatte er schreckliche Schmerzen. Am Tag, bevor D. J. starb, wollte er aus dem Bett steigen und in die Küche gehen, weil er glaubte, daß seine eigene Mutter dort Zwiebelsuppe koche. Doch später am Tag kam er wieder völlig zu sich und sagte seine letzten Worte: »Der Kreis hat sich geschlossen.« Es war ihm also bewußt, daß er sterben würde.

D. J. starb zu Hause im ›Pelican‹ in Laugharne. Dylan war nicht bei ihm (ich glaube, daß er sich dem ebensowenig stellen konnte, wie den Dingen, die in unserem Leben geschahen), doch Granny Thomas blieb bis zu seinem Ende an seinem Bett. Wir besuchten sie später am Tag, und ich erinnere mich, daß D. J. auf dem Tisch im ebenerdigen vorderen Zimmer aufgebahrt lag, auf dem Dylan selber – kaum zwölf Monate später – in seinem Sarg aufgebahrt lag: D. J. sah sehr klein und zusammengeschrumpft aus, wie eine Figur aus Pappe.

Dylan war durch den Tod seines Vaters wie zerstört, doch er ließ es sich nicht sehr anmerken; ich war erstaunt, daß er so tief getroffen war, denn er hatte sich zu Lebzeiten seinem Vater gegenüber nie überschwenglich gezeigt. Ich kann mich erinnern, daß er sehr leise und überwältigt zu mir sprach und sagte, daß er alles, was er je gelernt habe, seinem Vater verdanke, und das äußerte er mit einer Hochachtung und Zuneigung, die ich so zuvor bei ihm noch nicht wahrgenommen hatte.

Es gab keinen Trauergottesdienst, weil D. J. Atheist war und verlangt hatte, daß man ihn einäscherte. Beim Krematorium spielte sich eine entsetzliche Szene ab. Jemand kam nach der Einäscherung zu Dylan und sagte, daß er den Leichnam seines Vaters durch die Glasscheibe an der Ofenseite habe brennen sehen, und daß der Schädel seines Vaters zerplatzt wäre. Dylan wurde es hundeelend, und er begann danach stärker zu trinken. Dann starb einige Monate später auch Dylans Schwester Nancy in Indien, wo sie mit ihrem zweiten Mann, Gordon Summersby, gelebt hatte.

Diese Todesfälle berührten Dylan tief, doch er gehörte nicht zu den Menschen, die über ihre Gefühle redeten; das war etwas, das er sich für seine Dichtung vorbehielt. Er reagierte auf Kummer, indem er loszog und so viel wie nur irgend möglich trank, um seine Gefühle zu verbergen und zu vergessen.

Granny Thomas war äußerst seltsam: Ihre ganze Familie um sie herum starb und sie machte dabei einen ziemlich gelassenen Eindruck, obwohl sie eigentlich eine gefühlsbetonte Frau war, die ihren Empfindungen Luft machte. Im Lauf von etwas mehr als zehn Monaten starben ihr Mann, dann ihre einzige Tochter und bald darauf ihr einziger Sohn, aber ich kann mich nicht erinnern, daß sie über einen von ihnen irgend etwas geäußert hätte. Ich sah keine Tränen; sie muß geweint haben, doch ich sah es nie; sie schien alles mühelos zu überwinden. Nachdem Dylan gestorben war – und ich Laugharne verlassen hatte – zog sie ins Boat House, und sie schien noch heiterer als zuvor zu werden, vielleicht weil ihr Dolly blieb, die ihr half, und sie ihre Tage nicht mit Hausarbeit verbringen mußte. Aeron schrieb ihr regelmäßig und blieb mit ihr in Verbindung, doch ich sah sie, nachdem ich aus Laugharne fortgezogen war, selten wieder; einmal kamen wir zurück, doch nur für zwei Tage.

Dylan war in Wirklichkeit sehr widerstandsfähig. Nicht viele Menschen hätten die Strapazen und Anspannungen, denen er ausgesetzt war, durchgestanden, und er würde wohl jetzt noch leben, wenn es ihm nur vergönnt gewesen wäre, sein ungekünsteltes Ich zu bleiben, und wenn er selber besser mit sich umgegangen wäre. Alle Laster zusammengenommen waren das Unglück: Trinken, Rauchen und Frauen. Er war viel kräftiger, als alle annahmen, und geistig war er bis zu seinem Ende in guter Verfassung. Er war sehr robust, in der Art wie er sich immer erholte und weitermachte. Er schaffte es auch, bei seiner Arbeit zu bleiben, obwohl sich viele Leute – einschließlich FitzGibbon und Ferris – nicht darüber im klaren waren, wie hart er arbeitete, um das Arbeitstempo, das er sich um der Öffentlichkeit willen selber abverlangte, einzuhalten.

Jeden Morgen hustete er heftig: Das hatte er während all der Jahre getan, aber der Husten wurde durch das Trinken und die Zigaretten schlimmer. Laugharne mag auch der unrechte Ort für jemanden mit einem solchen Husten gewesen sein: Es ist dort im

Herbst und Winter sehr feucht, besonders wenn man unmittelbar über der Flußmündung wohnt, wie wir. Dylan ging kaum je zu einem Arzt; er mochte die Ärzte nicht. Unser Hausarzt, Dr. Hughes, saß in St. Clears, und ich rief ihn im Notfall an – wenn die Kinder nicht wohlauf waren, oder wenn Dylan sich einen seiner Knochen gebrochen hatte. Dr. Hughes kam stets und versorgte uns, behandelte Colm mit Penizillinsalbe oder richtete Dylans Arm; wenn Dylan es aber irgend vermeiden konnte, ging er nicht zum Arzt, wahrscheinlich weil er befürchtete, daß der ihm raten würde, das Rauchen und Trinken einzuschränken. Er litt an Gicht. Ich weiß nicht, wie schlimm es war, doch er vertrug es nicht, wenn ihn jemand gegen sein Bein stieß, und natürlich passierte das den Kindern gelegentlich. Ich glaube, ihm gefiel es sogar, hinkend die Straße entlang ins Brown's zu gehen: Es war eine Affektiertheit, die ihm zusagte. Nachdem D. J. gestorben war, begann er sogar, den Spazierstock seines Vaters zu benutzen – eine andere Affektiertheit, aber da waren schon fast alle Dinge, die Dylan tat, Affektiertheiten.

Das starke Trinken gegen Ende seines Lebens – nach dem Tod seines Vaters und von Nancy –, meine Abtreibungen, seine Affairen und die ständigen finanziellen Sorgen trugen mit Schuld daran, daß alles andere blockiert wurde, obwohl es sicherlich nicht absichtlich geschah – es war nur seine Art, Probleme zu handhaben. Nach wenigen Stunden Nachtschlaf wachte er auf und wurde von Sorgen geplagt. Wenn er so früh erwachte, ging er nicht hinunter und bereitete sich eine Tasse Tee oder tat sonst etwas Vernünftiges; er lag einfach da und quälte sich, war aber bemüht, mich nicht zu wecken, obwohl er mir dann morgens immer erzählte, daß er nicht hatte schlafen können.

Nachdem ich ihn auf seiner zweiten Reise nach Amerika begleitet hatte, wollte ich nicht, daß er wieder dorthin fuhr. Ich hatte gesehen, was sich dort alles an Schrecklichem ereignete und wie die Frauen sich verhielten. Ich konnte den Gedanken nicht ertragen, daß er das noch einmal durchmachen würde. Ich tat, was in meinen Kräften stand, um ihm abzuraten. Ich versuchte anfangs, vernünftig zu argumentieren, sagte, daß es für *uns* besser sein würde, wenn er nicht ginge, weil er das Geld, das er dort verdiente, immer fürs Trinken zum Fenster hinauswerfen würde; daß es seine Gesundheit ruiniere; daß er mich wieder betrügen und als Wrack nach Hause zurückkehren würde. Natürlich widersprach Dylan (er widersprach mir immer, wenn ich so redete) und blieb beharrlich der Ansicht, daß ich alles verkehrt sähe. Wir sprachen mehrmals darüber, doch ich merkte, daß die Sache verloren war – er war viel zu erpicht darauf zu reisen, und ich konnte ihn nicht aufhalten.

Also unternahm Dylan im April 1953 seine dritte Reise nach Amerika. Sie dauerte nur sechs Wochen und fiel mit der Veröffentlichung seiner ›Collected Poems‹ in den Vereinigten Staaten zusammen. Er brachte dort auch zum ersten Mal ›Unter dem Milchwald‹ auf die Bühne (die Vorführung im Kaufmann Auditorium wurde von Caedmon aufgenommen), und er begann, obwohl ich das damals noch nicht erfuhr, seine zweite wirklich ernste Affaire: Mit Liz Reitell, Brinnins Assistentin.

Er kehrte einen Tag nach der Krönungsfeierlichkeit nach London zurück und ging zu einem Kricketspiel in Lord's (wo er sich einen Sonnenstich holte und dann mit der bei ihm üblichen Übertreibung klagte, daß daraus eine Rippenfellentzündung geworden sei). Danach gingen wir zu einer Einladung bei Margaret Taylor, die zwei Tage dauerte. (Maggs Einladungen waren nie besonders gelungen, weil sie zu knickerig war und an den Getränken sparte.)

Armer Dylan – als er wieder in Laugharne eintraf, war er ausgepumpt. Ich mache mir deshalb Vorwürfe, denn ich hatte ihn veranlaßt, die ganze Zeit auf der Party zu bleiben: Er hatte großes Verlangen, nach Hause zurückzukehren und sich rundherum auszuruhen, doch ich bestand darauf zu bleiben. Ich wollte mich ein bißchen amüsieren: Ich hatte so lange in Laugharne festgesessen, daß ich es gar nicht wieder zu Gesicht bekommen wollte. Dylan sagte nicht viel, doch ich merkte, daß er kein Interesse an den Vorgängen um sich herum nahm. Ich wußte nicht, wie zerrüttet er war; ich hielt es nur für eine ungeheure Müdigkeit nach unvernünftiger Lebensführung und empfand deshalb nicht gerade Herzlichkeit oder Mitleid. Ich hegte damals einen so bitteren Groll, daß ich ihn gewissermaßen mit meinem Herumtanzen und Fröhlichsein peinigen wollte. Ich glaube nicht, daß ihm der Seelenkampf, der in mir tobte, bewußt war: er kam erst später zum Vorschein, stückweise. Als wir schließlich in Laugharne eintrafen, war Dylan fast zu erledigt, um zu arbeiten.

Er sah elend aus, und obwohl er bald wieder zu seiner alten Routine zurückkehrte, schien es ihn nicht glücklich zu machen, wieder zu Hause bei mir und den Kindern zu sein. Er besuchte an den Vormittagen seine Mutter und Ivy im Brown's, aber er wurde nicht wieder er selbst; und natürlich dachte er immer noch nicht daran, einen Arzt aufzusuchen.

Ich geriet völlig außer mir, als ich erfuhr, daß er für den Oktober eine vierte Reise nach New York plante. Die vergangenen wenigen Monate, die wir miteinander in Laugharne verbracht hatten, waren zwar aus den verschiedensten Gründen nicht sehr glücklich gewesen, doch ich wollte nicht, daß er wieder fortging: Ich war mißtrauisch wegen seiner Treuelosigkeiten, und ich war überzeugt, daß die viele Reiserei seine Gesundheit zerstörte. Doch er hatte einen sehr hohen Steuerbescheid erhalten – das Finanzamt verlangte £ 1907 – und die Leute von der Sozialversicherung drohten ihm mit einer Vorladung. Dylan fühlte sich in die Enge getrieben: Er sagte, er müsse zurück nach Amerika, weil er nur dort das notwendige Geld verdienen könne, und sich außerdem die Möglichkeit böte, gemeinsam mit Strawinsky an einem größeren Projekt zu arbeiten. Er solle ein Libretto schreiben, wie Auden es für ›The Rake's Progress‹ getan habe. Wahrscheinlich sehnte er sich auch nach seiner Geliebten, denn mir ist jetzt klar, daß es ihm mit Liz Reitell sehr viel ernster war, als jemals mit irgendeiner anderen Frau, doch damals wußte ich es nicht und ahnte auch nicht, was ihn so verstörte. Wenn mir der Gedanke kam, daß es in den Staaten eine Frau geben könne, dachte ich immer an Pearl, denn niemand hatte mir gesagt, daß diese Affaire beendet war. Ich merkte, daß Dylan sehr unglücklich war: Ich hatte den Eindruck, daß es keine Berührungspunkte mehr zwischen uns gab, und die Ehe überhaupt nicht mehr funktionierte.

Wir kamen nie so weit, eine Scheidung zu erwägen. Nicht im Traum wäre es mir eingefallen, einen Scheidungsprozeß anzustreben – auf diese Idee kam ich überhaupt nicht – aber ich dachte daran, mich umzubringen. Manchmal war ich nicht weit davon entfernt, aber wenn es dazu gekommen wäre, hätte ich es niemals ausführen können. Später, nach Dylans Tod, versuchte ich mich wirklich umzubringen, aber jetzt ist mir klar, daß es absichtlich schwache Versuche waren: Ich gehörte zu den Alkoholikerinnen, die immer Schein-Suizidversuche machen, im sicheren Wissen, daß jemand sie retten wird. Ich konnte mir, nach allem, was wir miteinander durchgestanden hatten, nicht vorstellen, daß Dylan mich für immer verlassen würde, aber ich konnte sehen, daß der Erfolg ihn in eine Art Playboy verwandelt hatte, was ich verabscheute, und daß er begann, seine wirkliche Arbeit beiseite zu schieben, um seine Rolle zu genießen. Wenn er drüben in Amerika eine ehrenvolle Arbeit übernommen hätte, wie das Libretto mit Strawinsky, oder wenn ich den Eindruck gewonnen hätte, es würde seiner Karriere nützen, hätte ich um seinetwillen alles geschluckt, aber daß von diesen Lesereisen irgend etwas Gutes käme, habe ich nie geglaubt.

Meinen Freunden und meiner Familie kam unsere Eheschließung ziemlich seltsam vor, denn für sie war Dylan irgendein Knilch, den ich im Pub aufgelesen hatte. Es mußte den Eindruck gemacht haben, als hätte ich den Verstand verloren, es sei denn, ich glaubte wirklich an ihn, was ich ganz von Anfang an tat. Deshalb eben kränkte mich sein späteres Verhalten so sehr. Ich konnte in ihm eine von Gott gegebene Begabung erkennen, etwas Besonderes. Ich glaube, daß viele Menschen dieses wunderbare Talent wahrnahmen, doch er ertränkte so viel davon in Alkohol und Prahlerei.

Ich sehe jetzt, daß er nach jeder großen Krise in unserem Leben eine neue schöpferische und ausgeglichene Phase hatte; es war fast so, als würde ich ihn herausfordern. Aus dieser Sicht hat mir unser gemeinsames Leben etwas Befriedigung geschenkt – etwas hatten wir wenigstens erreicht; es war tragisch, daß er so früh starb, weil er noch so viel mehr hätte geben können.

14

Bevor Dylan zu seiner vierten und letzten Reise in die Vereinigten Staaten aufbrach, hatte er seine Eindrücke von Laugharne
niedergeschrieben und für eine Rundfunkübertragung gelesen.
Die Arbeit hatte ihm viel Spaß gemacht, weil er seine Gefühle,
die er für das Städtchen hegte, seit er es vor fast zwanzig Jahren
entdeckt hatte, in Worte fassen konnte. Wenn ich – abgesehen
von seinen Briefen – nichts von seinem eigentlichen schriftstellerischen Werk in dieses Buch aufgenommen habe, so möchte ich
doch diesen Text einfügen, weil er eine seiner letzten Arbeiten
war, die jedenfalls mir überzeugend beweist, daß er gegen Ende
seines Lebens auf dem Höhepunkt seines schriftstellerischen
Schaffens stand:

Laugharne*
Hin und wieder, hinauf und hinab, hoch und trocken, Mann
und Junge, habe ich jetzt seit fünfzehn Jahren oder Jahrhun-
derten in dieser zeitlosen, schönen, verrückten, verzückten
Stadt gewohnt, in diesem fernen, siebenschläfernden, wichtigen Ort mit seinen Reihern, Kormoranen (die hier Enten-
böcke heißen), mit seinem Schloß, mit seinem Friedhof,
seinen Seemöwen, Geistern, Gänsen, alteingesessenen Feind-
schaften, Schaudermärchen, Skandalen, Kirschbäumen,
Geheimnissen, Dohlen in den Schornsteinen, Fledermäusen
in den Oberstübchen der Türme, Skeletten in den Schränken,
Wirtshäusern, Schlammkuhlen, Muscheln, Flundern und
Brachvögeln, mit seinem Regen und seinen menschlichen und
oft allzumenschlichen Geschöpfen. Und obgleich ich noch
immer von Grund auf ein Fremder bin, werde ich doch kaum
jemals mehr auf der Straße gesteinigt, und ich kann mich

---

* Übersetzung Erich Fried aus ›Unter dem Milchwald. Ganz früh eines
Morgens. Ein Blick aufs Meer‹, Carl Hanser Verlag

rühmen, mehrere von den Einwohnern und sogar einige von den Reihern beim Vornamen nennen zu dürfen.

Nun leben manche Leute in Laugharne, weil sie in Laugharne geboren sind und keinen guten Grund hatten, wegzuziehen. Andere zogen erst eigens her, aus einer Anzahl merkwürdiger Gründe, aus so weit entfernten und so unwahrscheinlichen Orten wie Tonypandy, oder sogar aus England. Und sie sind jetzt von den Eingeborenen aufgesogen worden. Einige sind im Dunkeln in die Stadt gekommen und sofort verschwunden, und man kann sie manchmal in bangen schwarzen Nächten hören, wie sie in leerstehenden verfallenen Häusern Lärm schlagen, aber vielleicht sind es auch nur die weißen Eulen, die dicht nebeneinander atmen, wie Gespenster im Bett. Andere sind fast ganz sicher hergekommen, um der internationalen Polizei zu entgehen, oder gar ihren Frauen; und dann gibt es hier auch die, die noch immer nicht wissen und auch nie mehr wissen werden, weshalb sie überhaupt da sind. Man kann sie jeden Tag der Woche sehen, wie sie langsam, benommen die Straße auf und ab wandern wie walisische Opiumesser, halb schlafend, in einer schweren staunenden Betäubung. Und einige kamen auch so wie ich, kamen einfach eines Tages nur für einen Tag, und gingen nie mehr weg, stiegen aus dem Omnibus aus und vergaßen wieder einzusteigen.

Was für einen Sinn, wenn überhaupt einen, unser Dasein in diesem zeitlosen, milden, beschwichtigenden Eiland von Stadt hat, mit seinen sieben Wirtshäusern, seinem einzigen tatsächlich besuchten Bethaus, einer Kirche, einer Fabrik, zwei Billardtischen, einem Bernhardiner (ohne Kognak), einem Polizisten, drei Flüssen, einer See, die zu Besuch kommt, einem Rolls-Royce, der Bratkartoffeln mit Fisch verkauft, einer Kanone (aus Gußeisen), einem Kanzler (aus Fleisch und Blut), einem Hafenbüttel, einem Danny Ray und einem bunten Durcheinander verschiedenster Vögel; da ist es nun einmal, und ein zweites Mal gibt es so etwas sonst nirgends. Aber wenn man in einem Dorf oder einer Stadt in der Umgebung sagt, daß man aus diesem einzigartigen, aus diesem verführenden, alten, verlorenen Laugharne kommt, wo einige Leute schon in den Ruhestand zu treten beginnen, bevor sie noch zu arbeiten begonnen haben, und wo längere Reisen von etlichen hundert Metern oft nur zu Fahrrad unternommen werden, dann, ja, dann rücken die Vorsichtigen gleich ein Stück weit ab, und es wird geflüstert und geseufzt und unter dem Tisch angestoßen, und bewegliche Gegenstände werden schnell entfernt.

»Gehen wir lieber, bevor noch der Wirbel losgeht«, hörst du.

»Laugharne, das ist der Ort, wo sie mit Bootshaken raufen.«

»Alle Frauen dort haben Schwimmhäute an den Füßen.«

»Vorsicht, der böse Blick!«

»Dort darf man nie bei Vollmond hingehen!«

Die sind alle nur neidisch. Sie beneiden Laugharne darum, daß es sich nur um seine eigenen seltsamen Angelegenheiten kümmert; um seine kluge Verachtung für alle Eile; um seine Großzügigkeit, mit der es die Narrheiten anderer hinnimmt, weil es doch selbst schon so viele reife laut pfeifende Narrheiten hat. Sie beneiden es um seine Inselfederbettatmosphäre, um seine Philosophie, daß in hundert Jahren ohnehin alles eins sein wird. Sie sind ungehalten, daß Laugharne in ihren Augen so unrecht haben und es sich dabei doch so wohlsein lassen kann. Und aus Neid und Empörung verschreien sie es als märchenhaft faules kleines hexensabbatruhiges Narrenhaus am Meer. Und ist es das wirklich? Natürlich nicht die Spur! Hoffentlich nicht, wenigstens.

Dylan hatte dieses Stückchen Prosa geschrieben und aufnehmen lassen, bevor er nach Amerika abfuhr. Es wurde am 5. November 1953 in der Aula der Schule von Laugharne übertragen. Ich war unter den Zuhörern. Da wurde mir ein Telegramm mit der Nachricht übergeben, daß Dylan in New York erkrankt wäre. Wortwörtlich hieß es, daß Dylan *hospitalised* (ins Krankenhaus eingeliefert) worden sei. Mir begegnete dieser Ausdruck dort zum ersten Mal – es kostete mich ein oder zwei Augenblicke, um die Bedeutung des Wortes zu erfassen. Ich glaube, das Telegramm kam von James Laughlin, seinem amerikanischen Verleger; als ich es gelesen hatte, steckte ich es sofort weg in eine Tasche und sagte mir: »Darüber werde ich jetzt nicht nachdenken; ich verschiebe es auf später.« Ich spürte, wie es in mir bohrte, doch gestattete ich mir nicht, sogleich an Ort und Stelle in Unruhe zu geraten. Denn wenn er ›hospitalised‹ worden war und ich ein Telegramm bekam, bedeutete das etwas Ernstes. Genauere Einzelheiten teilte das Telegramm nicht mit.

Ich ließ ein paar Tage verstreichen, bevor ich mich zu Dylan nach New York aufmachte; es nagte an mir, und dennoch, höchst seltsam, empfand ich ein merkwürdiges Gefühl der Erleichterung, ein Gefühl, daß der Kampf vorüber wäre; das also war es jetzt.

Zwei Jahre der Spannungen und Gewalttätigkeiten hatten wir durchlebt, und ich hatte mich nach einer Änderung gesehnt. Ich wußte nicht, was mit Dylan geschehen war, doch war ich fest davon überzeugt, daß er sich nun nicht mehr erholen würde. Ich ließ nicht zu, daß ich weinte oder die Fassung verlor (ich glaube mich zu erinnern, daß ich an jenem Abend, nach der Übertragung, in den anderen Saal von Laugharne zum Tanzen ging). Wenig später überkam mich ein ausgeprägtes Gefühl, frei zu sein und wieder atmen zu können, als ich aber zurück ins Boat House kam, überwältigte mich das alles, und ich wollte mich übergeben – all den Ekel, den ich während der vergangenen zwei Jahre angesammelt hatte, erbrechen. Dann nahm ich einige Drinks zu mir – mehr als nur einige – und ging zu Bett. Das ist alles, an das ich mich von der ersten Nacht erinnern kann.

Ich sagte anfänglich zu niemandem etwas; ich wollte ein wenig Zeit haben, um darüber und über meine nächsten Schritte nachzudenken. Ich deutete es Aeron an; ich sagte ihr nur, daß ich ein Telegramm mit der Nachricht erhalten habe, daß Dylan krank im Hospital läge (ich sagte immer ›Dylan‹, wenn ich zu den Kindern sprach, nie ›Daddy‹). Ich kann mich nicht genau daran erinnern, wie sie es aufnahm, aber ich versuchte, seine Krankheit als nicht so ernst darzustellen, wie ich sie in Wirklichkeit nahm. Colm war zu klein, um zu verstehen, und Llewelyn war weit weg von zu Hause in der Schule.

Ich weiß nicht mehr, wie ich zu dem Entschluß kam, daß ich nach New York müßte, um ihn zu sehen. Von Laughlin oder Brinnin hatte ich nichts mehr vernommen. Ich hatte keine Ahnung, ob Dylan ernsthaft krank war oder nicht, und da ich nie Zeitung las oder Radio hörte, hatte ich keine Vorstellung von dem, was sich dort drüben abspielte. Für mich war es selbstverständlich, daß ich fuhr, doch es mußte erst eine Menge geregelt werden. Wie ich von Laugharne nach London gelangte, habe ich vergessen – mein Kopf war wie gelähmt. Margaret Taylor hat wahrscheinlich dafür gesorgt. Aeron muß ich bei Granny Thomas und Colm bei Dolly untergebracht haben – ich habe nicht die geringste Erinnerung mehr daran.

Ich weiß, daß ich die Nacht bei Cordelia Locke in London verbrachte und am nächsten Tag zu einem gewaltigen Abschiedsessen von Margaret Taylor und den McAlpines ins Wheeler's, das Fischrestaurant, ausgeführt wurde, wo wir sehr viel Wein tranken. Ich habe daran die eigentümliche Erinnerung, daß es sich wie ein Festmahl ausnahm. Ziemlich spät bestiegen wir ein Taxi zum Flughafen, wo das Flugzeug meinetwegen aufgehalten worden war.

Ich erinnere mich, daß ich mich im Flugzeug (man muß mich hineingeschubst haben!) erkundigte, ob es eine Bar gäbe. Jemand antwortete, daß gleich unten eine kleine Bar sei; ich fand, daß mir das sehr gelegen kam, also ging ich nach unten und trank zahlreiche Whiskys, was sehr töricht war. Ich muß schließlich, nachdem ich erst so viel Wein bei Wheeler's getrunken hatte, stinkbesoffen gewesen sein.

Dave und Rose Slivka holten mich vom Flughafen Idlewild ab, und ich wurde in Begleitung einer Motorradeskorte durch die Stadt auf dem kürzesten Weg ins Krankenhaus gefahren. Immer noch hatte mir niemand genau gesagt, was Dylan zugestoßen war. Erst vier Jahre später erfuhr ich, daß Liz Reitell bei ihm gewesen war, als er zusammenbrach – damals kannte ich nicht einmal ihren Namen. Offensichtlich befand sie sich im Krankenhaus, als ich eintraf. Man hielt sie von mir fern, weil man befürchtete, daß ich gewalttätig werden würde. Nur zu Recht.

Brinnin wartete auf mich im St. Vincent's Hospital; ich habe mittlerweile die Behauptung in seinem Buch gelesen, daß ich ihn mit den Worten begrüßte: »Ist der verdammte Mann tot oder lebendig?« Ich weiß es nicht mehr. Ich entsinne mich nur, daß ich mich im Krankenhaus in einer längeren Menschenschlange wiederfand. Dann zog mich jemand hastig dort heraus und sagte: »Mrs. Dylan Thomas ... hier entlang bitte.« Plötzlich machte alles einen dringenderen Eindruck; ich wurde an den anderen vorbei nach vorne geschoben und hatte keine klare Empfindung; ich versuchte mich nur einfach so zu verhalten, wie ich glaubte, daß man es von mir erwartete. Ich war immer noch ziemlich benommen, wahrscheinlich wie benebelt vom Trinken. Im Krankenhaus war es vollkommen still. Ich konnte meine eigenen Schritte hören, als ich die Treppe hinaufgeführt wurde in das Stockwerk, auf dem Dylan sich befand. Ich gelangte in einen Korridor, in dem ein großes Gedränge von zwanzig oder dreißig Menschen herrschte. Ich wußte nicht, wer sie waren oder woher sie kamen, doch wurde mir klar, daß sie alle durch eine Trennwand aus Glas weiter hinten im Korridor in das Zimmer blickten, in dem Dylan lag. Sie starrten alle durch die Trennwand und sagten kein Wort. Diese Leute hatten sich schon mehrere Tage und Nächte dort aufgehalten und behaupteten, seine Freunde zu sein, obwohl ich kaum jemanden von ihnen kannte. Es war wie in einem Theater.

Niemand hatte mich auf das alles vorbereitet; bis dahin hatte ich keine Vorstellung, wie ernstlich krank Dylan war. Rose Slivka durfte mich nicht begleiten, als ich von einer Krankenschwester in das Zimmer geführt wurde, in dem er lag. Dann sah ich ihn, ausgestreckt zwischen Bettlaken und neben ihm ein Gerät, das ich für einen Sauerstoffapparat hielt. Er atmete schwer, doch ich konnte nicht sehen, wie er Luft bekam. Was ich eigentlich nur richtig sehen konnte, waren seine Hände, die an seinen Seiten ruhten. Es wirkte alles schrecklich endgültig. Er sah ziemlich friedlich aus, aber so, als wäre er sehr weit entfernt. Zwischen uns entstand kein vertrautes Gefühl, denn er war so gut wie tot, und das war der Augenblick, in dem ich mir darüber zum ersten mal klar wurde. Das war das schlimmste: diese plötzliche Erkenntnis. Ich wußte nicht, was ich tun sollte. Ich redete ihn an, doch er reagierte nicht; die vielen Leute, die durch die Glaswand auf mich blickten, machten mich befangen; ich kam mir vor wie auf einer Bühne. Sie waren offensichtlich gespannt, was in aller Welt ich tun würde. Ich setzte mich auf die Bettkante und begann, mir eine Zigarette zu drehen, doch meine Hände zitterten und ich schaffte es nicht. Die Tabakfäden fielen dauernd auf den Boden, und ich dachte: »Mein Gott, das ist gewiß völlig fehl am Platz ...« Ich glaubte, ich müßte Dylan gegenüber eine Geste der Zuneigung machen, weil sie alle durch das Fenster auf mich blickten. Ich versuchte näher an ihn heranzukommen; ich wollte meine Arme um ihn legen, also rollte ich mich halb auf ihn. Die Krankenschwester kam hastig herein und zog mich wieder weg. »Sie ersticken ihn ja«, sagte sie, und dann sah ich wieder seine kleinen Hände. Ich nahm eine. Es handelte sich keineswegs um eine besonders dramatische Geste; ich wußte einfach nicht, was ich sonst tun sollte. Ich wußte nicht, ob sie sehen konnten, wie schwer betrunken ich war (wahrscheinlich konnten sie es sehen). Ich hatte mich auf ihn gewälzt, weil er meinen Körper fühlen sollte und um ihn ein wenig zu wärmen, doch das war offensichtlich auch wieder falsch gewesen.

Bald danach verließ ich das Zimmer. Draußen im Gang sah ich wieder diese Leute, und da packte es mich plötzlich. Ich fing an, mit meinem Kopf gegen die gläserne Trennwand zu schlagen, so stark wie ich nur konnte, und daraufhin zerrten sie mich wohl weg. Ich habe eine merkwürdige dunkle Erinnerung, daß ich danach in einen der Krankensäle geriet, in dem um die Betten herum Stahlstangen von der Decke hingen, und daß ich mich an ihnen hochhangelte, von einer zur anderen schwang und mich auf diese Weise durch das Zimmer bewegte. Als ich die Treppe hinunterging, sah ich eine große Christusfigur aus Holz, die an der Wand angebracht war; sie war über einen Meter hoch, und ich zerrte sie aus ihrer Befestigung, warf sie auf den Boden, versuchte sie zu zertrümmern und dachte dabei: »Mein Gott. Ich habe Ihn so sehr geliebt«, (ich meinte Christus, nicht Dylan) »und das hat Er mir angetan.«

Natürlich traten nach einer solchen Vorstellung die lächerlichen Männer in weißen Kitteln an und steckten mich so grob, wie sie nur konnten, in eine fürchterlich enge Zwangsjacke, daß ich kaum atmen konnte. Dann brachten sie mich in die Geschlossene Anstalt bei Belle Vue, wo ich die ganze Nacht, in der Zwangsjacke auf einem Bett liegenbleiben mußte. Ich kam vor Durst fast um und bat immer wieder um Wasser, einfach nur Wasser, irgendeine kalte Flüssigkeit nach all dem Alkohol, den ich getrunken hatte. Sie beachteten mich nicht. Ich glaubte, man wollte mich bestrafen, weil ich mich mit dem Kruzifix so schlimm aufgeführt hatte. Schließlich wurde ich von der Zwangsjacke befreit; Rose kam mit ihrem Mann vorbei und setzte sich dafür ein, daß man mich aus der Anstalt entließ, aber damit waren sie erst mal nicht einverstanden: Man sagte mir, daß ich mehrere Tage bleiben müsse. Am nächsten Tag stand ich dort in meiner Zelle, nur mit einem kurzen weißen Anstaltshemd bekleidet, als ein Mann in der Tür erschien und mich zu sprechen wünschte. Er sagte: »Dylan ist gestorben ...« Zuerst gab ich keinen Ton von mir, denn als ich Dylan gesehen hatte, wußte ich, daß er so gut wie tot war, ohne daß jemand mir hatte sagen müssen, daß keine Hoffnung mehr bestand. Und jetzt war da dieser scheußlich unbedarfte Kerl, der offensichtlich erwartete, daß ich mich in Szene setzte und hysterische Anfälle bekäme: Diese Befriedigung wollte ich ihm nicht geben. Also ging er weg, und ich schlug wieder mit dem Kopf gegen die Wand, gegen die weißgekalkten Mauern der Irrenanstalt.

Jetzt weinte ich wirklich; ich konnte nicht an mich halten. Es war das erste Mal, daß ich mich tatsächlich nicht mehr beherrschte, und sie fragten mich immer wieder: »Was ist denn mit Ihnen los?« Als ob sie es nicht gewußt hätten.

Nach einiger Zeit kam Rose, und sie versprach, daß sie sich um mich kümmern würde, wenn man mich aus der Anstalt entließe, und auch aufpassen, daß ich nichts Verrücktes anstellte. Ich trug immer noch das weiße Anstaltshemd, lief barfuß herum und habe sicher reichlich bemitleidenswert ausgesehen. Rose zog mich an, und wir gingen gemeinsam nach draußen. Dave Slivka hatte sie begleitet, um meine Überwachung glaubwürdiger zu machen, doch er hielt sich in sicherem Abstand zu mir; er hatte Angst, daß ich etwas Fürchterliches anstellen würde. Auf dem Weg zu ihrem Haus kehrten wir, überflüssig zu erzählen, bei einigen Bars ein, um Whisky zu trinken. Ich begann mich wieder ein bißchen menschlicher zu fühlen und sagte immerzu, daß ich Dylan sehen und zu ihm gebracht werden wolle. Aber Rose ließ das nicht zu; sie erzählte mir, daß man ihn an einen Ort gebracht habe, wohin die Toten zum Einbalsamieren kämen, und daß sie ihn gesehen habe, an einem Haken hängend, genauso wie ein Stück Fleisch beim Metzger – ich nehme an, daß sie den Körper dränierten.

Immer wieder sagte ich zu mir (das war mein Drang, der Wahrheit ins Angesicht zu sehen): »Ich muß ihn sehen; ich muß ihn wirklich sehen.« Doch Rose gab nicht nach: »Nein, es ist zu entsetzlich«. »Das ist mir gleich, ich muß ihn sehen«, sagte ich – doch dazu kam es nicht, weil sie mir inzwischen so viel Whisky zu trinken gegeben hatte, daß ich nicht mehr in der Lage war, darauf zu beharren. Sie nahm mich mit in ihr Haus und brachte mich zu Bett; sie war sehr liebevoll zu mir. Am nächsten Morgen nahm ich ein heißes Bad. Die Tage danach waren völlig unwirklich. Jeden Abend gab es Geselligkeiten mit Leuten, die wegen der Musik und der Getränke kamen; es war eigentlich tröstlich, obwohl ich nicht verstehe, wie ich diese Tage überstand.

Ich kann mich erinnern, daß ich einmal mit Brinnin auf einem Sofa saß. Ich konnte mir nie so richtig klar darüber werden, ob ich Brinnin mochte – ob er ein Freund war, oder ob er mit diesem aufreibenden Arbeitsplan tatsächlich zu Dylans Tod beigetragen hatte – doch ich konnte sehen, daß er tief traurig war. Er sagte kein Wort zu mir, und ich sagte auch nichts zu ihm. Im übrigen mußte ich irgendwie die aufgestauten Gefühle loswerden und verlangte nach sehr lauter spanischer Musik und tanzte im spanischen Stil – jedenfalls was ich mir darunter vorstellte – ich veranstaltete einen schrecklichen Lärm, indem ich mit den Füßen stampfte und in die Hände klatschte. Ich tanzte so lange, bis mir die Beine versagten oder ich die Besinnung verlor.

Später mußte ich viel Wirbel machen, um die Erlaubnis zu erhalten, Dylans Leichnam mit nach Laugharne zu nehmen. Man wollte ihn in New York behalten. Ich wußte, daß es für Dylans Mutter und seine Freunde viel bedeuten würde, also bestand ich hartnäckig darauf. Schließlich gaben sie nach und sagten, daß ich ihn mit nach Hause nehmen dürfe.

15

Niemand erzählte mir jemals, wie Dylan gestorben ist, und in New York händigte man mir keinen ärztlichen Bericht aus. Ich habe ihn auch nicht erbeten, weil ich dachte: »Nun, er ist tot. Was soll's ...« Mehr brauchte ich nicht zu wissen. Gleichzeitig hörte ich ständig Geschichten von seinem Sterben und wie er die wenigen letzten Tage, bevor er ins Krankenhaus eingeliefert wurde, verbracht hatte. Es schien irgendwie nicht zusammenzupassen. Offensichtlich hatte er geprahlt, daß er achtzehn Whiskys nacheinander getrunken hätte; er war dann am nächsten Morgen lachend und scherzend aufgestanden und in die White Horse Tavern gegangen, um ein paar Gläser Bier zu trinken. Das klang mir nicht nach einem Mann, der nach dem Genuß von Whisky sofort ins Koma gefallen war. Es kursierten auch alle möglichen Geschichten über Drogen. Ich wußte nicht, was ich glauben sollte.

Ich bin immer noch überzeugt, daß die eigentliche Wahrheit über seine letzten Tage in New York nie ausgesprochen wurde, und ich wäre auch die letzte gewesen, die sie erfahren hätte, weil Brinnin alles von mir fernhielt. Rückblickend weiß ich jetzt warum.

Liz Reitell arbeitete für Brinnin, und Dylan hatte in ihrem Appartement übernachtet. Nach Jahren bekam ich heraus, daß sie bei Dylan im St. Vincent's Hospital sozusagen Wache gehalten hatte, bevor ich in New York eintraf. Es gab so viel, was mir nicht gesagt wurde ... jetzt allerdings möchte ich gerne wissen, warum ich nicht mehr Fragen stellte, warum ich mich so verschloß.

Ich konnte damals nicht verstehen, und kann es auch heute noch nicht, *warum* Dylan überhaupt ins St. Vincent's gekommen ist. Wenn er denn achtzehn Whiskys getrunken *hatte* – was ich bezweifle –, wäre das einzig Richtige gewesen, ihn zum Erbrechen zu bringen und ihn dann ins Bett zu stecken (was ich immer tat, wenn er sehr betrunken nach Hause kam). Stattdessen rief Liz Reitell Dr. Feltenstein, der ihm zwei Kortisonspritzen gab (obwohl ich mir nicht vorstellen kann, warum) und irgendein Barbiturat und dann noch ein halbes Gran Morphium; das ist, wie man mir sagte, fast dreimal die normale Dosis für jemanden, der nach Alkoholgenuß kollabiert ist (wenn dies bei Dylan wirklich der Fall gewesen war). Ich kann einfach nicht verstehen, warum ihm der Arzt so starke Drogen gab, wenn er wirklich zu viel getrunken haben sollte.

Eine andere Schwierigkeit war natürlich, daß Dylan mit seiner Trinkfestigkeit Menschen gegenüber, die ihn nicht gut kannten oder die er beeindrucken wollte, prahlte. Es ist möglich, daß er gesagt hatte: »Ich habe achtzehn Whiskys pur getrunken. Ich glaube, das ist der Rekord«, obgleich er es gar nicht getan hatte. (Es überraschte mich überhaupt nicht, als ich später erfuhr, daß zwei seiner Freunde seine Schritte in jener Nacht zurückverfolgt und mit dem Barmann, von dem Dylan bedient worden war, gesprochen und dabei herausgefunden hatten, daß es nicht annähernd so viele Whiskys gewesen waren.)

Als Philip Toynbee im *Observer* in einer Besprechung über die ›Collected Poems‹ schrieb, daß Dylan ›der größte lebende Dichter‹ sei, spielte Dylan es herunter und sagte, daß er jemand anderen meine: Er hatte eine merkwürdige Bescheidenheit in Dingen, die ihm wichtig waren, und trotzdem erzählte er völlig fremden Menschen an den Haaren herbeigezogene Geschichten von Frauen und vom Trinken. Das tat er wohl zum Teil aus männlicher Eitelkeit und wegen der traditionellen Vorstellung, daß ein Junge erst ein Mann ist, wenn er sich als trinkfest erweist. Dylan glaubte an all das; er war in vielen Dingen eitel und kindisch. (Er war sogar in Sachen Kleidung eitel, auch wenn man es sich nur schwer vorstellen kann: Er machte immer Theater wegen der passenden Farben und der richtigen Krawatte. Obwohl er, bevor er nach Amerika ging, keinen ordentlichen Anzug besaß, war ihm seine Kleidung doch immer wichtig: Es konnte sein, daß er völlig verwahrlost aussah, wenn er abends nach Hause kam, aber bevor er ausging, achtete er immer auf sein Äußeres.)

Wenn Dylan Geld hatte, kaufte er sich feine Hemden und teuer aussehende Krawatten und ging in seinen Londoner Klub, entweder in den National Liberal Club oder in das Savage, rauchte eine dicke Zigarre und wirkte jede Spur wie der erfolgreiche Schriftsteller, der einen Tag in der Stadt verbrachte. Diese Eitelkeiten im Äußeren verbargen anderes: So war es Dylan sehr bewußt, daß er klein war; er wollte andere Menschen überragen und kaufte sich Schuhe, die viel zu groß und hoch für ihn waren, und er sprach davon, daß er sich modische Westen und eine elegante große Jacht kaufen wolle, wenn er einmal viel Geld verdiente. Das war alles nur phantasiert.

Die Menschen in New York, die ihn am Ende seines Lebens nur kurz kennenlernten, waren von ihm völlig hingerissen: Sie kannten nicht den Unterschied zwischen dem Schauspieler und dem Mann. Als Dylan das letzte Mal in Amerika eintraf, wußte er inzwischen genau, wie er alle Aufmerksamkeit auf sich lenken konnte, wie er es sich immer gewünscht hatte. Sein charismatisches Auftreten auf der Bühne und seine wunderschöne Schauspielerstimme, seine Gabe, sich wenige Minuten nach dem Kennenlernen mit Leuten so zu unterhalten, als habe er sie ein Leben lang gekannt, verliehen seiner wunderbaren Sprachbegabung eine übertriebene Wirkung. Menschen, die ihn zum ersten Mal trafen, fanden ihn einfach erstaunlich: Sie machten sich nicht klar, daß er immer so war – großartige Geschichten erfand, um sie zu ermuntern, ihm Geld zu geben; mit Frauengeschichten und Trinkgewohnheiten angab; außerdem sollten die Leute glauben, daß seine Gesundheit nachließe und sich sein Talent erschöpfe. Es stimmte alles nicht, und ich war die einzige, die das wußte. Seine neuen Bewunderer waren alle von Dylan fasziniert, weil er so liebenswürdig, so menschlich und so gar nicht wie ein Literat war. Während der ganzen Zeit hielt er sein eigentliches Wesen verborgen, wie er es immer getan hatte.

Ich glaube, wenn Brinnin in Amerika auf Dylan besser aufgepaßt hätte, wäre er vielleicht heute noch am Leben. Im Grunde hatte Dylan eine kräftige Gesundheit, und ich bin überzeugt, daß er mit dem finanziellen Erfolg, der sich allmählich einstellte, seine

Lebensumstände geordnet und das Trinken unter Kontrolle gebracht hätte, eben weil er alle Dinge, die ihn zum Trinken veranlaßten, auch in den Griff bekommen hätte. Aber ohne Manager konnte er das nicht schaffen. Sein Aufstieg geschah so rasch und auf so vielen verschiedenen Gebieten, daß er jemanden brauchte, der sich um die tägliche Schreibarbeit und den häuslichen Kleinkram kümmerte; beidem war er einfach nicht gewachsen.

Er schrieb trotzdem gut, bis zum Ende seines Lebens. Er hatte ›Unter dem Milchwald‹ fast abgeschlossen (obwohl er glaubte, noch daran arbeiten zu müssen, selbst nach der Aufführung in New York), und seine Essays für den Rundfunk waren besser als je zuvor. Für die Gedichte brauchte er mehr Zeit als früher, aber dadurch wurden sie viel besser. Wenn er nicht gestorben wäre, hätte er wohl mit dem Libretto für Strawinsky begonnen. Wahrscheinlich hätte er auch Drehbücher für Hollywood geschrieben, weil er sich mit dieser Technik durch seine Arbeit für Donald Taylor und Sidney Box vertraut gemacht hatte. So war sein Tod ein tragischer Verlust.

Dieser Ansicht mag in vielem der weit verbreiteten Legende, die nach seinem Tod um Dylan entstand, widersprechen, doch viele von diesen Geschichten waren größtenteils nicht wahr. Der gängige Journalismus ist oberflächlich und stellt ihn als den Dichter dar, dem es bestimmt war, vor seinem vierzigsten Lebensjahr zu sterben, der ununterbrochen betrunken war, sich immer mit Frauen einließ und schließlich ausgebrannt dastand: Darin steckte ein Körnchen Wahrheit, wie immer in solchen Legenden, doch nur ein Körnchen.

Ich habe während all der Jahre nächtelang darüber nachgedacht und glaube jetzt zu wissen, daß es drei Umstände in seiner Situation gab, mit denen er, Tausende von Meilen entfernt von seinem eigentlichen Zuhause, nur sehr schwer fertigwerden konnte. Erstens: seine Gesundheit; zweitens: der Ruhm und alles was ihn begleitete; und drittens quälte ihn wahrscheinlich, nach all den Streitereien und Tätlichkeiten, die wir beide durchgemacht hatten, daß er jetzt eine Affaire mit der Reitell hatte. Ich glaube, er wurde von Schuldgefühlen gemartert, weil er mir immer noch gesagt hatte, wie sehr er mich liebe und daß ich die einzige Frau für ihn sei. Und deshalb ging er fort, wie er es in jeder Krise getan hatte, und betrank sich.

Wenn ich dagewesen wäre, als er in diese Wohnung zurückkehrte, nachdem er achtzehn Whiskys getrunken hatte, hätte ich ihn zum Erbrechen gebracht und dann ins Bett gepackt und ihm Brot mit Milch gegeben. Keiner seiner amerikanischen Freunde wußte, wie man ihn behandeln mußte. Nach seinem Tod hatte ich das überwältigende Gefühl, daß ich ihn zurück nach Laugharne bringen müßte, weg von all diesen Leuten, von denen ich glaubte, sie hätten ihn umgebracht.

Ich habe mich während all der Jahre danach aber nicht des Gedankens erwehren können, daß mein Leben schwerer gewesen wäre, wenn er weitergelebt hätte. Bevor Dylan nach New York ging, hatte es den Anschein, als ob alles zwischen uns ein Ende fände. Lange Zeit war ich ziemlich überzeugt, daß er dorthin geflohen war (was ich jetzt nicht mehr glaube), weil er der Verantwortung für seine Familie nicht mehr gewachsen war: Eine Frau und drei Kinder, das war mehr als er ertragen konnte. Es war keine absichtliche Verantwortungslosigkeit (so wie einige Leute es ihm unterstellt haben); es war einfach so, daß da etwas in seinem Wesen fehlte oder unzureichend ausgebildet war. Auch habe ich mir sagen müssen, daß er nach einem Erwachen aus dem Koma nie wieder der gleiche geworden wäre: Sein Gehirn wäre geschädigt gewesen und sein Erinnerungsvermögen vielleicht geschwunden.

Nachdem er mich auf seiner vierten Reise in London zurückgelassen hatte, war ich tagelang in tiefem Kummer durch die Straßen gewandert. Ich schrieb an Brinnin und berichtete ihm, daß ich glaubte, unsere Ehe sei am Ende. Brinnin erzählte Dylan nichts von diesem Brief, doch ich vermute, daß Dylan in New York sowieso die gleichen Gedanken durch den Kopf gingen: Er wußte es, doch wußte er nicht, daß ich es wußte. Mein Instinkt muß es mir gesagt haben, denn ich hatte keine Ahnung von der geheimnisvollen Reitell. Uns beiden war klar, daß wir noch so einen Schock wie den durch Pearl nicht überstehen könnten. Wir hatten es nach der Geschichte mit Pearl und der ersten Abtreibung, nach den unseren gegenseitigen seelischen Quälereien auf der Amerikareise und nach dem Kummer um D.J.'s und Nancy's Tod geschafft, die Dinge wieder einigermaßen ins rechte Gleis zu bringen. Dylan hat sicher gewußt, was es für mich, für unsere Ehe und für die Kinder bedeutet haben würde, wenn seine Affaire mit der Reitell herausgekomme wäre; er muß gewußt haben, daß es das Ende bedeutet hätte. Diese arge Verwirrung der Gefühle kommt meiner Ansicht nach so nah an die Wahrheit für den Grund seines Todes heran, wie man überhaupt kommen kann; und eben deshalb war sein Tod für mich so ein schrecklicher Schock.

Es gab also keine Erinnerung an Liebe, mit der ich weiterleben konnte und die mich aufrecht hielt, sondern nur diese entsetzliche Erkenntnis, daß Dylan mir genau in dem Augenblick genommen wurde, in dem er mich möglicherweise sowieso verlassen hätte, und ich habe mich oft gefragt, ob sein Tod nicht höhere Gewalt war, einer dieser merkwürdigen Zufälle, die sich ohne eine mögliche irdische Erklärung ereignen. Vielleicht konnte sein Tod einfach nicht vermieden werden, denn in der Art und Weise seines Sterbens gibt es etwas, das nach meinem Gefühl niemand erklären kann.

Abgesehen von anderen Erwägungen, war es eine Frage des Prinzips, Dylans Leichnam zurück nach Laugharne zu bringen: Er gehörte, verdammt noch mal, den Walisern; man durfte ihren großen Mann nicht außerhalb von Wales begraben. Ich mußte den britischen Konsul aufsuchen, der ein Heuchler war. Ich sagte zu ihm: »Wenn ich mit dem Schiff fahre, muß ich unter allen Umständen eine eigene Kabine bekommen; ich bin in sehr schlechter Verfassung und kann nicht mit irgend jemand anderem zusammen sein.«

»Ich werde mich um alles kümmern«, sagte er besänftigend. »Sie werden in der Ersten Klasse vollkommen für sich allein sein.« Doch als ich meine Kabine betrat, hatte sich dort schon eine Art Schönheitskönigin eingerichtet und machte sich vor dem Spiegel zurecht. Das war genau das Gegenteil von dem, was ich wollte. Ich trug mein schwarzes Trauerkleid, das ich mir gekauft hatte und hockte mich in die Ecke meiner Schlafkoje, mich fragend, wie ich meine Lage wohl ändern könnte; ganz bestimmt würde ich nicht zusammen mit dieser Frau reisen. Ich ging zum Zahlmeister und bat ihn, mich anderswo unterzubringen, aber alles war belegt. Schließlich entschied ich, daß mir als einziges Mittel nur meine Sing- und Tanznummer blieb.

Ich ging sehr früh in die Bar, ungefähr um fünf Uhr (offiziell öffnete sie um sechs), und bestellte fünf doppelte Whiskys. Ich sagte: »Meine Freunde kommen gleich«, also zögerten sie nicht, die Whiskys auf den Tisch zu stellen. Dann lehnte ich mich zurück und trank sie langsam aus, wußte, daß ich mir nach einem gewissen Quantum Zeit und Whisky nichts mehr einfallen lassen müßte, weil der Whisky alles für mich erledigen würde. Als dieser Augenblick gekommen war, erhob ich mich und stolperte vorwärts, bekam den Tisch zu fassen und fegte alles, was auf ihm war, hinunter. Dann zog ich ihn aus seiner Verankerung (er war am Boden festgeschraubt) und fiel unter den Tisch. Ich stand wieder auf und begann einen wahnsinnigen Tanz der Zerstörung. Was in meine Reichweite kam, schleuderte ich in die Gegend oder zerbrach es. Überall lagen Glasscherben. Ich war stark wie ein Löwe, und wenn mir jemand zu nah gekommen wäre, hätte ich ihn möglicherweise umgebracht. Dann machte ich Spagats, Bogengang vorwärts und rückwärts, schlug Rad, warf die Beine in die Höhe, alles in vollständiger Raserei.

Schließlich kam der Kapitän vorbei und schaute eine Zeitlang zu. Er fing an zu schmunzeln und zwinkerte mir vielsagend zu, und ich dachte: »Der kann mir nützlich sein ...« Er sagte zu jemandem: »Stell ihr ein Bett in den Laderaum.« Sie brachten mich hinunter auf den Grund des Laderaums und stellten mir ein Seemannsbett unmittelbar neben Dylans Sarg, und ich dachte: »Mein Gott, genau hier habe ich sein wollen ...«

Ich war ziemlich glücklich mit diesem kleinen Bett und im Laderaum, und es wurde sogar noch besser, weil sich dort unten eine Gruppe von Seeleuten aufhielt, die auf Dylans Sarg Karten spielten, und ich dachte: »Das hätte Dylan gemocht.« So fing meine Reise an, und ich war jetzt gelassener, weil ich bei Dylan war. Die Seeleute kamen und gingen, ohne viel zu sagen, und ich konnte mit meinem Kummer allein sein. Ich fühlte mich Dylan näher, als ich die Bierflaschen und Spielkarten der Männer auf dem Sarg ausgebreitet sah. Ich glaube nicht, daß sie wußten, wer ich war oder daß es sich bei der Kiste um einen Sarg handelte.

Nach einiger Zeit begann ich mich zu langweilen und schrieb an den Kapitän einen kleinen Brief, in dem ich ihn anflehte, mich herauszulassen und bei meiner Ehre gelobte, mich untadelig zu benehmen. Er sagte: »Wenn Sie gerne kommen und neben mir am Kapitänstisch sitzen wollen, erlaube ich Ihnen gerade zwei doppelte Drinks, und dann sehen wir, wie Sie sich verhalten.« Daraufhin zog ich mich elegant an. Ein riesiger Korb mit Kleidern war für mich von einigen sehr freundlichen farbigen Schauspielfreunden in New York aufs Schiff geschickt worden; sie hatten sie für mich in den Geschäften gesammelt, und da mir immer nach Kleidern gelüstete, konnte ich nicht umhin, mich darüber zu freuen. Zum Abendessen setzte ich mich neben den Kapitän, zeigte mich von meiner allerbesten Seite und nippte geziert am Whisky.

In dieser Nacht ging ich zum Schlafen zurück in mein Seemannsbett, weil ich gerne dort war. Es ist mir nicht im Gedächtnis geblieben, wie der Rest der Reise verlief, obwohl ich mich erinnere, daß der Kapitän mir gegenüber einen Annäherungsversuch unternahm, der ziemlich peinlich war. Er bat mich in seine Kabine. Er wirkte in seiner Uniform recht stattlich, aber in Unterhosen sah er ziemlich abstoßend aus. Als ich ihn sah, sagte ich: »Oh nein – das ist unmöglich!« Ich versuchte, es taktvoll zu machen: Ich wollte ihn nicht beleidigen, weil er mir so viele Gefälligkeiten erwiesen hatte, also machte ich meine schlechte Verfassung dafür verantwortlich.

In Southampton erwartete uns ein Schwarm von Journalisten: Sie waren alle sehr freundlich und nett. Ich trug wieder mein schwarzes Kleid, und es lief darauf hinaus, daß wir lachten und miteinander fröhlich waren, was gewiß völlig fehl am Platz war. Ich hatte immer noch nicht voll begriffen: In einem Augenblick war ich heiter, und im nächsten tief betrübt und die meiste Zeit voll mit Whisky.

Ein Auto wartete auf mich. Billy Williams war von Laugharne herübergefahren, um mich abzuholen und Dylans Sarg heimzubringen. Ich kann mich nicht mehr erinnern, wie uns das passierte, aber wir bogen irgendwo falsch ab und landeten entweder in Somerset, Devon oder Cornwall, nachdem wir unterwegs bei einer Reihe von Pubs angehalten hatten und Dylans Sarg draußen im geparkten Auto ließen.

Dylans Leichnam sah ich zum ersten Mal, als er aufgebahrt in seinem Sarg im vorderen Parterrezimmer des ›Pelican‹, fast gegenüber von Brown's Hotel, lag. Ich war entsetzt, daß sein Gesicht mit farbigem Make-up zurechtgemacht war. Er sah einfach lächerlich aus, überhaupt nicht wie Dylan, eher wie eine Grand-Guignol-Figur, in Anzug und mit Fliege. Seine Freunde kamen, um ihn zu sehen, und ich glaube, daß seine Mutter froh war, daß ich ihn nach Hause gebracht hatte. Ich schaute ihn nicht lange an; ich berührte nur seine Hände; an ihnen hatten sie nicht viel verändern können.

Granny Thomas setzte mich auch dieses Mal in Erstaunen: Obwohl sie sehr an Dylan hing, überwand sie alles mühelos. Sie war am Schluß die einzige, die völlig ungerührt schien. Sie war am Tag der Beerdigung sehr gastfreundlich. Im ›Pelican‹ wurde ein großer Gottesdienst abgehalten. Ein Priester sprach im Hintergrund, und alle Leute standen um den Sarg herum und auch im Gang. Ich lag inzwischen auf den Knien und heulte wie ein Wolf. Ich hatte wohl hundert Taschentücher und zog sie ständig heraus, schneuzte mir die Nase und fing wieder von vorne an.

Alle alten Freunde von Dylan kamen zur Beerdigung. Dan Jones übernahm die Aufgabe des Beschützers, weil er sich für Dylans besten Freund hielt: Er kümmerte sich um mich, als sie den Sarg in einer langen Prozession die Hauptstraße entlang in die St. Martins Kirche trugen. Ich erinnere mich an den Gottesdienst in der Kirche überhaupt nicht mehr, nur an meine Gedanken: daß wir hier Dylan in der Kirche bestatteten, in der wir unsere Kinder hatten taufen lassen; daß Dylan gesagt hatte »Do not go gentle …«; daß seine Mutter jede Woche eine halbe Krone zur Seite gelegt hatte, um für eine ›ordentliche‹ Beerdigung vorzusorgen, und wir jetzt hier waren und die Beerdigung fand wirklich statt; und ich erinnere mich daran, daß wir mit den Williams Brüdern, die den Sarg getragen hatten, am Rand des Grabes standen und daß Dan mich sehr fest hielt, weil er wohl ahnte, daß ich drauf und dran war, etwas Wahnsinniges anzustellen, etwa mich auf den Sarg hinabzustürzen; und dann kam es »Asche zu Asche, Staub zu Staub ...«, und die Menschen verließen langsam den Kirchhof, auch wir. Es fand eine Art Leichenschmaus im ganzen Ort statt, in allen Pubs und auch im ›Pelican‹, wo Dylans Jugendfreunde Granny Thomas besuchten. Die Waliser sind wie die Iren schlichte Gemüter: Sie machen aus dem Tod eine große Angelegenheit. Es war eine ziemlich ungesittete Totenfeier: Überall im Ort betranken sich die Leute und prügelten sich, und einige von Dylans Unterlagen wurden aus dem Schuppen gestohlen.

Nicolette war nach Laugharne gekommen, um vor und während der Beerdigung bei mir zu sein, und Richard Hughes hatte uns eingeladen, die Nacht im Castle House zu verbringen. Ich sagte zu Nicolette, daß ich einen Spaziergang über die Klippen machen wolle, doch sie wußte, was ich im Sinn hatte – daß ich daran dachte, mich von ihnen hinabzustürzen – also machte sie alle Anstrengungen, mich davon abzuhalten, und wir gingen statt dessen in Brown's Hotel, wo ich leider ein Tablett mit Gläsern Fred Janes glatt aus den Händen schlug. Dann bot mir jemand eine Schachtel mit Schokolade an und ich dachte: »Du lieber Gott – sie sollten etwas mehr Takt zeigen, als mir Schokolade anzubieten!« Ich nahm die Schokolade und schleuderte sie gegen die Zimmerdecke. Das fand auch keinen Beifall. Es geriet alles aus den Fugen; alles hatte sich in mir angestaut und wollte raus.

Während der Wochen, die der Beerdigung folgten, fühlte ich mich verlassen. Dan Jones war freundlicher zu mir, als je zuvor und kam mehrere Male von Swansea herüber, um zu sehen, wie es mir ginge. Er wurde einer der ersten Treuhänder der Stiftung, die ins Leben gerufen wurde, um Dylans Nachlaß zu verwalten.

Ich konnte in Laugharne keine Ruhe mehr finden – die entstandene Lücke war zu groß. Ich erlebte Augenblicke heftigster Verzweiflung: Wenn ich das leere Bett sah, mußte ich mich hineinlegen, und dann schlug diese Verzweiflung in Wellen über mir zusammen. Ich versuchte zwar, mich aufrechtzuhalten, aber dann gab es Augenblicke, in denen es mich umwarf, und das einzige Heilmittel, das ich gegen Kummer habe, ist in Trab zu bleiben. Zuerst führte ich mich ziemlich wild auf: Tätlichkeiten, Trinken und mit Männern schlafen war meine Art der Flucht, doch mir war klar, daß ich so nicht weitermachen konnte. Die ganze Zeit plante ich, so bald wie möglich auf und davon zu gehen. Nach wenigen Wochen war ich weg ...

Postskriptum

Mehr als dreißig Jahre sind verstrichen und immer noch trage ich in mir eine schreckliche Wut: Sie ist dauernd vorhanden, nicht bewußt, doch vorhanden, und Depressionen bringen sie an die Oberfläche.

Ich komme immer noch nicht darüber hinweg, daß Dylan genau in dem Augenblick starb, in dem wir beide zu der Auffassung gekommen waren, daß unsere Ehe am Ende sei. Er muß gewußt haben (weil er einfach alles *wußte*), daß ich an Brinnin nach New York geschrieben und ihm mitgeteilt hatte, was ich dachte. Mein Brief war eher traurig als zornig, weil ich unglücklich und höllisch einsam war. Es war ein zwei Seiten langer Brief, und ich weiß nicht, ob er noch erhalten ist. Brinnin sagte mir, daß er ihn vernichten würde.

Wir waren beide gegen Ende wirklich verzweifelt. Es war alles zu viel für Dylan geworden, und ich glaube nicht, daß er mir nach der Geschichte mit Liz Reitell hätte entgegentreten können.

In den folgenden Jahren machte ich mehrere vergebliche Selbstmordversuche und wurde in Kliniken und Nervenheilanstalten in London, Rom und Catania behandelt. Zwanzig Jahre lang litt ich an Alkoholsucht, bis ich vor zehn Jahren beschloß, den Anonymen Alkoholikern in Rom beizutreten. Sie retteten mein Leben.

Ich war kein Typ für Selbstmord, ich war viel zu vital und viel zu neugierig auf das Leben und die Menschen; und wie hätte ich es fertigbringen sollen, meine geliebten Kinder im Stich zu lassen? Als wir auf der kleinen Insel Porcida wohnten, ging ich einmal an ihre äußerste Spitze und glitt mit der Absicht ins Meer, so weit wie möglich hinauszuschwimmen und nicht mehr zurückzukehren. Doch das Meer war so herrlich, daß ich nicht widerstehen konnte, im Wasser herumzuspielen, und schließlich schwamm ich im Dämmerlicht langsam zum Ufer zurück. Nie wieder habe ich so romantisch im Meer gebadet.

Ich spüre immer noch, daß Dylan bei mir ist. Was zwischen uns beiden auch geschah, er sagte bis zu seinem Ende, daß er mich liebe, und ich glaube, daß es stimmte. Ganz von Anfang an fühlte ich, daß er der Richtige für mich war, und wenn man denkt, daß jemand für einen ausersehen ist, kann man eine Menge hinnehmen. Das Gefühl, daß wir zueinandergehörten, verließ uns niemals. Unsere Liebe war eigentlich ziemlich unkompliziert. Aber ich habe nie die Art seines Sterbens vernunftgemäß erklären können.

Sein Tod war für mich sehr schmerzlich, aber ich glaube nicht, daß mir der Schmerz damals so bewußt war, wie er es heute ist. Natürlich habe ich hinterher nachgedacht, aber der größte Teil der zurückliegenden dreißig Jahre bedeutete für mich gefühlsmäßig ein Nichts: Seit Dylans Tod habe ich nicht mehr die gleiche Kraft der Gefühle verspürt. Ich fühle mich, als ob ich außerhalb dieser Welt sei; ich lebe einfach nur weiter, das ist alles, und ich hänge sehr an meinen Kindern.

Ich bin mir Dylans ununterbrochen bewußt. Ich denke an seinen Kopf und an seine Hände; dieses Bild habe ich vor mir, Tag für Tag. Wenn ich tief bedrückt bin, habe ich es stärker. Seine kleinen schmalen Hände waren weiß und langfingerig, wie man es von den Händen eines Künstlers erwartet, während meine Hände breite rote Pratzen sind, genau wie die von meinem Vater. Dylans waren weiße nutzlose Gebilde, die nie die geringste Arbeit geleistet hatten, außer eine Feder zu halten. Ihr Anblick versetzte mir, als er im Sterben lag, einen letzten Stich. Als ich ihn im Krankenhaus in New York sah, schauten diese kleinen Fischflossen unter seiner Bettdecke hervor. Sein Gesicht war von den Schläuchen des Sauerstoffgerätes verdeckt; alles, was ich von ihm sehen konnte, waren diese beiden kleinen Hände. Zurück in Laugharne sah ich ihn das letzte Mal in seinem Sarg im ›Pelican‹, da waren sie wieder da. Diese beiden kleinen Hände. Das ist es, was mir am meisten unter die Haut geht. Sie schienen so völlig nutzlos, und doch sagten sie so viel.

Nachwort

Von GEORGE TREMLETT

Bald nach der Beerdigung von Dylan Thomas in Laugharne
verließ seine Witwe Caitlin die Stadt. In London versuchte sie
sich das Leben zu nehmen, indem sie in Hammersmith aus einem
Fenster im dritten Stock sprang. Danach wurde sie in eine
Nervenklinik in Surrey eingewiesen, in der sie einige Monate
verbrachte. Nach ihrer Entlassung begab sie sich auf die Insel
Elba, wo sie bald anfing zu schreiben. Wie eine Besessene füllte
sie Tag für Tag hunderte von Seiten mit handschriftlichen
Aufzeichnungen, die ihre Empfindungen auf Dylans Tod schil-
derten. Aus diesen Aufzeichnungen wurde schließlich das
Manuskript *Leftover Life to Kill* herausgearbeitet, das 1957
veröffentlicht wurde (deutsch: Riß im Himmel quer, Quadriga
Verlag 1989).

Bereits damals stand ich schon seit längerem im Bann von
Dylan Thomas und seinem Werk. Ich war in Stratford-upon-
Avon zur Schule gegangen und erhielt Englischunterricht in
eben dem Zimmer, in dem Shakespeare unterrichtet worden
war. Mein Lehrer, Alan Wood, hatte mir oft gesagt, daß Dylan
Thomas der bedeutendste englische Autor seit Shakespeare sei.
Überdies regte er mich an, mir Dylans Lesungen im Radio
anzuhören und mich mit seinem Werk zu beschäftigen. Ich sah
Dylan Thomas im Fernsehen, als er *The Outing* las – sein
einziger Auftritt dort – und während der Wochen nach seinem
Tod las ich seine Gedichte und hörte dann im Radio die
Fortsetzungen der ersten Sendung von ›Unter dem Milchwald‹.
Auf diese Weise entstand ein anhaltendes Interesse, das dazu
führte, daß ich mich mit meiner Familie in Laugharne niederließ
und mit Caitlin diese Autobiographie erarbeitete.

Natürlich las ich *Leftover Life to Kill* gleich nach seinem
Erscheinen und fand mich von einem Kummer überwältigt, den

273

zu verstehen ich noch zu jung war: das Buch war herzzerreißend und dennoch blieb so viel ungesagt, daß ich mehr wissen wollte. Constantine FitzGibbons Biographie konnte meine Neugier nicht befriedigen, und jene von Bill Read, Daniel Jones, John Ackermann, Andrew Sinclaire und Paul Ferris ebensowenig. Beim Treffen der Dylan Society im Jahr 1977 äußerte ich zu Dylans Tochter Aeron, daß eine endgültige Biographie noch nicht geschrieben sei und daß meiner Ansicht nach ihre Mutter sie selbst schreiben müsse. Aeron erzählte mir, daß Caitlin jetzt in Rom den Anonymen Alkoholikern beigetreten sei, das Trinken aufgegeben habe und sich wahrscheinlich in einer besseren Verfassung befände, um dieses Buch zu schreiben, als zu irgendeinem anderen Zeitpunkt nach Dylans Tod.

In den folgenden Jahren wurden Aeron und ihr Mann Trefor enge Freunde von uns; meine Frau Jane wurde Schriftführerin der *Dylan-Thomas-Society*, und gemeinsam bemühten wir uns um Geldspenden für die Gedenkplatte zu Ehren Dylans in der Dichterecke der Westminster Abbey (die wir nie zusammenbekommen hätten, wenn uns nicht der verstorbene Lord Harlech ohne Zögern die Hilfe der Harlech Fernsehgesellschaft für ein Benefizkonzert angeboten hätte, bei dem Richard Burton als Conférencier wirkte). Diese Ereignisse gaben auch den Anstoß zur Enthüllung einer gleichartigen Platte in der St. Martins Kirche in Laugharne und zur Schaffung des Dylan-Thomas-Literaturpreises, zu dessen Kuratorium Aeron und ich zählen.

Fern in Rom arbeitete Caitlin weiter an ihrem Buch; ihr Bemühen endete mit einer großen Enttäuschung, und als sie 1982 nach London kam, schlug ich ihr vor, daß wir gemeinsam ein völlig neues Buch erarbeiten könnten, dem auf Tonband aufgenommene Interviews zugrunde liegen sollten, die ich mit ihr führen, aufschreiben und für die Herausgabe bearbeiten würde. Ich war damals der Überzeugung und bin es auch heute noch, daß dies die einzige Möglichkeit war, das Buch zu verwirklichen, denn Caitlin ist mit ihren Gefühlen immer noch viel zu sehr beteiligt, um diese Aufgabe halbwegs objektiv angehen zu können. Sie war, etwas widerstrebend, einverstanden; unsere jeweiligen Agenten wurden gebeten, einen Vertrag über unsere Zusammenarbeit abzufassen; wir waren uns auch darüber einig, mit dem Beginn der Arbeit noch einige Monat zu warten, weil Caitlin nach Catania auf Sizilien übersiedelte – aber dann änderte sie plötzlich ihre Meinung. Wir schrieben uns betrübte kurze Briefe, uns gegenseitig versichernd, daß keiner von uns beiden verstimmt sei; und ich glaubte, daß es damit sein Ende habe ... bis Caitlin mir gegen Ende des Jahres 1984 schrieb und anfragte, ob ich noch interessiert sei.

Danach begannen wir das Buch zu planen und führten zwölf Monate lang einen Briefwechsel über die Gestalt, die es bekommen sollte, und wie wir vorgehen wollten. Währenddessen bereitete ich mich auf die Tonbandsitzungen vor und erforschte dabei jede Seite von Dylans Leben. Ich flog am 31. Oktober 1985 nach Catania ohne zu ahnen, was mich erwartete.

Als Caitlin Laugharne 1953 verließ, ging sie zuerst nach London, dann nach Elba und von dort nach Rom, wo sie sich einer Gruppe von Künstlern, Schauspielern und Filmleuten anschloß, die sich ihre Zeit bevorzugt in der Taverna Margutta vertrieben; und dort lernte sie auch Guiseppe Fazio kennen, einen Schauspieler und Regieassistenten, mit dem sie nun schon dreißig Jahre zusammenlebt. Sie haben einen Sohn, Francesco – in der Familie auch Francis, Cico und Coco genannt – der zur Welt kam, als Caitlin neunundvierzig Jahre alt war. Francis studiert jetzt in Rom Architektur. Die drei hängen sehr aneinander, und ich bin fest davon überzeugt, daß Caitlin seit mindestens zwanzig Jahren tot wäre, wenn sie nicht die Liebe und Zuneigung von Guiseppe erfahren hätte. Während zwanzig Jahren der Alkoholabhängigkeit, langer Klinikaufenthalte, wiederholter Depressionen und mehrerer Suizidversuche hat er sich um sie gekümmert und sie gepflegt. Wenige Tage nach meiner Ankunft erkannte ich, daß Guiseppe ihr buchstäblich das Leben gerettet und in seiner großen Klugheit, die von unverstellter natürlicher sizilianischer Art ist, begriffen hatte, daß die traumatischen Jahre mit Dylan das Zentrum ihrer Selbstzweifel bildeten.

Als wir mit den Interviews begannen, spürte ich, daß Caitlin sich dazu durchgerungen hatte, der Wahrheit nicht nur ins

Gesicht zu sehen, sondern sie auch zu berichten. Wenige Minuten nach Beginn der Aufzeichnungen sagte Caitlin: »Bevor wir auch nur einen Schritt weitergehen, möchte ich, daß Sie eines wissen: ich hatte während all meiner Jahre mit Dylan nie einen Orgasmus, und das ist der eigentliche Grund unserer Probleme...«

Wir gewöhnten uns rasch an einen täglichen Arbeitsrhythmus. Jeden Morgen trank Caitlin eine Tasse starken indischen Tee, machte ihre Frühgymnastik, kleidete sich an und begann Punkt 10 Uhr auf Tonband zu berichten. Um 12 Uhr Mittag legten wir eine Kaffeepause ein und begannen um 12 Uhr 30 wieder mit der Aufnahme, unterbrachen um 14 Uhr fürs Mittagessen und setzten den Bericht von 15 bis 17 Uhr fort. Am Abend trafen wir uns um 21 Uhr zum Abendessen und sprachen die Tagesarbeit durch. Wir arbeiteten außerordentlich diszipliniert. Während meines Aufenthalts in ihrem Haus in Catania nahm ich fünfzig Stunden Interviews auf Tonband auf, die ich dann bearbeitete und für dieses Buch kürzte. Im März 1986 reiste ich wieder nach Catania und sah gemeinsam mit Caitlin das Manuskript durch. Wir arbeiteten zu den gleichen Uhrzeiten über einen Zeitraum von neun Tagen, wobei wir uns Zeile für Zeile und Seite für Seite über das Manuskript einigten.

Diese gemeinsamen Wochen waren ungeheuer aufwühlend. An vielen Tagen weinte sie und an manchen Tagen auch ich. Während sich ihre Geschichte entfaltete, begann ich zu begreifen, warum Caitlin es abgelehnt hatte, mit allen früheren Biographen Dylans zusammenzuarbeiten – und warum es ihnen allen nicht gelungen war, ein abgerundetes Bild dieses Mannes und seiner Ehe zu enthüllen. »Ich kann es nicht ändern, ich muß einfach heulen, doch wirklich gut berichte ich nur, wenn Sie meine wunden Punkte treffen«, sagte Caitlin. Bei einer anderen Gelegenheit äußerte sie: »Sie müssen verstehen, daß unser beider Leben wie rohes, rotes, blutendes Fleisch war ...« Während mancher Sitzungen mußte ich ihr nachdrücklich zureden, bevor ihre Antworten schließlich kommen wollten; während anderer genügte nur ein Wort von mir, um einen Damm zu brechen.

Während der ganzen Zeit spürte ich die schreckliche Gegenwart von seelischer Qual; Caitlin empfand noch immer tiefes persönliches Leid über das, was sie vor dreißig Jahren erlebt hatte. »Ich bin jetzt noch so schmerzlich davon betroffen, als wäre es gestern geschehen«, sagte sie, als ich zu verstehen begann, daß ihr Leid etwas viel Tieferes als sexuelle Eifersucht war: es lag in dem Gefühl verwurzelt, daß Dylan ihre Seele verraten hätte. Eines Morgens sagte mir Caitlin: »Es herrschte irgend etwas Magisches zwischen uns; ich glaube, es war eine Seelenverwandtschaft; gleich beim ersten Augenblick, als ich ihn kennenlernte, habe ich das gespürt ...« Und dann fuhr sie fort: »Dylan ist mir tagtäglich bewußt, obwohl ich nicht willentlich über ihn nachdenke. Ich kann ihn gleichsam innen in mir spüren. Innen in meinem Kopf. Seine Persönlichkeit, nehme ich an. Es ist sehr schwierig zu beschreiben. Ich vermute, daß ich ihn immer noch liebe. Ja, ich liebe ihn wirklich, doch könnte ich nicht sagen, daß ich die Liebe fühle ... Ich begreife ihn jetzt mehr als damals.«

Als Caitlin und ich unsere gemeinsame Arbeit beendet hatten, stellten wir beide fest, daß uns ein bemerkenswertes Buch gelungen war. Es ist eine Liebesgeschichte, doch eine sehr traurige, wie Caitlin sagt.

Laugharne, März 1986

Chronologie

1913

8. Dezember   Caitlin Macnamara in Hammersmith, London, geboren

1914

27. Oktober   Dylan Marlais Thomas in Swansea, 5 Cwmdonkin Drive, Uplands geboren

1929

Caitlins Romanze mit Caspar John

1931

Caitlin und Vivien John gehen nach London. Caitlin beginnt einen zweijährigen Tanzkurs

Juli   Dylan verläßt die Swansea Grammar School und wird Jungreporter bei der South Wales Daily Post

1932

Dylan geht ans Swansea Little Theatre

Dezember   Dylan verläßt die South Wales Daily Post

1933

Caitlin geht nach Dublin und danach mit Vera Gribben nach Paris; sie bleibt ein Jahr in Paris und hat eine Affaire mit dem russischen Maler Segall

18. Mai   *Und dem Tod soll kein Reich mehr bleiben* wird im New English Weekly abgedruckt (Dylans erstes Gedicht, das außerhalb von Wales veröffentlicht wird)

| August | Dylan besucht zum ersten Mal London, wohnt bei seiner Schwester Nancy und sucht Herausgeber von Literaturzeitschriften auf |
| September | *That Sanity Be Kept* wird im Sunday Referee abgedruckt; Pamela Hansford Johnson liest das Gedicht und schreibt an Dylan; ihr Briefwechsel beginnt |

1934

23. Februar	Dylan besucht zum zweiten Mal London; er wohnt bei Pamela Hansford Johnson und ihrer Mutter in Battersea
November	Dylan mietet sich gemeinsam mit Fred Janes und Mervyn Levy ein Zimmer in London, 5 Redcliffe Street, Earls Court
4. Dezember	Dylan wird zum ersten Mal in einem Buch abgedruckt: sein Gedicht *Light Breaks Where No Sun Shines* in The Year's Poetry
18. Dezember	Dylans erstes Buch, ›18 Poems‹, erscheint, das von Sunday Referee und Parton Bookshop gemeinsam veröffentlicht wird

1935

| Mai | Dylan wohnt einen Monat lang bei Alan und Margaret Taylor in Higher Disley im Peak District |

1936

21. Februar	Es erscheint die zweite Auflage von ›18 Poems‹
12. April	Dylan und Caitlin lernen sich im Wheatsheaf kennen und verbringen danach eine Woche gemeinsam im Eiffel Tower Hotel
April/Mai	Dylan in Cornwall
Juni	›International Surrealist Exhibition‹ in den New Burlington Galleries in London

15. Juli	Dylan und Caitlin begegnen sich wieder im Haus von Richard Hughes in Laugharne; Dylans Kampf mit Augustus John
10. September	›Twenty-five Poems‹ erscheint bei J. M. Dent & Sons Ltd als fünfzehnter Band in deren ›New-Poetry‹-Reihe

1937

12. April	Dylans erste Rundfunksendung: ›Life And the Modern Poet‹ (BBC Welsh Service)
Juni/August	Dylan und Caitlin in Cornwall
11. Juli	Dylan und Caitlin heiraten im Standesamt von Penzance
September	Aufenthalt bei Dylans Eltern in Bishopston bei Swansea; Caitlin begegnet zum ersten Mal Dylans Familie
Oktober/April	Aufenthalt bei Caitlins Mutter in Blashford, nahe Ringwood

1938

April	Aufenthalt bei Richard und Frances Hughes im Castle House, Laugharne
Mai	Einzug in das Fischerhäuschen ›Eros‹ in der Gosport Street in Laugharne
August	Umzug in das Haus ›Sea View‹ in Laugharne
18. Oktober	Dylan nimmt neben Louis MacNeice, W. H. Auden, Kathleen Raine und Stephen Spender teil an der Rundfunksendung ›The Modern Muse‹ (BBC Home Service)
November/April	Dylan und Caitlin halten sich in Blashford auf, wo sie die Geburt ihres ersten Kindes erwarten

1939

30. Januar	Llewelyn Edouard Thomas geboren

24. August	›Die Landkarte der Liebe‹ erscheint bei J. M. Dent & Sons Ltd
20. Dezember	In den Vereinigten Staaten erscheint ›The World I Breathe‹, eine Sammlung von Gedichten und Kurzgeschichten
Dezember/Februar	Aufenthalt in Blashford

1940

März/April	Rückkehr ins Sea View
4. April	›Portrait des Künstlers als junger Dachs‹ erscheint bei J. M. Dent & Sons Ltd
Mai	Dylan wird in Llandeilo vom Wehrdienst befreit; Dylan und Caitlin ›verkrümeln sich‹ nach Bishopston und kehren erst wieder ins Sea View zurück, nachdem Freunde ihre Schulden beglichen haben
Juni/August	Aufenthalt bei John Davenport im The Malting House in Marshfield in Gesellschaft von anderen Künstlern
September	Dylan beginnt für Strand Films tätig zu werden (Einzelheiten über die sechzehn Projekte, an denen er arbeitete, kann im Anhang 2 in ›The Life of Dylan Thomas‹ von Constantine FitzGibbon nachgelesen werden); seine Arbeit für Strand dauerte während des Krieges bis 1945 an
24. September	›Portrait des Künstlers als junger Dachs‹ erscheint in den Vereinigten Staaten
Dezember/April	Dylan und Caitlin wohnen in Blashford

1941

Mai/Juli	Dylan und Caitlin wohnen bei Frances Hughes im Castle House in Laugharne
August	Dylan und Caitlin ziehen nach London und lassen Llewelyn in Ringwood

281

1942

Juli   Der Verlag Fortune Press bringt eine zweite Ausgabe von ›18 Poems‹ heraus. Dylan und Caitlin mieten ein Einzimmerstudio in Wentworth Studios in der Manresa Road, London SW3, das mehrere Jahre lang ihr Stützpunkt in London bleibt. In den Jahren von 1942–1944 wohnt Caitlin zeitweise in Laugharne und in Talsarne, Cardiganshire, während Dylan teils bei ihr und teils in London lebt

1943

Februar   ›New Poems‹ erscheint in den Vereinigten Staaten bei New Directions

3. März   Aeronwy Bryn Thomas in London geboren

1944

April/Juni   Dylan und Caitlin wohnen im Far End in Old Bosham, um den Luftangriffen auf London zu entgehen und ziehen dann zu Donald Taylor in Hedgerley Dean, nahe Beaconsfield

Juli/August   Sie wohnen bei Dylans Eltern, die jetzt nach Blaen Cwm, Llangain, gezogen sind

September   Umzug ins Majoda in New Quay, wo Dylan mehrere bedeutende Gedichte und *Twenty Years A'Growing* schreibt

2. Oktober   Dylan versäumt es, auf Vernon Watkins Hochzeit zu erscheinen

1945

August/September   Aufenthalt in Blaen Cwm

Dezember/März	Dylan und Caitlin verbringen Weihnachten bei Alan und Margaret Taylor in ihrem Haus Holywell Ford in Oxford und ziehen dann in deren Sommerhaus; zwischen Dezember 1945 und Mai 1949 sind es über hundert Rundfunksendungen, für die Dylan entweder schrieb oder in denen er las oder an denen er beteiligt war. Sie sind im Anhang zu ›The Life of Dylan Thomas‹ von Constantine FitzGibbon einzeln aufgeführt

1946

7. Februar	›Deaths and Entrances‹ erscheint bei Dent & Sons Ltd
August	Dylan und Caitlin verbringen gemeinsam mit Bill und Helen McAlpine vier Tage auf der Puck Fair in Cahirciveen, County Kerry; Aufenthalt in Blaen Cwm
8. November	›Selected Writings of Dylan Thomas‹ erscheint bei New Directions in den Vereinigten Staaten

1947

Januar	Llewelyn kommt in Oxford wieder in die Familie zurück
26. März	Die Society of Authors erkennt Dylan ein Reisestipendium von £ 150 zu, mit der Empfehlung, daß er Italien besuchen solle
April/August	Dylan und Caitlin und ihre Schwester Brigid reisen mit ihren Kindern erst nach Rapallo, dann nach Florenz und abschließend nach Elba. In Florenz schreibt Dylan *In Country Sleep*
15. Juni	Der BBC überträgt seine Sendung über das Swansea seiner Jugend, ›Return Journey‹

283

Juni	Margaret Taylor kauft für die Thomas-Familie das Manor House in South Leigh, Oxfordshire
September	Dylan und Caitlin ziehen nach ihrer Rückkehr aus Elba nach South Leigh

1948

März/April	Dylan besucht seine Eltern in Blaen Cwm und fährt nach Laugharne, weil er hofft, dort eine Bleibe für die Familie zu finden
April	D. J. und Florence Thomas treffen in South Leigh ein
Sommer	Dylan beginnt mit der Arbeit an drei Drehbüchern für Gainsborough Films – ›Me and My Bike‹, ›Rebecca's Daughters‹ und ›The Beach at Falesa‹ – doch die Filmgesellschaft tritt in Liquidation, bevor einer der Filme produziert werden kann
Oktober	Margaret Taylor besucht Laugharne, um zu sehen, ob sie dort ein Haus für die Thomas-Familie finden kann; sie versucht, Castle House zu mieten und kauft später das Boat House

1949

März	Bei Guild Books erscheint die Taschenbuchausgabe von ›Portrait des Künstlers als junger Dachs‹
4. März	Dylan fliegt als Gast der Tschechoslowakischen Schriftstellergewerkschaft nach Prag
Mai	Dylan zieht mit der Familie nach Laugharne ins Boat House; seine Eltern ziehen ins Pelican
24. Juli	Colm Garan Hart Thomas geboren

1950

Januar	›Twenty-six Poems‹ erscheint in einer limitierten signierten Ausgabe von 150 Exemplaren bei J. M. Dent & Sons Ltd
20. Februar	Dylan fliegt nach New York zu seiner ersten Lesereise durch die Vereinigten Staaten
23. Februar	Dylans erste Lesung im Kaufmann Auditorium
1. Juni	Dylan kehrt an Bord der Queen Elizabeth nach Großbritannien zurück
September	Pearl besucht London; Margaret Taylor begibt sich nach Laugharne, um Caitlin zu erzählen, daß Dylan eine Geliebte hat und daß sie in London eingetroffen ist; dies beschwört die erste große Ehekrise herauf

1951

Januar/Februar	Dylan besucht Persien, um ein Drehbuch für die Anglo-Iranien Oil Company zu schreiben; Caitlin schreibt ihm und äußert in dem Brief, daß ihre Ehe beendet sei
Februar	Sie haben sich ausgesöhnt
Juli	John Malcolm Brinnin hält sich bei Dylan und Caitlin in Laugharne auf
Sommer/Herbst	Dylan schreibt in Laugharne *Lament, Poem on His Birthday, Do Not Go Gentle Into That Good Night,* Prolog des Autors und die Hälfte von ›Unter dem Milchwald‹; Dylan droht von Swansea aus mit Selbstmord; Caitlin macht sich mit Elizabeth Lutyens auf, um ihn davor zu bewahren; Margaret Taylor erwirbt 54 Delancey Street, Camden Town, damit die Familie Thomas neben Laugharne auch in London ein Zuhause hat; Caitlins erste Abtreibung

1952

20. Januar	Dylan und Caitlin reisen an Bord der Queen Mary in die Vereinigten Staaten (diese zweite US-Reise dauert bis 16. Mai)
22. Februar	Dylan liest seine Gedichte für eine Aufnahme durch Caedmon
28. Februar	*In Country Sleep* erscheint in den Vereinigten Staaten in einer limitierten signierten Ausgabe von 100 Exemplaren, der eine für den Handel bestimmte Ausgabe folgt
10. November	›Collected Poems‹ erscheint in Großbritannien bei J. M. Dent & Sons Ltd. Limitierte signierte Ausgabe von 65 Exemplaren und auch eine für den Handel bestimmte Ausgabe
16. Dezember	D. J. Thomas stirbt im Alter von 76 Jahren

1953

Januar	Caitlins zweite Abtreibung
31. März	›Collected Poems‹ erscheint in den Vereinigten Staaten bei New Directions
16. April	Dylans Schwester Nancy stirbt in Bombay
21. April	Dylan reist nach New York zu seiner dritten Lesetour durch die Vereinigten Staaten, während der seine Affaire mit Liz Reitell beginnt
14. Mai	›Der Doktor und die Teufel‹ erscheint bei J. M. Dent & Sons Ltd
14. Mai	Erste Aufführung von ›Unter dem Milchwald‹ in New York mit Dylan als ›Erste Stimme‹ (aufgenommen von Caedmon)
2. Juni	Dylan liest nochmals für Caedmon
3. Juni	Dylan kehrt nach London zurück
10. August	Dylans erster und einziger Auftritt im Fernsehen für den BBC; er liest seine Erzählung ›The Outing‹

19. Oktober	Dylan reist zu seiner vierten Lesetour durch die Vereinigten Staaten nach New York
29. Oktober	Dylans letzter öffentlicher Auftritt – eine Matinee im City College von New York
5. November	Dylan bricht im Chelsea Hotel zusammen
9. November	Dylan stirbt im St. Vincent's Hospital; Caitlin bringt seinen Leichnam zurück nach Laugharne; wenige Wochen nach der Beisetzung verläßt sie Laugharne und geht nach Elba

BIOGRAPHIEN BEI QUADRIGA

Claude Francis/
Fernande Gontier
Simone de Beauvoir
Aus dem Französischen von
Silvie César und
Friedmar Apel.
520 Seiten,
ISBN 3-88679-141-6 (Br.)
ISBN 3-88679-156-4 (Ln.)

Eberhard Fechner
Die Comedian Harmonists
Sechs Lebensläufe
452 Seiten,
zahlr. Abb., Ln.
ISBN 3-88679-174-2

Egon Netenjakob
Eberhard Fechner
Lebensläufe dieses Jahrhunderts im Film. Eine Biographie
240 Seiten, 30 Abb., Ln.
ISBN 3-88679-181-5

Eberhard Fechner
**Nachrede auf
Klara Heydebreck**
160 Seiten, zahlr. Abb.,
geb. mit Schutzumschlag
ISBN 3-88679-186-6

Maria Biesold
Sergej Rachmaninoff
Eine Künstlerbiographie zwischen Moskau und New York
480 Seiten, 25 Abb., geb.
ISBN 3-88679-191-2

Carl von Ossietzky
Ein Lebensbild
Hrsg. von Richard von
Soldenhoff
336 Seiten mit zahlr. Abb., Ln.
ISBN 3-88679-173-4

**Christian Morgenstern:
Ein Wanderleben in Text
und Bild**
Hrsg. von Ernst Kretschmer
224 Seiten, 145 Abb., Br.
ISBN 3-88679-180-7

Kurt Tucholsky 1890–1935
Ein Lebensbild
Hrsg. von Richard von
Soldenhoff
296 Seiten, 325 Abb.
ISBN 3-88679-138-6 (Ln.)
ISBN 3-88679-154-8 (Br.)

Hedwig Müller
Mary Wigman
324 Seiten, zahlr. Abb., Ln.
ISBN 3-88679-143-2

QUADRIGA

Verlagsgesellschaft mbH
Weinheim, Berlin